华章经管

HZBOOKS | Economics Finance Business & Management

知音企业

EMPATHETIC INTELLIGENCE

方二
齐卿
左莉
/
著

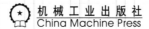

机械工业出版社
China Machine Press

图书在版编目（CIP）数据

智情企业 / 方二，齐卿，左莉著 . -- 北京：机械工业出版社，2021.6
ISBN 978-7-111-68143-4

I. ①智… Ⅱ. ①方… ②齐… ③左… Ⅲ. ①企业管理–数字化–研究 Ⅳ. ①F272.7

中国版本图书馆 CIP 数据核字（2021）第 077978 号

智情企业

出版发行：机械工业出版社（北京市西城区百万庄大街 22 号	邮政编码：100037）
责任编辑：华 蕾 闫广文	责任校对：殷 虹
印　　刷：北京市荣盛彩色印刷有限公司	版　　次：2021 年 6 月第 1 版第 1 次印刷
开　　本：170mm×230mm 1/16	印　　张：21.75
书　　号：ISBN 978-7-111-68143-4	定　　价：79.00 元

客服电话：（010）88361066　88379833　68326294　　　　投稿热线：（010）88379007
华章网站：www.hzbook.com　　　　　　　　　　　　　　读者信箱：hzjg@hzbook.com

版权所有·侵权必究
封底无防伪标均为盗版
本书法律顾问：北京大成律师事务所　韩光 / 邹晓东

前　言

企业存在的本质是提供产品或服务，以满足用户的需求，也就是说，用户的需求是企业存在的基础。因此，管理学一直强调企业要以"用户为中心"，这并不是一句空话。

自从第一次工业革命以来，企业通过标准化的大规模生产，获得了显著的规模经济效应和前所未有的成长速度，然而这也造成了企业对用户个性化需求的忽视。用户的个性化需求始终没有得到有效满足。

到了数字化时代，智能终端（如智能手机等）和 IoT 设备打破了数据与产品之间的壁垒。企业不仅可以获得过去难以获得的海量数据，还可以获得更多维度的数据，实现对用户更为精准的洞察，使得以"用户为中心"真正成为可能。

但是，我们观察到，数字化时代的企业正在走向两个方向。

一类企业依靠数字技术，将企业的业务抽象为可计算的数学模型，通过海量数据计算出商业模式的"最优解"。这类企业以滴滴、美团、淘宝等为代表，它们掌握了海量的用户数据，通过精准的计算，对每一位用户都可以提供量身定制的营销方案。这类企业，我们可以称之为"智能型"企业，它们的决策高度依赖算法和数据。这类企业的智能化程度高，但往往缺乏连接用户的温度。过去几年爆出的一些企业利用大数据"杀熟"和对员工缺乏人性关怀的问题，就说明了智能型企业对用户和员工情感的忽视，从而导致企业的品牌形象受影响、用户和员工忠诚度下降等问题。

另一类企业则看重满足用户的情感需求，其品牌富有温度。这类企业通常强调服务质量，注意倾听用户的需求，关心用户对品牌的情绪反应。这类企业，一般以服务业（如高端酒店、餐饮等）企业为代表，我们可以称之为"情感型"企业。这类企业与用户建立了良好的关系，然而这类企业对数字技术的应用往往不够深入，较少使用数字技术优化企业运营，在运营效率上可能不如智能型企业。

当下，企业缺乏一套能将"智能"和"情感"有机联结起来的战略和方法。

我们写作本书的初衷，是为企业提供一个建立"智情"企业的战略框架，帮助企业在数字化时代建立新的竞争优势。本书并不局限于理论探讨。本书主要作者方二教授，是北京乐程方略管理咨询工作室创始人，也是美国理海大学的工商管理终身教授、艾克卡讲席教授、数字经济研究中心创始主任，是中欧国际工商学院和复旦大学的 EMBA 特聘教授。方二教授于 2005 年获得密苏里大学工商管理博士学位，过去 15 年间，曾在伊利诺伊大学香槟校区、中欧国际工商学院和香港大学担任终身教授。方二教授在数字化战略和营销领域拥有丰富的研究和实践经验，曾在国际顶尖管理学刊物上发表过 30 余篇学术论文，曾获美国市场营销学会最佳论文奖、美国服务业研究最佳论文奖、美国管理研究学会管理学年轻新星奖（Young Scholar Award）、美国营销战略学会早期终身成就奖（Early Career Award）等多个奖项。方二教授的研究成果曾被《华尔街日报》(*Wall Street Journal*)、《商业周刊》(*Business Week*)、《哈佛商业评论》(*Harvard Business Review*) 和《经济学人》(*Economist*) 转载。方二教授长期为各行业头部企业提供数字化转型方面的培训和咨询服务，他服务过的企业包括可口可乐、宝洁、京东、上海汽车、招商银行、中化集团、百胜中国、艾尔建、工商银行、美的电器、苏宁集团、星巴克、卡特彼勒、迪士尼等。因此，本书的写作特色之一是，拥有大量的已经落地实施并经过实践检验的商业案例。在本书中，我们将通过案例完整呈现企业数字化转型的具体操作方法，所举案例涵盖了金融、零售、智能制造、大文娱、生鲜电商等多个领域，以期为读者提供一个完整的行动框架。

商业要解决的三个核心问题是规模、分工和组织。

第一次工业革命实现了从师徒作坊到现代工厂的跨越，解决了规模和分工问题，但没有解决组织问题。第二次工业革命进一步扩大了企业规模，细化了产业分工，并通过大公司的组织解决了规模和效率的问题。第三次工业革命通过计算机和新型通信方式的应用，大幅度扩大了企业规模，优化了分工，提升了效率。

如今，我们正处于第四次工业革命的萌芽阶段。在围棋比赛中，谷歌旗下的 DeepMind 推出的 AlphaGo 以压倒性的优势击败了多次获得围棋世界冠军的李世石，以及当时排名世界第一的棋手柯洁。让电脑能够进行深度思考并且做出决策，是第四次工业革命中最重要的事情。

第四次工业革命的数字化和智能化带给企业的是两个基本逻辑的变化：一是从供给侧强化了企业智能→分工→效率→用户价值→用户规模→数据的增长循环，二是从需求侧建立了企业智能→洞察→体验→用户价值→用户规模→数据的新循环。

本书的写作框架围绕两条线索展开。第一条线索是企业与用户"智""情"共生的循环，这是贯穿本书的核心观点。企业的"智"可以帮助企业更好地理解用户，带来用户的"情"，而用户的"情"可以加强企业的"智"，从而实现智情共生。智情的实现，依靠的是"利人利己、共生共赢"思想，这也是智情企业的核心理念。第二条线索是打造智情企业的完整的方法论，从基础设施、洞察到战略、组织、业务，最后到能力体系的打造。

本书共分为六篇14章。在第一篇，我们讨论了在数字技术已成为新的商业基础设施这一基本前提下，企业应如何适应数字化时代的变革。在第二篇，我们探讨了洞察数字化时代的三个核心对象，即用户、技术和行业。在数字化时代，用户改变了营销和产品的逻辑，同时数字技术使得产业出现模块化的趋势，传统的产业链利润分配的逻辑发生了巨变。数字化穿透带来的行业"颗粒化"，使行业参与者的角色发生了颠覆性的变化。如何重新认识我们的用户？企业的定位该做何改变？行业的颠覆者会在哪里产生？这些问题，都将在本篇予以解答。

从第三篇到第五篇，我们集中讨论了打造智情企业的战略、组织和业务，形成了一个完整的理论框架和行动指南。

在本书的最后一篇（第六篇），我们探讨了打造智情企业的三种业务能力：运营卓越、技术领先和用户亲密。运营卓越提供资源，帮助企业做到技术领先；技术领先用于改进产品，帮助企业更好地实现用户亲密；用户亲密可提高用户留存率和用户获取率，帮助企业扩大规模，进一步做到运营卓越。三种业务能力形成一个可持续增长的业务模型，可以为智情企业提供源源不断的发展动力。

在数字化时代，我们希望企业能够理解和适应商业基础设施的巨大变革，理解数字化时代新的竞争范式，并通过战略、组织和能力建设，提升业务能力。我们希望企业既能运用数字技术提升智能化水平和竞争力，也能运用数字技术更好地理解和连接用户，创造更好的用户体验，提升企业的温度，打造面向未来的"智情企业"。

本书在写作过程中，得到了大量的支持。《中欧商业评论》主编姚音女士为本书的策划和出版发行提供了有力的支持，并做了大量细致的工作，可以说，本书的如期面世，离不开姚音女士的支持和帮助。本书案例部分的写作得到了《中欧商业评论》编辑施杨、曹欣蓓、汪洋、尹晓琳、周琪、曹惺璧等人关于写作方面的支持和建议。在此，谨向以上参与者表示衷心的感谢。

方二

齐卿

左莉

2020 年 12 月 20 日

目 录

前言

第一篇 基础设施篇

第 1 章 什么是智情企业 / 2

　　智情企业,重塑商业思维 / 2

　　何为"智情企业" / 6

　　1776 年的三个小故事 / 8

　　三次工业革命对企业发展的影响 / 9

　　"智情企业"的智 + 情 / 12

第 2 章 智情企业的基础设施 / 15

　　商业基础设施的变化:业务数据化 / 15

商业基础设施的变化：数据网络化　/ 17

商业基础设施的变化：企业智能化　/ 19

平安一账通：智情企业的基础设施建设　/ 28

第二篇　洞察篇

第 3 章　智情企业的技术洞察　/ 40

美的：从"家电巨头"向"科技巨头"的蜕变　/ 40

数字化和技术变革的理论基础：模块化　/ 46

数字化背景下的模块化趋势　/ 47

数字化背景下的模块化和利润迁徙定律　/ 50

数字化背景下的战略路径　/ 53

企业的增长三角　/ 56

数字化背景下的技术洞察：富士的重生与柯达的破产　/ 58

第 4 章　智情企业的用户洞察　/ 65

直播电商和网红经济的兴起　/ 65

数字化时代用户洞察的四维模型　/ 67

用户的来源：圈层化时代到来　/ 68

用户的决策：快的更快、慢的更慢　/ 71

用户的角色：由购买到共创　/ 80

用户的需求：主权化　/ 84

第 5 章　智情企业行业洞察　/ 87

　　数字化背景下的重构：行业颗粒化　/ 87

　　数字化背景下的重构：行业动态化　/ 92

　　数字化背景下的重构：行业寡头化　/ 95

　　数字化带来的行业格局变迁　/ 97

　　数字化背景下的行业破局　/ 101

　　以"六脉神剑"应对行业变化　/ 104

第三篇　战略篇

第 6 章　智情企业：竞争战略　/ 114

　　数字化竞争力的 ABCD 模型　/ 114

　　能力输出：核心能力构建　/ 117

　　数字连接：数据网络效应　/ 121

　　场景部署：控制核心，连接场景　/ 127

　　动态反馈：动态能力三维度　/ 130

第 7 章　智情企业：数字化颠覆　/ 137

　　为什么最好的学校不提供最好的网络教育　/ 137

　　可汗学院：从零开始，颠覆 K12 传统课堂　/ 138

　　Coursera：生逢其时的独角兽，野心不止于
　　　高等教育　/ 140

　　数字化颠覆契机：高端企业的完美管理　/ 141

数字化颠覆的成本优势和市场策略　／144

数字化颠覆的行业条件　／149

数字化颠覆的战略思考框架　／153

第 8 章　智情企业：数字化升级　／156

耐特菲姆：从传统农机具制造商到一站式农业服务提供商　／156

数据驱动的服务化转型　／160

数据驱动的个性化转型　／167

分进合击，引爆未来　／179

第四篇　组织篇

第 9 章　数字化时代的组织模式　／184

从个体时代到敏捷时代　／185

组织敏捷化：部落型组织　／189

ING：打造敏捷化的部落型组织　／192

部落型组织的三个要素　／196

客户中心型组织　／199

组织敏捷化：模块型组织　／204

区块链和组织敏捷化　／210

智能化机器决策　／213

第 10 章　协作网络化　／217

迪士尼的战略协奏曲　／217

价值网络：加拉帕戈斯的迷思　/ 225

形成协同效应　/ 234

协同效应的思考模型　/ 237

数据和协同效应　/ 242

第五篇　业务篇

第 11 章　智情企业三大基本业务模式　/ 246

沃尔玛：技术领先令"大象"奔跑　/ 247

开市客：运营卓越的"用户受托人"　/ 253

全食：用户亲密的"全薪光"超市　/ 259

如何挑选你的业务模式　/ 265

第六篇　能力篇

第 12 章　技术能力　/ 270

超级高铁公司的开放式创新　/ 270

开放式创新的模式　/ 272

开放式创新的管理　/ 281

数字化实验：从 R&D 到 C&E　/ 283

数字化实验的本质和模式　/ 284

第 13 章　运营卓越　/ 289

生产的柔性反应能力　/ 289

菲尼克斯（中国）：数字化工厂的柔性生产　/ 291

ZARA：供应链的敏捷和精准的反应能力　/ 294

第 14 章　用户亲密　/ 304

高价值用户获取　/ 305

精细化用户挖掘　/ 312

差异化用户保留　/ 317

Nike+：用大数据构建用户社区　/ 319

后记　智情企业的"12345"　/ 329

第一篇

基础设施篇

第 1 章
Chapter 1

什么是智情企业

数字技术让企业能够更好地理解用户，使企业更加智能。企业的智能化使企业可更好地连接用户，提升企业服务水平，而提升企业与用户的情感联结，又进一步促进企业智能化。企业和用户实现"智""情"共生。那么，什么是智情企业？它的内涵是什么？我们先来看下面的案例。

智情企业，重塑商业思维

亚马逊购（Amazon-Go）、盒马鲜生为什么要求用户必须用 App 下单？这里面的原因很多，在阅读完本章后，希望大家能找出其中非常重要的一个原因。零售业可能是世界上最古老的行业之一，尽管零售业经历了电子商务的冲击，但线下零售业并未被电子商务取代，尤其是在需要即时满足的社区零售场景下，传统的零售业态依然有着不可替代的地位。

如今，数字技术给各行各业都带来了深远的变革和影响，但是在传统零售业，数字化带来的变革似乎仍停留在供应链管理、客户关系管理、进销存管理等环节，而在用户体验最为直接的购买环节，数字技术却始终没有得到合适的应用。

正当人们认为线下零售业会继续以这种形态存在，成为庞大的电子商务的补充业态时，2016年，电子商务巨擘亚马逊公司宣布将进军线下零售业。以电子商务开疆拓土的亚马逊公司进军线下零售业，必然不会是简单地进行业态补充，而是要带来新的零售体验。

亚马逊发现，如今线下零售业存在一个十分突出的矛盾。人们选择在线下购买而等不及电商配送的，是立刻就需要的商品，其核心需求就是要快。而在如今的线下零售店面，用户虽然可以快速挑选到急需的商品，但是在付款时往往需要排队等待，这极大地影响了用户的体验。

随着计算机视觉技术的成熟，人脸识别、动作捕捉、物联网等技术具备了应用条件。亚马逊终于可以将数字技术运用于零售的最后一个未被数字化的环节——线下购买。2018年初，亚马逊无人商店亚马逊购在西雅图正式向公众开放，与国内普遍将"无人"作为营销噱头不同，亚马逊购并未强调"无人"的理念，而是将"拿完就走"（Just Walk Out）作为其最核心的营销理念。

在亚马逊购购物可谓是在未来世界的一种体验。亚马逊购的门店入口很像我们熟悉的地铁入口。打开亚马逊购的App扫描二维码之后，我们就可以进入充满科技感的亚马逊购。它的布局与传统的便利店或超市并无太大的区别，所售商品主要包括即时食品、肉类、饮料等。

在亚马逊购，令人惊叫的体验是，我们再也不需要购物篮，再也不需要排队结账。进入亚马逊购后，我们只要拿起购物袋，挑选自己喜爱的商品放到袋子里，然后直接走出店门即可。亚马逊购会自动识别用户购买了哪些商品，并在用户走出店门后自动扣款。

实现这种无缝的体验，其背后是数字技术作为新商业基础设施的强大威力。

用户要体验亚马逊购，需要在进入门店前先下载安装好亚马逊购的 App，并将其与自己的亚马逊账号进行绑定。在进入门店时，用户需要用 App 扫描二维码，同时配合人脸识别摄像头进行身份匹配。当用户从货架上拿走商品时，遍布店内的 3D 摄像头会识别用户的动作，判断用户是将商品放入了购物袋，还是将商品再次放回了货架。同时，货架上的红外传感器、压力感应装置会记录用户取走了哪些商品以及放回了多少商品，以防止单独依靠计算机视觉判断造成误差。在此过程中，这些数据会实时传输到亚马逊购的数据中心，同步商品在用户账户中的状态。

当用户离开门店时，由于商品状态已经实时更新，用户不需要排队结账，直接走出门店即可。当通过人脸识别、RFID 等设备感知到用户离开后，亚马逊购就会自动从用户的亚马逊账户中扣款。

亚马逊购的例子使我们看到，数字技术正作为基础设施，对商业展开无所不在的变革。

数字化带来的第一个转变，就是我们商业思维的转变，让我们可以真正实现用户中心观。尽管以用户为中心一直是战略和营销中强调的核心观点，但在很多情况下企业负责人依然奉行业务中心观。

我们不妨先做一个简单的测试。表 1-1 给出了两种产品 A 和 B 以及喜欢这两种产品的用户的利润贡献情况。现在我们提出一个问题：作为企业的负责人，当你看到这张报表时，你认为产品 A 和产品 B 哪个利润更高？

表 1-1 利润贡献表　　　　　　　　（单位：元）

	产品 A 的利润	产品 B 的利润	按用户类别合计的利润
喜欢产品 A 的用户贡献的利润	25	50	75
喜欢产品 B 的用户贡献的利润	15	40	55
按产品种类合计的利润	40	90	—

如果你的回答是产品 B 的利润更高，那么很遗憾，你奉行的依然是

业务中心观。

如何才是奉行用户中心观？

我们从理解表 1-1 背后的核心思想开始。如果纵向来看，显然创造了 90 元利润的产品 B 利润更高。但是如果我们横向来看，看产品 A 和产品 B 创造的用户价值，那么就会得出完全相反的结论。喜欢产品 A 的用户在买了产品 A 贡献 25 元利润之后，还交叉购买了产品 B 贡献了 50 元利润，总计贡献了 75 元利润。他所贡献的利润超过了喜欢产品 B 的用户所贡献的 55 元利润。

因此，从用户的角度来看，产品 A 的利润更高。而且，如果取消产品 A，不但会流失喜欢产品 A 的用户，也会失去通过产品 B 在这个用户身上的获利。在互联网行业，产品 A 就是大家所说的流量产品，而产品 B 就是大家所说的盈利产品。

这里，我们要提出数字化时代的第一个核心洞察：用户中心观——从过去的纵向看产品和业务，转变为现在的横向看用户。

理解了表 1-1 背后的核心思想后，我们就不难理解为什么亚马逊购、盒马鲜生要求用户使用 App 下单。因为亚马逊购、盒马鲜生为了吸引用户，提供了大量的流量产品，销售这些产品本身可能是微利甚至短期亏损的，但它们的目的是通过流量产品带动盈利产品的销售。如果没有 App 和数字技术，就无法实现对用户消费行为的记录和分析，无法发现对于不同用户的产品 A（流量产品）和产品 B（盈利产品）分别是什么。这是数字化带来的第一个转变，从业务中心观转为用户中心观。

数字化带来的第二个转变是，未来我们的企业需要从整体思维走向个体思维。在过去，我们无法识别哪个用户喜欢产品 A 或产品 B，而且每个用户的产品 A 和产品 B 也不尽相同，在过去，企业也无法识别每个用户的产品 A 和产品 B。现在，企业可以识别每个用户（个体）的产品 A 和产品 B，从而采取不同的策略。这就是数字化的核心优势之一：大幅降低了识别个体的成本。

何为"智情企业"

智情（Philosophy）一词，来自希腊词根"哲学家"（Philosopher）和"智者"（Sophist）。

在战胜波斯之后，希腊城邦进入繁荣阶段，以雅典为代表的民主制度日臻完善。在雅典的民主制下，竞争主要通过辩论和演讲进行。在这种背景下，出现了一批专门传授辩论和演讲技巧的教师，他们被称为"智者"（Sophist），意思是"有智慧的人"。智者具有强烈的功利性，为了赢得个人声誉，他们利用怀疑主义和相对主义对传统观念提出挑战，虽然他们在一定程度上促进了古希腊哲学的发展，但对哲学的根基带来了严重损害，因为他们否定确定的或唯一的真理标准，对一切都表示怀疑并进行反驳，以达到驳倒对方的实用目的。他们虽然有智慧，却拿来作为达到实用目的之手段。

苏格拉底等哲学家把"智者"斥为"批发或零售精神食粮的商人"。为了表明自己与这些智者的区别，苏格拉底将自己称为哲学家（Philosopher，意思是"爱智慧的人"）。哲学家是勇于承认自己的无知，以追求真理和智慧为目标的人。基于此，我们提出"智情企业"的理念：一个有智慧的企业，同时也为用户负责。

在当下，我们为什么要提出"智情企业"？因为，企业的本质就是要满足用户的需求，为用户创造价值，也就是说，企业既要有对用户的温度，也要有智能的管理。我们知道，企业的增长驱动力可以分为四种基本类型（见图 1-1）。但是我们观察到，进入数字化时代，企业在走向两个方向。一类企业依靠数字技术，将业务抽象为可计算的数学模型，通过海量数据，计算出商业模式的"最优解"。这类企业我们称之为"数据驱动"型企业，以滴滴、美团、淘宝等为代表，它们掌握了海量的用户数据，通过精准的计算，对每一位用户都可以提供量身定制的营销方案。这类企业我们也可以称之为"智能型"企业，它们的决策高度依赖算法和数据。这类企业智能化程度高，但往往缺乏连接用户的温度。过去几年爆出的一些企业利用大数据"杀熟"的问题,就说明了智能型企业对用户价值的忽视,从而导致企业品牌形象受影响、用户忠诚度下降等问题。

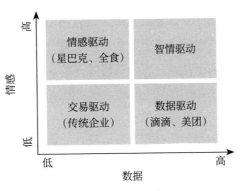

图 1-1　企业的增长驱动力

另一类企业则看重对用户情感需求的满足,其品牌富有温度。这类企业我们称之为"情感驱动"型企业,它们通常强调服务质量,注意倾听用户的需求,关心用户对品牌的情绪反应。这类企业一般以服务业(如高端酒店、餐饮)企业为代表,我们也可以称之为"情感型"企业。然而这类企业往往对数字技术的应用不够深入,较少使用数字技术优化企业运营,因此这类企业的效率可能不如智能型企业。

当下,企业缺乏一套能将"智能"和"情感"有机联结起来的战略和方法,也就是打造"智情驱动"企业的战略和方法。

本书的核心思想就是建立一个逻辑框架,使企业可以更好地将喜欢产品 A 和喜欢产品 B 的用户识别出来,向其提供差异化的产品和服务,为其带来差异化价值,并在此过程中实现企业的长期利润最大化和"利人利己、共生共赢"的目标。

那么,如何打造智情企业呢?我们先看一下发生在 1776 年的三个小故事。

1776 年的三个小故事

1776 年发生了三件事，开启了商业世界的新航路。

第一件事是亚当·斯密发表了现代经济学的奠基之作《国富论》。《国富论》可以说是现代商业的思想基础，它有两个方面的理论贡献。一是分工促进生产效率的提升。二是市场经济具有自我调节作用：当商品短缺时，其价格自然会上升，使厂商获得较高的利润，进而吸引更多的厂商加入，然后随着商品的增多，供需达到平衡，消费者的需求得到满足，厂商获得合理的利润。市场就像一只"看不见的手"在不断地调整资源的分配。

第二件事是工业革命具备了技术条件，改良蒸汽机和珍妮纺纱机投入生产应用，改变了旧的经济运行模式。在工业革命发生之前，行会师徒作坊式生产对生产技术、销售价格等产生了重要的影响。虽然师徒作坊式生产保证了产品质量，但也阻碍了技术革新。相对于行会师徒作坊式生产，工业革命带来的最大的变化就是新技术的应用使得生产更加集中。工人们在大规模的工厂工作，掌握销售渠道的商人开始组织生产，社会的商业分工开始出现。

第三件事是《独立宣言》的发表。《独立宣言》是一份由托马斯·杰斐逊起草，并由其他代表（来自 13 个英属北美殖民地）签署的声明美国从英国独立出来的文件。在美国独立前的 100 多年间，欧洲启蒙思想就开始在北美传播，为《独立宣言》的发表奠定了理论基础。在欧洲启蒙思想的熏陶下，北美殖民地也产生了自己的启蒙思想家，代表人物是本杰明·富兰克林和托马斯·杰斐逊，他们反对奴隶制，主张人民享有自由、平等的权利，并且喊出了"没有代表权，就不得征税"（No Taxation without Representation）的口号。这句口号原本是英国政治的基本原则，在英国贵族与王室的斗争中使用过，但独立战争期间被殖民者用来捍卫自己的权利。《独立宣言》奠定了美国后来建国的组织和思想基础。

这三件事看似彼此之间没有直接联系，但是却为未来商业的发展奠定了基础。《国富论》阐明了市场是经济的组织形式，并指出了分工的重要性，这成为未来商业发展的基本思想。工业革命带来的技术和组织的变革，开启了现代商业的序幕。《独立宣言》则让美国这一未来的商业帝国，开始登上历史舞台。

三次工业革命对企业发展的影响

商业要解决的三个核心问题是：规模、分工和组织。三次工业革命的发展过程，也是探索如何解决商业的三个核心问题的过程。

第一次工业革命（18世纪60年代～19世纪中期）的代表性技术——改良蒸汽机和珍妮纺纱机，使生产方式实现了从师徒作坊到现代工厂的跨越，解决了规模和分工问题，但没有解决组织问题。

第二次工业革命（19世纪中期～20世纪初）的标志是电力技术的广泛应用。相比以煤炭为动力的蒸汽机，电力具有更高的动能转换效率、更远的传输距离、更高的能量密度。同时电力的一个极其重要的应用是，人们通过电力首次实现了信息的远距离传输。电报、电话、传真、电视等信息传输方式不断涌现。此时，信息的传输不再依赖传统的交通方式，而是通过电力通信线路来进行，实现了近乎光速的传播。电力作为新能源和新的信息传播载体，帮助企业进一步扩大了规模，细化了产业分工，并解决了第一次工业革命没有解决的企业组织问题。

对第二次工业革命有重要影响的第一个思想，是泰勒在他的《科学管理原理》一书中提出的"用标准化的管理方法代替经验管理"。泰勒将科学化、标准化引入管理，同时提出了实施科学管理的核心原则——例外原则。例外原则是指，企业的高级管理人员应该把一般的日常管理事务授权给下级管理人员负责，自己只保留对例外事项和重要事项的决策权与监督权。

对第二次工业革命有重要影响的第二个思想，是哈佛商学院的企业史专家钱德勒（Alfred Chandler）提出的企业如何用"有形的手"进行管理。在《有形的手》和《规模与范围》这两本书中，他提出一个被经济学界普遍接受的观点——正式组织这一形式可以提高规模效率。在经济学中，与企业经营生产相关的一个重要问题就是：组织生产的规模报酬是在递增、递减还是不变。

当我们把投入的生产要素提高一倍时，如果我们的产出增长超过一倍，这种情形就是规模报酬递增。这是一个经过组织过程而产生的收益大于投入的现象。简而言之，钱德勒的观点是，组织（特别是大型企业组织）可以通过内部的管理和生产组合，产生更高的规模效率和范围效率。所以，正式组织是提高规模效率和范围效率的一个重要手段。

钱德勒不仅明确提出了"有形的手"的论点，更指明了"有形的手"和"无形的手"是提升效率的两个基础。这是第二次工业革命时期组织理论的一个突破。

第二次工业革命在解决企业规模方面的实践有两个突破：一是规模经济，二是范围经济。亨利·福特在福特汽车运用流水线技术生产T型车，从规模经济的角度解决了企业规模问题。规模经济是指，当企业生产或经销单一产品时，单一经营单位规模的增加，会减少生产或经销的单位成本。因此，随着产量的扩大，企业的大规模生产更具经济性。

通用汽车的阿尔弗雷德·斯隆，则运用了另一种扩大规模的思路。与福特只生产T型车不同，通用汽车大幅增加所生产的车型，以不同价格的车型来迎合具有不同购买力的消费者。而且，通用汽车每年变更车型以刺激需求，增加汽车车身的可选颜色，满足消费者更为个性化的需求。同时，斯隆改变了过去把汽车经销商看作利润瓜分者的思维方式，把经销商视为战略合作伙伴，确立了双方共生共荣的关系，这种关系对汽车销售模式的影响一直持续到现在。

通用汽车多车型的做法，是范围经济的代表。范围经济是指，利用单一经营单位内的生产或销售过程来生产或销售一种以上的产品而产生的经济性。通俗地说，就是随着产品种类的增加，产品的单位成本会下降。范围经济能够存在的原因在于，企业内部的资源能够互补、复用。

因此，我们可以说，第二次工业革命通过大公司的组织解决了规模和效率问题。

第三次工业革命（从 20 世纪 40 年代至今）以原子能、电子计算机、空间技术和生物工程的发明和应用为主要标志，其中最典型的代表是计算机和新型通信方式，大幅度扩大了企业规模、优化了分工、提升了效率。

第三次工业革命的特征在于将信息数据化，通过编写计算机程序，可以将过去人们重复进行、易于出错的工作，用计算机自动化运行，这样既降低了出错的概率，也大大提高了工作效率。通信技术的发展，让计算机与计算机之间可以实现远距离通信与协作。数字化的通信方式解决了第二次工业革命中使用模拟信号进行有线通信和无线通信所存在的弊端，数字化的信息在存储、传播、复制过程中不会出现模拟信号的失真和衰弱问题，同时，用数字化方式进行信息存储，可以大幅提升信息存储的密度。这使得远距离、大流量的信息传播得以实现。

以上是从物质发展的角度来看工业革命，而换个角度来看，每一次工业革命也是对组织、分工和效率的重新思考。工业革命提高了生产效率，从而使人们能够更快速地创造财富，并为人们提供了更丰富的物质和精神体验。欧美国家的工业革命仅用了百余年时间，其所创造的物质财富就超过了人类几千年积累的物质财富。一种新技术，只要能显著提高生产效率，只要能用更短的时间、更低的成本制造出更多、更好的产品，就会被迅速采用和推广，直到全世界都使用这种新技术。工业革命就是新老技术更迭的过程。回顾过去，无论第几次工业革命，其最终目的都是使用技术手段提高生产效率。

那么，工业革命是如何提升生产效率的呢？

如今，人们都有一个常识：10 个人在一条生产线上分工合作进行流水作业，比 10 个人分别在 10 个作坊里从头开始制造产品效率要高。因为细化的分工协作可以让专业的人做专业的事，从而提高效率。

我们带着这个观点再去回顾前三次工业革命，这三次工业革命都是对生产过程做进一步分工，使得每个人只承担重新分工后的一部分工作，而剩下的部分通过"技术"手段来完成。

第一次工业革命是蒸汽技术革命，其本质是进行了提供动力和控制动力的分工，将提供动力的工作交给了机器（蒸汽机）去完成，而将人解放出来去操作、控制机器。

第二次工业革命是电气技术革命，其本质是在提供动力的层面进行了生产动力和使用动力的分工，也就是所谓的电气化。举个例子，电厂只承担提供动力的部分，于是电能被集中生产、输送到使用端，而用户需要根据自身的需求形式（驱动机器、照明、制冷制热等）来使用动力。

第三次工业革命是信息技术革命，其本质是在控制动力的层面对发出指令和执行指令进行重新分工，也就是所谓的自动化。例如：我们发送电子邮件时，编辑好文本并按下发送键，电脑会自动将文本转化为设备能理解的语言（电信号），传送到接收端再自动转换为文字。而以前人们发电报时，先靠人将文本转化为机器信号（摩斯电码），通过电报机发出，在接收端再靠人将信号转换成文字。在信息技术革命发生后，人可以只承担下达指令的工作，而将转化指令、执行指令的工作交给了机器。

在智能化时代，分工又进一步细化。随着数据的丰富、计算能力的提升以及互联网和 IoT 的行业渗透，数字化、智能化可以帮助企业更好地进行内部和外部分工，从而提升效率，带来用户价值提升，进而扩大企业规模。而企业规模的扩大，又可以进一步扩大数据规模和提高智能化水平，进一步优化分工、提升效率，从而实现新一轮的增长。

"智情企业"的智+情

从三次工业革命对企业发展的影响可以看到，企业的升级、变革是由新技术和新管理思想对供给和需求两个方面产生影响所导致的。

在数字化时代，技术的底层升级使打造智情企业成为可能。

一是从供给侧强化了企业的企业智能→分工→效率→用户价值→用户规模→数据的增长循环。运用数字化、智能化可以帮助企业更好地进行内部和外部分工，从而提升效率，带来用户价值提升。用户价值提升，使用户对企业的产品更加满意，这会带来推荐和复购，进而扩大企业规模。企业规模的扩大，又可以进一步优化分工、提升效率，从而实现新一轮的增长。

二是从需求侧建立了企业智能→洞察→体验→用户价值→用户规模→数据的新循环。数字技术让企业能够更智能地洞察用户需求，进而改进产品、技术或服务，为用户创造更好的体验。随着用户体验的提升，企业会获得更好的市场回报，扩大用户规模。用户规模的扩大，会为企业带来更丰富的数据，进一步提升企业的智能化水平，从而创造更好的用户体验，实现新的循环。

这种新的产业逻辑构成了"智情企业"的理论框架（见图1-2）。企业的"智"带来用户的"情"，用户的"情"加强企业的"智"，从而实现智情共生，体现商业"利人利己、共生共赢"的本质，这也是智情企业理论的核心。

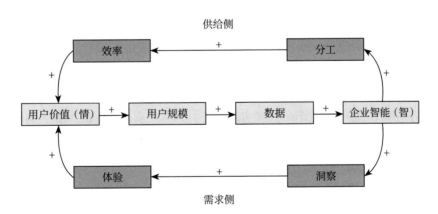

图 1-2　智情企业理论框架

这就是本书的主题——智情企业。我们希望能够帮助企业在数字化时代理解和适应商业基础设施的巨大变革，理解新的竞争范式，并通过战略、组织和能力建设提高业务运营水平,通过数字技术提高智能化水平和企业竞争力,同时也能够运用数字技术更好地理解和连接用户,塑造更好的用户体验,提升企业的温度,打造面向未来的"智情企业"。

| 核心总结 |

1. 数字化时代的第一个核心洞察:用户中心观——从过去的纵向看产品和业务,转变为现在的横向看用户。

2. 数字化时代,企业依靠大数据、人工智能等智能技术,可以更加精准地进行用户画像,更加准确地理解用户需求,与用户建立更加亲密的数字化联结。用户的信息反馈进一步提升了企业的智能化水平。企业的"智"带来用户的"情",用户的"情"进一步强化了企业的"智",从而形成一个连续的增长循环。

3. 数字化带给供给侧的变革是:强化了企业智能→分工→效率→用户价值→用户规模→数据的增长循环。运用数字化、智能化可以帮助企业更好地进行内部和外部分工,从而提升效率,带来用户价值提升。用户价值提升,让用户对企业的产品更加满意,会带来推荐和复购,进而扩大企业规模。企业规模的扩大,又可以进一步优化分工、提升效率,从而实现新一轮的增长。

4. 数字化带给需求侧的变革是:建立企业智能→洞察→体验→用户价值→用户规模→数据的新循环。数字技术让企业能够更智能地洞察用户需求,进而改进产品、技术或服务,为用户创造更好的体验。随着用户体验的提升,企业会获得更好的市场回报,扩大用户规模。用户规模的扩大,会为企业带来更丰富的数据,进一步提升企业的智能化水平,从而创造更好的体验,实现新的循环。

5. 数字化带给供给侧和需求侧的变革,构成了"智情企业"的理论框架。企业的"智"带来用户的"情",用户的"情"加强企业的"智",从而实现智情共生,体现了"利人利己、共生共赢"的商业思维,这也是智情企业理论的核心。

第 2 章

Chapter 2

智情企业的基础设施

数字化在思维和商业基础设施两个维度为商业带来了变革。上一章我们提出了"利人利己、共生共赢"这一数字化时代的核心商业思维。本章我们讨论数字化变革的第二个维度，也就是数字化驱动的商业基础设施的变革。

在数字化时代，企业要想完成向用户中心观和个体思维的转变，就需要在商业基础设施方面做三件事情：首先，业务要数据化，使业务能力能够被"记忆"；其次，数据要网络化，因为只有在进行数据交互和数据挖掘的情况下，记忆才能转化为"知识"；最后，在完成了前两件事情的基础上，实现数据智能化，也就是实现对用户的"洞察"，进而实现企业智能化。

商业基础设施的变化：业务数据化

业务数据化可以归纳为 4 个步骤（见图 2-1）。

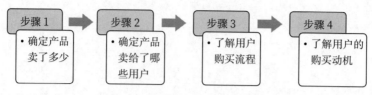

图 2-1　业务数据化的 4 个步骤

回到第 1 章的表 1-1，绝大多数的企业都能够确定每种产品卖了多少，但这只是第 1 步。

第 2 步需要知道谁买了产品 A、谁买了产品 B。通过传统的进销存系统，企业可以知道每种产品的销售量以及销售金额，可以很清楚地算出表 1-1 中纵向的产品利润，但算不出横向的用户利润，因为无法确定产品 A 和产品 B 卖给了哪些用户。而运用数字技术，企业查看每一个用户的购买情况成为可能。例如盒马鲜生要求用户通过 App 下单，这样它就可以建立针对每一个用户的销售数据库，通过相关系数等分析方法，就可以识别出每一个用户的流量产品和盈利产品。

当企业知道了产品卖给了谁，就需要进入第 3 步，了解用户购买流程，也就是说需要知道用户是先买了产品 A 再买产品 B，还是同时买了产品 A 和产品 B，还是先买了产品 B 再买产品 A。通过手机 App，企业可以记录用户购买的先后顺序，从而实现准确的识别。最终的第 4 步是了解用户为什么买这些产品，即了解用户的购买动机。

要想实现这 4 个步骤，企业需要有高颗粒度的用户数据。以电商平台和传统实体企业的线下平台为例，电商平台一般有点击率的数据，线下平台则有销售数据。现在很多传统实体企业在线下采取会员制，会员制的本质不仅是一个促销计划，而且能将用户行为数字化，即知道谁买了产品 A，谁买了产品 B。但是仅仅采取会员制，只是实现了第 2 步，即知道用户买了什么，但并不完全了解他的购买流程，更重要的是不了解他的购买动机。这时就需要运用电商平台点击率的数据，通过用户点击的行为，包括浏览数据、点击数据和购买数据，去推断用户购买产品的动机是什么。他是为自己买，还是为其他人买？他是为了满足个人的情感需求，还是功能需求？这就是业务数据化，也就是说通过用户数据不但了解到卖了什么，而且了解到谁买的、他如何买的以及他为什么买等信息。

业务数据化为很多中小企业的发展赢得了契机。

2002年成立于深圳的柏威国际货运代理公司，最初只是做国际货运代理业务。在做货运代理的过程中，公司需要处理大量的货物单据，这使得公司意识到信息系统的重要性，于是逐渐加强信息系统建设，并于2010年开始自主研发国际物流管理系统。2019年，其国际物流管理系统2.0版正式上线，并命名为"运连网"。

运连网打通了海关、航空公司、船务公司、场站、码头的数据壁垒，实现了智能终端数据交互，并且数据可以实时更新。运连网为用户提供五大主要服务，包括：①在线国际空运费、国际海运费、中欧铁运费查询服务，②空海运的在线订舱服务，③国内所有货源地到世界各地目的港空海运全程国际物流完整费用查询，④全程国际空运、海运、铁运、电商物流货物跟踪可视化服务，⑤提供出货账单和货量统计分析报告。运连网的上线运营，使柏威国际成为一个完善的国际物流综合服务平台。目前柏威国际的空运产品遍布全国，实现了全国产品一体化运营。

商业基础设施的变化：数据网络化

单独存在的数据没有价值，数据的价值在于关联，也就是数据网络化。

要想实现数据网络化，首先要实现内部跨业务单元的数据关联。在表1-1中，如果产品A和产品B分属两个业务单元，那么数据网络化就是不但要知道喜欢产品A的用户买了产品A，还要知道他买了产品B。这就是内部跨业务单元的数据关联。

我们知道，很多企业在用户端都有数据沉淀，但是这些数据并没有实现关联。当然，这当中有技术方面的障碍，而且很多企业已经开始尝试通过数据中台来解决这些障碍。然而我们发现，在实践中，影响企业进行数据关联的最大障碍，并不是技术障碍，而是存在于企业内部的组织和部门之间的藩篱。企业需要在保护用户隐私这个大前提下，将内部的数据关联起来。可以说，用户数据跨业务单元的关联，是企业组织能力提升的必然结果。

其次要实现内部与外部的数据关联，也就是构建一个行业生态或者产业生态。一个企业必须有自己的数据网络化能力，并将其产品化。茑屋书店的 T-Card 是内外部数据关联创造价值的典型案例。早在 1985 年，茑屋书店就开始通过会员制与用户实现双向、互动的联结。1983 年，茑屋书店成立，主营业务是音像制品租赁和图书销售。1985 年，茑屋书店的母公司 CCC 株式会社（Culture Convenience Club）开始发行 T-Card 会员卡。依托茑屋书店，T-Card 至今积累了 30 多年的基础用户数据，实现了品牌与用户的联结。2003 年，T-Card 推出了跨业态通用积分服务——T 积分，将茑屋书店的 2000 多万用户作为一种资源，与众多百货中心、超市实现联结。通过 T 积分，除了实现更加精准的用户分析外，茑屋书店还实现了内部与外部的数据关联。

T-Card 把用户关系变成一种有价值、可变现的资产，通过数据赋能和特许经营，T-Card 串联起了各个行业的消费场景，并且能追踪 1/3 以上日本人的消费行为。在过去的 30 多年里，茑屋书店构筑了一个日本国民级的会员体系，几乎覆盖了日本人在所有生活领域的购买信息。截至 2018 年 9 月，茑屋书店的联盟企业数量超过 9.4 万家，可以通过 T-Card 购买的商品达 1.2 亿种，⊖所覆盖的生活场景包括日本最大的加油站、消费者身边高频的宅急送、罗森便利店等。如今，茑屋书店的盈利，20% 来自图书音像制品的销售，80% 来自特许经营业务。

⊖ 富日记. 书店生意艰难，茑屋书店却越来越火，它的成功秘诀是什么？[EB/OL].（2020-08-26）. https://www.sohu.com/a/414955915_130072.

商业基础设施的变化：企业智能化

智能化可以为企业带来五个方面的价值：精准、高效、可控、高速和协同。

智能化带来的第一个价值是精准

我们来看一下图2-2，图中有甲和乙两个顾客，假设企业只有1张优惠券，应该给谁？

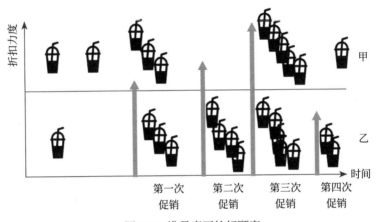

图2-2 谁是真正的好顾客

显然，这张优惠券应该给乙。因为我们可以看到，虽然甲和乙都购买了5次饮料，但是乙有4次购买行为是在促销的情况下发生的，因此乙是典型的价格敏感型顾客。而与乙相反，甲对价格不敏感。当然，企业在真正做决策的时候，需要考虑更多的因素。我们现在讨论的只是一个极为抽象的现象。通过这个讨论，我们希望强调的是，企业应尽可能区别出谁是甲谁是乙。要想区别出来，就需要做到业务数据化和数据网络化，这也就是我们经常说的"千人千面""千人千品"。

乐购（Tesco）的会员卡是运用智能化进行精准营销的一个经典案例。乐购是全球利润第二大的零售商，精准营销为其利润创造提供了不可忽视的作用。乐购通过其会员卡记录的用户购买行为，可以了解会员是什么"类别"的用户，如素食者、单身、有上学孩子的家庭等。这样的分类可以为乐购提供很大的市场回报，如通过邮件或信件寄给会员的促销广告可以变得十分个性化，店内的促销活动也可以根据周围人群的喜好、消费的时段变得更有针对性，从而提高货品的流通率。这样的做法为乐购带来了丰厚的回报，仅市场宣传一项，就能帮助乐购每年节省约3.5亿英镑的费用。

基于对会员卡的数据分析，乐购可以更精准地向会员发放优惠券。乐购每季度会为会员量身定制6张优惠券，其中4张是会员经常购买的商品的优惠券，而另外2张则是根据对该会员以往的消费行为数据进行分析，推断出其在未来极有可能购买的商品而提供的优惠券。与普通的降价促销不同，基于大数据分析下的促销，无损乐购的整体盈利水平。因为公司通过追踪这些短期优惠券的回笼率，了解到会员在所有门店的消费情况，并有针对性地通过推销盈利产品来弥补流量产品的利润损失。乐购依赖扎实的数据分析定向发放优惠券，每年可以实现超过1亿英镑的销售收入增长。

智能化带来的第二个价值是高效

高效是针对企业而言的。企业效率提升的核心思想，是基于数据驱动的动态供应能力调整，这是应对需求端不确定性的一个最佳策略。企业效率提升的核心内涵是，企业通过数据驱动，提高自己内部的运营效率、供应链效率以及研发效率，来应对不确定性。

我们以零售业为例，来看一下智能化是如何提升企业效率的。

未来，新零售运营面临三个痛点：一是环境越来越动态化，资源利用率低；二是传统组织中的员工能动性差，效率低；三是管理粗放不精细，智能化程度低。

在新零售智能化建设中，步步高集团（简称步步高）是一个经典案例。步步高是1995年成立于湖南湘潭，总部设在长沙的零售企业。从

2017年开始，步步高在董事长的带领下实施全面的数字化转型，它的战略分为三个步骤：一是利用技术实现各种要素的重塑；二是重塑企业的价值链和盈利模式；三是融入新的生态，包括与腾讯等企业展开合作，借助生态资源来发展企业，实现产业互联。

步步高智能化的切入点是会员体系，用数字技术打造全渠道会员体系，协同线上线下资源，挖掘用户价值。

步步高的转型，要回到零售的本质，思考以下问题：如何运用技术创造价值，如何运用技术提升效率？企业绩效主要包括哪些指标，企业要如何提升能效？企业从自己已有的资源出发，如何进行用户定位、产品组合、渠道和运营模式的更新？在这个过程中运用到的所有技术，是企业思考的重点。最终目的是，要为用户创造价值，要提升企业的运营效率。

通过以上思考，步步高启动了三个大项目：一是数字化会员；二是数字化运营；三是数字化供应链，提供更好的产品和服务。

在两年多的时间里，步步高的转型取得了初步的成效，在过去一年多的时间中，集团已经基本完成了顾客数字化的工具，即顾客购物旅程全面数字化流程，覆盖了以下五个方面。

一是线上触达，当顾客还没有来到店里的时候，怎样和顾客建立连接的渠道？步步高集团开发了到家、社群营销等工具，实现了全触达。

二是顾客来到线下实体店时，如何为其提供体验？步步高在购物中心建有完全智能的停车场，并有智能导航，车辆可以无感进入，顾客购物之后，停车券会自动发送到消费者的卡包里。当离开停车场时，用户可以不用停车直接离场。

三是在顾客挑选商品时，步步高提供了更多的数字化服务。在货架上提供了二维码，扫码后可以了解到促销活动和商品推介信息，还可以领取优惠券。这进一步优化了顾客的购物体验。

四是在购买支付环节做了大量的工作，顾客少量购物时可以边买边支付，步步高在实体店里配有自助收银机、云 POS，最大限度地减少顾客支付的等待时间。

五是顾客离店回家后，如何继续提供服务？步步高设计了电子小票，顾客不需要像以前一样在服务台排很长时间的队，而且可以在家里将电子小票分享给好友，分享后还能领取小红包奖励等。

上述五个方面构成了一个顾客消费的全闭环。这样一个数字化的购物旅程，是一个企业在数字化时代可以提供的最基本的和顾客建立数字化连接的服务。

通过一年多的运营，步步高的数字化会员已经突破了 1300 万人，有大概 200 家门店已经提供了线上到家服务。

除了赋能企业自己的业态，步步高还和各大品牌商进行合作。如与联合利华等品牌商通过小程序、微信公众号等线上渠道去触达顾客，带来了很好的销售业绩。如今，合作的品牌商超过 50% 的销售增长来自步步高数字化会员的推广，达到了双赢。

会员体系升级倒逼运营的升级。智能化运营，要解决的第一个问题是，规模扩张，做好单店运营，提升员工能动性。

要做好单店运营，仅仅提升自身能力还不够，还需要形成可复制的能力，这就要有方法论的支持。另外，企业要有智能工具，才能实现规模经济。规模扩张在传统组织中都是被动的，而步步高则采用了数字化工具来激活组织和个体进行自我驱动。步步高通过数字技术打破了组织壁垒，实现了动态用工，提升了员工的自我驱动力，使组织的规模扩张更具主动性。

智能化运营要解决的第二问题是，以智能化应对不确定性，提升资源使用效率。笔者和步步高合作，共同开发出一套生鲜数字化运营的方法论和系统工具，并在集团内进行部署，从收货管理到库存管理全部采用数字化运营，一切决策由数字驱动。

集团通过人工智能和大数据建模，对生鲜的供货实现了准确预测，准确率超过了 80%。通过大数据实时销售预警，可以有效地管理畅销商品，防止过度库存或短缺。图 2-3 是螺丝椒的销售监测图。当发现螺丝椒的实际销售量远远低于预测销售量时，系统就会在手机上给员工发信息，提示出问题了，员工收到信息后，经核查发现原来是价格没有调整，于是调整价格，后面一两个小时的销售量就会提高。做生鲜要进行实时的动态管理。如果一天以后再做分析，顾客就已经流失了。

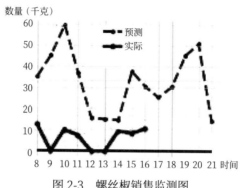

图 2-3　螺丝椒销售监测图

通过人工智能模型，步步高实现了生鲜库存预警和动态沽清，可以实时统计出这一批货到现在卖了多少，并预测过保质期之前会卖多少。数字化沽清，大大简化了运营过程。平时大家在收货时都要对生鲜品的品质进行评级。比如芒果的保质期是 6 天，如果品质是 C，保质期就可能只有 2 天了，当业务人员把这些数字输入到模型中以后，预警系统就可以自动启动，分解出每天、每小时需要完成的销售量，如果没有完成，系统就会进行预警。预警后，销售员要及时处理，如果不处理的话，总部的运营人员可以通过摄像头看到台上的商品并进行远程干预，这大大提升了运营效率。

智能化运营要解决的第三个问题是，实现业务的在线化。在互联网时代，尤其是在移动互联网时代，集团提供一个更强大的工具平台支持赋能。比如，商品有什么样的卖点，这类信息原来是在一些主管的大脑中，如果让他们去辅导每一个员工，效率会非常低下，执行的情况也参差不齐。而运用数字化平台，把这类信息全部抽象出来做成视频，员工在店里看到商品不好卖时，扫一下条码就可以看到其他店卖得怎么样，是怎么卖的，可以迅速学到别人的销售经验。如果一家门店的某种蔬菜只卖了30%，别的门店都卖了50%，系统就会自动给这家门店的相关员工派任务，要求他们必须在一个月内提升到卖出50%的水平。如果做不到，他们就会被扣分。所以，智能管理就是通过每个数据去分析任务的结果，去评价绩效，在线管理每一个人的状态，最后形成对个人能力的评价。

步步高集团利用数字化工具来激活组织和个体，实现自我驱动。生鲜数字化运营有一整套的方法论和系统工具。

智能化带来的第三个价值是可控

对于一个企业家来说，他最担心的并不是行业不景气，而是行业发展的不确定性，而智能化带来的恰恰是提高企业经营管理的可控性。

我们在2009年曾做过一项学术研究：假设一家企业只有销售、生产、研发和广告4个部门，遇到金融危机，经济不景气，要削减成本，那么，这家企业会先砍掉哪个部门？

如果你给出的答案是广告部门（因为传统的品牌广告的因果关系不明确），那么你的答案只对了一半。我们知道，在2019年全行业经济不景气的时候，虽然广告业的整个蛋糕变小了，但以今日头条和百度为代表的数字化效果广告商的业务反而有所增长。其原因并不是效果广告的成本低，很多企业按点击量付费的效果广告的成本实际上超过了品牌广告。那么，为什么效果广告业务会增长？因为效果广告的因果关系相对明确、可控。

假设在经济不景气的时候一个企业家拿到两个广告方案。一个方案是在平面媒体投放1000万元的品牌广告。这个方案能产生多少效果，非常难以预测。另外一个方案是投入1000万元的效果广告。每个人的获客成本是多少，非常好计量。我们能够想象得出，在经济不景气的时候，这个企业家自然愿意做出一个自己可控的选择，而非一味考虑成本因素。

虽然在经济不景气的时候很多企业会首先削减广告预算，但实际上广告投入的效果往往是在经济不景气的时候更好，原因主要有两个：一是当竞争对手都在压缩广告投入的时候，你的广告信息更容易被消费者接收到并得到认可；二是广告的成本在经济不景气的时候实际上是下降的。

智能化带来的第四个价值是高速

数据智能化带来的高速表现在两个方面。首先，数据智能化带来的是对环境的高速反馈。在李世石唯一一次战胜AlphaGo的那个晚上，李世石疲惫不堪地去洗澡、睡觉，而AlphaGo却可以和自己再对弈数百万局棋，不断迭代、进化。

美妆行业曾是一个相当传统的行业，过去往往依靠大牌时尚设计师在国际高端时尚论坛的营销推广引导时尚的趋势。而完美日记，这个2016年成立于广州的美妆品牌，则用基于人工智能的"数字化选品策略"在美妆行业探索出一套全新的发展模式。2020年4月，完美日记完成老虎环球管理公司领投的1亿美元战略融资，其估值已达20亿美元。

完美日记优秀的选品策略，离不开对数据源的挖掘。完美日记研究的数据包括三类：①消费者在社交媒体（如微博、抖音、B站、小红书等）上的舆情数据；②市场中竞品的公开数据，例如天猫销量、用户评价等；③自身销量数据。

我们以口红为例，看看大数据是如何发挥选品威力的。众所周知，口红的色号众多，每个色号的差异极小，对于一般男性来说，挑选口红色号简直是一道"送命题"。那么完美日记的数据工程师，是如何破解这一难题的呢？

口红色号数据化的第一步是，将种类繁多的色号运用数字技术转化为RGB色彩模式数据，每一种口红的颜色，都可以用类似（216，56，12）这样唯一的RGB颜色值来表示。无论是"干枯玫瑰红"还是"冷调樱桃红"，一旦转化为RGB颜色值，就可以用计算机快速解读。通过分析竞品的公开销售数据，知道每个口红SKU的RGB颜色值和销量，就可以用K均值聚类等算法进行分析，对不同颜色口红的销售情况做出预测。大数据的强大预测能力，使得完美日记产品的调整可以以天为单位进行。

此外，完美日记是一个"泡"在社交媒体里的品牌。微信公众号、抖音、B站、淘宝直播等平台都有完美日记的广告投放。完美日记数字化营销广告60%投在效果广告上，以实时竞价（Real Time Bidding, RTB）为主，可以实时调整。完美日记拥有强大的营销中台，通过数字化的营销内容调整，实现针对每个消费者的个性化、自动化内容自动分发。

其次，数据智能化带来的是高速匹配。优步之所以能够成为庞大的共享经济企业，在很大程度上得益于其高效的匹配算法。过去，出租车行业最大的痛点是供需的随机性。出租车司机漫无目的地在街上开车，试图找到随机出现的打车乘客。由于信息不对称，在大多数情况下，司机往往根据自己的经验来判断哪里是出行需求大的热门地区，然而这种经验太过粗糙，往往不能精确地反映真实的需求。

优步使用数据技术快速解决司机和乘客的供需问题，其路径是算法技术驱动。以派单为例，优步的核心算法是基于实时、动态的供需关系进行定价，并利用价格杠杆来优化特定区域内的供需关系。例如，在演唱会结束后，有大量离场观众需要打车，短时间内在演唱会现场附近产生了海量的并发需求，优步使用价格杠杆在短时间内将在该区域内打车的价格上调，这样，一方面吸引了该区域外的司机来增加供给，另一方面又解决了乘客打车难的痛点。本质上，优步通过动态定价，依靠价格杠杆对特定区域内的供求关系进行实时调节，从而提升了整个交通网络的效率。

除了派单依赖实时动态的供需定价算法外，优步还有不少新业务也极大地依赖算法进行优化，比如Uber HOP点对点拼车业务，为了帮助SUV或面包车司机在出行的过程中节省费用，同时利用闲置座位实现共享出行，优步在司机行驶路线相对固定而乘客上下车地点相对灵活的前提下，借助算法找出多种拼车组合中效率最优的一种，为司机与乘客的低成本智慧出行提供了智能化的解决方案。优步公开的数据显示，2016年，优步使洛杉矶的汽车总行驶里程减少了790万英里⊖，大大提高了供需匹配度。

智能化带来的第五个价值是协同

通过数字化手段，企业一方面可以更好地协同自己的内部资源，使各个产品线贯通，另一方面可以更好地协同内部与外部的资源，为用户提供更高的价值，并为自己带来长期的利润增长。

协同效应的代表企业是迪士尼。20世纪60年代，迪士尼第二代继承人罗伊·迪斯尼在一张餐巾纸上，将公司当时及未来的业务关系进行了一次梳理，包括电影、迪士尼乐园、特许经营、音乐、出版物等业务。他发现所有的业务都以电影为中心点交织成了一张网。

对于迪士尼来说，无论是游乐园业务还是周边产品授权，一切的基础都是迪士尼电影所塑造的米老鼠、唐老鸭等IP形象。没有这些IP形象，游乐园就没有任何特色和优势，周边产品也就没有客户和消费者会买单，用户将离迪士尼越来越远，其商业版图也会随之土崩瓦解。相反，核心IP的价值也需要通过特许经营的方式与相关"边缘业务"联结，才能产生协同效应。

现在，迪士尼的线上用户在使用流媒体消费和娱乐时，每个人的数据都会被记录下来。在线下，"MyMagic+"也会记录用户的消费数据。迪士尼可以将不同业务板块的数据关联在一起，形成一张协同信息的"神经网络"。这张神经网络以用户为中心、以数据为驱动，在每一位用户身上收集具有"颗粒度"的数据，实现了业务数据化与数据网络化。这样，迪士尼就能够以此为依据，为用户开发和提供更好的服务。

⊖ 1英里=1609.344米。

下面以平安一账通为例，分析企业在数字化时代，面对商业基础设施的变革，如何实现业务升级。

平安一账通：智情企业的基础设施建设

2019年12月13日，纽约证券交易所的钟声敲响，平安集团旗下面向金融机构的商业科技云服务平台壹账通金融科技有限公司正式上市，交易代码OCFT。

被誉为"金融科技第一股"的金融壹账通上市，对于平安集团而言，有着特殊的意义。从血统来看，金融壹账通可谓平安集团的嫡系。早在2013年，平安董事长兼CEO马明哲就提出了"科技引领金融"的战略，在2018年，马明哲又将平安logo中的"保险、银行、投资"改为"金融、科技"，其对金融科技的重视可见一斑。

作为金融数字化的典型案例，金融壹账通的每一步发展，不仅代表了平安金融科技化的进程，也代表了同类企业在数字化发展历程中在基础设施方面的转变，对于正在数字化之路上求索的金融企业而言，有着普遍的借鉴意义。

业务数据化：改变传统金融服务

业务数据化是金融业迈向数字化的第一步。

2013年6月，10万名平安微信服务账号用户收到了平安主动推送的贷款产品的信息，约有1万人打开并阅读了这条信息，此后，平安银行接待了2000人左右的电话咨询。从微信推送信息到客户反向联系银行，反馈数量占推送总数的2%。在平安集团于2015年将一账通、互联网服务云平台、前海征信合并重组为金融壹账通之前，一账通就已经是平安内部卓有成效的大数据分析系统，是分析此类贷款信息推送效果的基石。

曾几何时，带着易拉宝和礼仪绶带，在人流密集的小区门口派发宣传页，或者在 CBD 商务楼楼下摆摊，是银行营销人员开拓新客户的最主要方式。但传统的推广方式人工成本高、见效慢，并且容易引起人们的反感。以陌生电话拜访为例，即使营销人员掌握了"陌生电话拜访不得不记住的八个步骤"和"陌生电话拜访的核心要点"，但在实际操作中，他们依然会被用户直接挂断电话。

在互联网时代，带给用户不良体验的传统营销方式正在成为历史，柜台业务逐渐向手机及 PC 端转移。比起线下扰人清静的推销电话，向经过筛选的 10 万名平安微信服务账号用户推送贷款信息显然更有效率，也更能被用户所接受，这背后的原因主要有三方面。

首先，随着科技的飞速发展，互联网和智能技术渗透到了生活的各个方面，如果说 2010 年推出的 iPhone 4 尚属于"高富帅白富美"专供，那么在如今，智能手机早已深入寻常百姓家。这种大环境下的数字化转型也催生了人们对线上服务的需求，传统银行对线上服务的推进势在必行。

其次，对于传统金融业而言，来自"互联网 + 金融"的竞争愈发激烈。2014 年余额宝横空出世，马云喊出了著名的"如果银行不改变，那就改变银行"的口号。而如今，无论是"微信扫一扫"还是"支付宝当面付"，基于移动互联网的金融生态体系迅速成熟，并且不同于传统的设立线下分行的方式，支付宝金融业务的拓展并不需要大量场地、器材等固定资产的投入，小程序平均占据内存仅 2MB 左右，大数据不仅带来了更轻便的业务拓展方式，也实现了更为精准的用户推送，面对来自支付宝的竞争，传统金融业需要不断细化数据颗粒度，才能更好地服务用户。

最后，随着越来越多的 90 后、95 后步入职场，年轻人逐渐成为消费的主力军。对金融业而言，与线下网点取号、排队、进行漫长的等待相比，年轻人更习惯线上操作。为了更好地了解年轻人的操作习惯，金融壹账通向平均年龄 30 岁的内部员工进行了一次问卷调查。

调查的问题很简单：你现在每年去几次银行网点办业务，为什么去？绝大部分反馈显示：如今的年轻人一年最多去两三次银行，主要原因是出国需要开存款证明，而非前去办理理财业务。金融壹账通联席总经理邱寒表示："有时候我们说我们要去银行办点事，年轻员工就会问：'啊？你还去银行网点，为什么？'大家会发现你所面对的客户群已经发生变化了，年轻人已经不再去网点了。"

科技的发展、来自互联网金融的激烈竞争，以及用户需求的迭代升级，都促进了传统金融业业务数据化的转型之路。对于银行而言，知道推广了多少张信用卡，以及吸纳了多少存款只是第一步，在数字化浪潮之下，银行及金融机构还要知道是哪些用户真正对某款产品有需求，以及用户的购买动机是什么。

只有拥有了高颗粒度的数据，银行才能进行精细化的用户分析，才能在对用户的定向推广中逐渐提升所推送信息的用户打开率与反馈率。而通过一次次的用户反馈，银行能够搜集到更多的数据，使用户画像进一步精细化，让下一次定向推广更精准，实现"数据搜集→定向推广→用户画像"的正向循环。

数据网络化：连接各个信息岛屿

除了将业务资料数据化，金融壹账通还作为桥梁连接了各个信息孤岛。如图 2-4 所示，平安集团有很多业务部门，在金融壹账通推广之前，这些业务部门的数据各自分散存储，而在金融壹账通推广之后，集团对各业务部门的数据进行了统一的规范和存储。

平安集团的业务涉及大金融资产、大医疗健康、金融＋科技、金融＋生态等各个领域，在提供多元化金融服务的同时，也实现了各类金融消费场景的无缝衔接和闭环交易，打造了大金融生态圈。

2015 年，中国平安将一账通、平安科技的互联网服务云平台、前海征信三项业务合并重组为金融壹账通，⊖作为众多数据岛屿中的一座

⊖ 安卓. 金融壹账通上市两大挑战：未盈利、没断奶 [EB/OL]．（2019-11-14）. http://finance.sina.com.cn/roll/2019-11-14/doc-iihnzhfy9182914.shtml.

小岛，其与平安集团旗下的其他数据岛屿相互连接。因此，金融壹账通才能为银行、保险、投资等各类金融机构提供全流程、全体系的解决方案，让整个平安集团通过"开放平台+开放市场"完成资产与资金的线上连接，满足客户全方位金融需求。金融壹账通已与400家合作银行、20家保险公司和2000家非银机构建立合作关系，C端调用量8亿次，F端交易量8万亿元。而要想成为商业科技云服务平台企业，有一项重要的前提——打通数据间的壁垒，实现数据岛屿互联互通。○

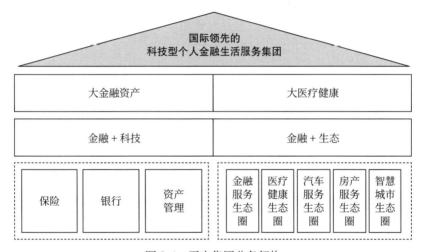

图 2-4　平安集团业务架构

资料来源：平安集团公司公告。

在平安集团内部，金融壹账通可以连接到的数据是多样化的。除了众所周知的金融服务生态圈以外，金融壹账通还能在保护隐私的情况下，连接到集团所搭建的包括平安好医生在内的医疗健康生态圈、包括汽车之家在内的汽车服务生态圈、包括平安城科在内的房产服务生态圈，以及包括平安智慧政务一体化平台在内的智慧城市生态圈。这些生态圈

○　冯人綦，曹昆. 金融科技融合发展 平安集团陈心颖解析如何打造业务新模式. [EB/OL]. （2017-11-20）http://money.people.com.cn/n1/2017/1120/c42877-29657507.html.

彼此联动，可以更好地为顾客提供全场景的专业服务。数据显示，截至 2019 年 9 月 30 日，金融壹账通平台在 9 个月中平均每天协助进行了 13.5 万次反欺诈核查、420 万次信用风险评估，以及大约 1.3 万项汽车保险索赔的处理。

对金融壹账通而言，数据的联通并不仅局限于平安集团内部，作为数据岛屿，金融壹账通还与平安集团以外的各个数据岛屿相连接。

《中小银行金融科技发展研究报告（2019）》显示，大部分中小银行对金融科技定位不够清晰，缺乏长期战略部署和对创新的重视。45% 的中小银行初步搭建了公司级数据基础规范，但业务部门数据互通程度仍不理想。虽然银行与外部金融科技公司的合作形式丰富多样，但只有不到 5% 的被访银行开放了 API 接口给外部企业，且只有 20% 设立了科技专项基金或创新孵化器。

正是基于对行业需求的深刻洞察，金融壹账通与平安集团以外的金融服务公司进行了连接，利用自身的技术优势更好地提供服务。金融壹账通共有 12 大解决方案，覆盖了从营销获客、风险管理到客户服务的全流程服务，以及从数据管理、智慧经营到云平台的底层技术服务，实现了对金融业前中后台职能的全面覆盖。截至 2019 年 9 月 30 日，其服务客户已涵盖了国内主流银行、99% 的城市商业银行和 46% 的保险公司。㊀

在新冠疫情期间，金融壹账通再次发挥了数据优势。在居家隔离时期，如何安全战"疫"成了各家机构的主流需求，金融壹账通为金融业提供智能办公、智能销售、智能风控、智能客服、智能理赔五大解决方案，全流程打通金融机构前中后台业务和经营管理流程，可以在线远程办理各项业务。

对金融行业而言，即使疫情期间员工可以远程办公，但客户却离得更远了。如果不能与过往的客户保持密切联系，客户很有可能被其他银

㊀ 曼卿. 蓝筹 or 潜力？金融壹账通正式登陆纽交所 [EB/OL].（2019-12-13）https://www.iyiou.com/p/120261.html.

行或线上理财产品所吸引，从而流失。在保证健康和安全的前提下，怎样与客户保持密切的联系，成了疫情期间银行业面临的普遍问题。

金融壹账通通过整合健康保险产品、线上诊疗、疫情地图、卫生用品等产品，让客户经理可以更好地为客户提供服务。虽然疫情期间无法面对面线下接触，但是这种与疫情以及医疗相关的信息恰恰是疫情期间大家最需要的，因而帮助银行实现了特殊时期的客户维系。

在连通数据岛屿后，金融壹账通甚至将业务延展到了金融服务业之外。为了更好地协助疫情期间的肉食供应，金融壹账通联合山东多家企业、银行以及供应链单位，共同打造山东健康肉产业联合会产、供、销、融一体化平台。这一切之所以能实现，都有赖于金融壹账通将各个数据节点相互连通。

很多企业的用户端，在运营了一段时期后，都会有数据沉淀。打通沉淀的数据，打破既有平台间无形的藩篱，与其他平台的数据相结合，实现更为高效的联动，是每一家数据企业在发展中必然要迈出的一步。金融壹账通成功地做到了这一点，作为数据岛屿，其对内对接了整个平安集团的数字生态圈，对外对接了其他金融机构与企业，甚至在疫情期间将金融行业与实体产业相连接，用数字化改变了传统金融业。

走向智能化：进军"黑科技"

当企业将原有业务实现了数据化，并将每个数据化的信息岛屿相互连接构成了生态图谱后，下一步就是更智能化的发展。因此，金融壹账通长期发力于人工智能领域与区块链领域，进一步提升智能化程度。

但当金融服务移步线上时，欺诈手段也随之升级。支付模式在由二维码改为面部识别的最初阶段，也遭受了不少非议与怀疑，曾有诈骗团队搜集了大量的个人照片信息，再利用照片制作3D视频，用于金融欺诈。

当一种科技手段存在漏洞时，就需要用更先进的科技手段堵住漏洞。为了解决科技欺诈的问题，并更好地让面部识别服务于用户，金融壹账通在人脸识别、声纹识别、微表情等生物识别技术方面持续跟进，已有具体产品落地并荣获诸多奖项。据公开资料，基于自身的 AI、大数据和云计算能力，平安金融壹账通曾通过远程技术、人脸识别、声纹识别有效防范了 800 多起欺诈案件，其所推行的多维度识别模式，能有效降低人脸识别攻击和欺诈行为的发生。

此外，智能化的应用不止于修补原有的漏洞，还能让服务精益求精。在银行理财产品销售过程中，由人工所主导的销售其实并非尽善尽美。因为记忆的偏差或主观臆断，人为的销售失误始终存在。即使是资深销售员，在连续加班熬夜、持续高负荷运转的情况下，依然有可能忙中出错，漏了介绍理财产品的某些注意事项，或记混了年化期望收益率。

为了解决这一问题，金融壹账通旗下的加马人工智能研究院所开发的销售助手（eExpert），相当于一款黑科技"机器人销售"音箱。这款黑科技音箱，能根据所建立的知识图谱，对图谱中的任何一款金融产品进行解析与讲解，并且当顾客存在疑问时，销售助手可以从产品知识库中调取相应数据，实现与顾客的互动。这既保证了对金融产品的介绍准确无误，又能够更好地将原有人力从烦冗的基础沟通中解放出来。

金融壹账通表示："以智能客服为例，保险业目前已经不再需要大量的人工客服，只需通过机器人就可以解决以往客户遇到的常见问题。以新契约回访场景为例，采用机器人回访可降低 57% 的成本，提升 50% 的外呼回访效率；对于中高风险的业务，还可应用远程音视频、智能核身、在线文本共享交互及电子签名等技术，实现座席远程协同办理。"

金融壹账通推出的"智能外呼机器人+AI 智能座席"可以完成线上客服的智能语音服务，满足 7×24 小时服务不间断高效运行，缓解了人工客服的压力，使金融机构能够降低成本并提升效率。

并且，人工智能的存在还能更好地为金融机构的线下场景进行赋能。对需要进行车险理赔的投保人而言，常见的模式是投保人打电话给保险公司，等保险公司现场勘验、对事故车辆进行定损后，投保人携带相关证件到保险公司办理理赔手续，但这往往要耗费较大的精力，还需要来回奔波。在疫情期间，不少保险公司可能尚未开始现场办公，客户也可能仍停留在老家，若想线下申请理赔，难度更是直线上升。

为此，金融壹账通再次借助科技的力量，解决了疫情期间传统线下业务开展不便的困扰。金融壹账通利用人工智能技术，设立了线上车险定损服务，线上车险联通了包括投保人个人信用、车辆数据等多维度信息，对于部分需要出险的情况，投保人在上传资料后，即可实现快速在线定损。根据公开资料，疫情发生以来，共有 30 905 位平安车主在家办理了车险理赔业务，通过手机领取了超过 6792 万元赔款。在科技的助力下，金融壹账通简化了原本冗长的线下办理流程，为用户提供了智能化的高效解决方案。

除了人工智能以外，区块链技术是金融壹账通向智能化进军的另一大发力点。其背后的痛点，正是传统供应链金融企业信用多层穿透难、中小银行风控弱、中小企业融资流程长等问题。

对众多处于供应链长尾端的中小企业而言，它们规模较小，缺乏财务担保，企业自身管理也不如大企业规范，当风险来临时，这些中小企业往往会先倒下。它们将直接影响到供应链上下游，甚至推升了核心企业的采购成本。而对银行而言，由于中小企业信用体系尚不健全，难以为中下游的企业提供融资，更何况，银行超九成的贷款都给了一级上游供应商，覆盖层级非常有限，这也造成了超过六成的二级及以上供应商无法获得银行贷款，压力大、周转慢的情况时有发生。

区块链技术的存在，让传统供应链得以升级。区块链上的所有信息都可追溯、可留存，能有效记录供应链上企业所有的真实信息，补全此前信用体系数据的缺失，并且金融壹账通还能通过多维大数据智能风控技术，对物流、仓储、工商、税务等众多数据源实行交叉认证，解决银行与企业间的信息不对称、贸易真实性难核验等问题。而通过平台区块链技术，还可以进行订单数据的交叉验证，杜绝某些企业多头借贷的情形发生。

金融壹账通联席总经理陈蓉对此表示："金融壹账通将强大的技术

能力和成熟的解决方案带给了中小融平台[^1]，解决了信息不可留存、彼此孤立的问题，成功地将企业运营踪迹数据化，让中小企业在融资时可以通过多方数据交叉验证，避免了难以自证信用的尴尬，打造了全流程、自动化、批量化的线上融资平台，最终构建起一个涵盖多行业、多场景、多供应链主体的科技金融生态圈。"

作为金融数字化的典型案例，金融壹账通的每一步，都代表着金融数字化发展历程中的基础设施变迁。从最初的将传统线下纸质业务转为高颗粒度的线上业务，到实行数据的互联互通，在保护用户隐私的大前提下，与集团内外的其他数据岛屿进行合作，金融壹账通在发展的过程中，打破了不同实体间无形的数据藩篱，并利用包括人工智能与区块链在内的"黑科技"，搭建行业生态圈，在智能化的征途上不断前行。

| **核心观点** |

1. 智情企业基础设施建设三步走：①业务数据化——业务能力能够被"记忆"；②数据网络化——只有通过数据交互和数据挖掘，记忆才能转化为"知识"；③企业智能化——通过对数据的分析、挖掘，实现对用户的"洞察"。
2. 业务数据化解决四个问题：①卖什么？②谁买的？③怎么买的？④为什么买？
3. 数据网络化：①内部关联，实现企业内部协作；②外部关联，产业连接建立平台生态。
4. 智能化企业可以给企业带来的核心价值：
   （1）精准——企业提供差异化的产品和服务，也就是我们经常说的"千人千面""千人千品"。
   （2）高效——企业效率提升的核心思想，就是基于数据驱动的动态供应能力的调整，这是应对需求端不确定性的最佳策略。

---

[^1]: 指广东省中小企业融资平台。

（3）可控——对一个企业家来说，最担心的并不是行业的不景气，而是行业的不确定性，而智能化可以提高企业经营管理的可控性。

（4）高速——一是对环境的高速反馈，二是企业能力的高速匹配。

（5）协同——通过数字化手段，企业一方面可以更好地协同自己的内部资源，使各个产品线贯通，另一方面可以更好地协同内部与外部的资源，给用户带来更高的价值，同时也为自己带来长期的利润增长。

第二篇

洞察篇

第 3 章
Chapter 3

智情企业的技术洞察

　　智情企业的"智",在于运用数字技术对用户、技术和行业进行深刻洞察。企业要运用好数字技术提升企业能力,首先要理解数字技术对产业影响的趋势。我们首先从美的集团(简称美的)案例开始,看这家传统家电巨头是如何运用数字技术升级企业、提升企业智能化水平的。

美的:从"家电巨头"向"科技巨头"的蜕变

　　2019 年 7 月,美的首次对外展示了美的工业互联网(M.IoT)落地的第一个智慧工厂——美的南沙智慧工厂。该工厂目前已接入 5G 信号,无缝连接了不同年代、不同型号的 41 类 189 台设备。通过对人工智能技术的运用,在将空调外观检测精度提升 80% 的同时,质检成本降低了一半以上。这次展示印证了美的开启于 2012 年的数字化转型已取得了阶段性成果。然而,美的的转型之路并不是一帆风顺的,在某种程度上,甚至可以说这种转型是被迫的。

近年来,家电市场的竞争日趋激烈,市场越来越细分,消费者个性化、差异化的需求越来越普遍。以大规模、低成本为特征的制造业的传统打法因很难在兼顾规模化的同时满足个性化需求而逐渐失效。2012年,美的的营业收入下滑至1026亿元,较2011年的1341亿元减少近1/4,净利润也降至61亿元。⊖ 转型成为美的当时的必然选择。

"与其由别人来颠覆我们,还不如我们先颠覆自己。"美的董事长兼总裁方洪波在上任之初就开始力推美的数字化转型,一方面向上游延伸,实现技术领先,另一方面向下游扩张,实现用户亲密。

夯实基础,实现运营卓越

美的集团是国内最早走上信息化之路的制造企业之一,早在1994年就开始考虑企业的信息化建设。1999年,以甲骨文(Oracle)为供应商,美的开始全面实施企业资源管理系统(ERP)项目,并在库存降低、产量提升方面取得了显著成效。然而,美的早年的IT系统往往是各部门自行开发自己的流程,各部门流程彼此割裂,无法真正打通,而且缺乏统一的标准来衡量各部门流程的运营效率。随着业务的不断拓展,旧的IT系统开始无法满足业务需求,重构IT系统迫在眉睫。

2012年9月,美的启动了重构IT系统的"632"战略,具体来说,就是在集团层面打造产品生产周期管理系统(PLM)、企业资源计划管理系统、高级计划排程系统(APS)、制造执行系统(MES)、供应商关系管理系统(SRM)、客户关系管理系统(CRM)6大运营系统,BI决策系统、财务管理系统(FMS)、人力资源管理系统(HRMS)3大管理平台,美的信息门户平台(MIP)、美的开发平台(MDP)2大门户网站和集成技术平台,希望以此构建集团级的业务流程、主数据管理和IT系统,最

⊖ 韩舒琳. 格力美的的瑜亮之争:掌门一个张扬跋扈一个秀外慧中 [EB/OL]. (2018-11-06) https://finance.sina.com.cn/chanjing/gsnews/2018-11-06/doc-ihmutuea7349250.shtml.

终实现"一个美的,一个体系,一个标准"的"三个一"的目标。

美的多元的业务形态导致不同品类的流程和业务模式都有较大差异。在"632"战略实施过程中,如何打破不同业务流程的"信息孤岛"现象,挖掘业务共性,找到适合在集团内推广的标准和流程,成为美的面临的最大难题。据《财经》报道,美的高层最终确定了"80%统一,20%差异"的方针,开启了一项需要投入大量人力、物力的复杂的变革。技术团队先从业务端入手,在对比分析了每个业务的流程和标准后,选出最适合在集团内推广的几个标准,依次在整个集团内推广和检验,最终在确定最优的流程和标准后,再对业务流程进行相应的调整和变革。"632"战略最早在空调和厨房电器两个事业部试点,后又推广到其他事业部。最终,历时三年多,投入30亿元,美的于2016年完成了所有事业部的系统创新,形成了统一的流程数据系统和管理体系,为整个数字化转型打下了基础。

长期以来,家电行业的厂家销售人员为了冲量,往往会向经销商"压货",在完成自己销售任务的同时,也提前占用了经销商的资金。久而久之,经销商手中就积累了大量的库存。美的越来越意识到这种传统营销模式已经过时,很难对订单做出及时响应。一种可以拉动产销变革的新型营销模式呼之欲出。为了从根本上改变传统产销模式中从制造商到省代理、市代理再到零售商层层压货导致产销脱节的现象,美的开启了"T+3"实验,探索一种多批次小批量的柔性生产模式,直接汇总零售商的订单。具体来说,美的把供应链分为搜集客户订单、采购备料、生产制造、发货销售四个环节,从收集客户订单(T周期)开始计算,尽量压缩每个环节的天数,以最快的速度直接响应零售商需求,实现柔性生产。

美的最早在洗衣机品类的小天鹅品牌开展了"T+3"实验。小天鹅洗衣机传统销售订单的供货周期是23天,但市场调研显示,如果能将用户下单到最终收到货物的整个过程控制在12天,用户体验最好。于是,小天鹅就将12天平均分配到供应链的四个环节,将搜集客户订单、采购备料、生产制造、发货销售每个环节的时间设定为 3 天。

然而这次实验绝非将传统 23 天的供应链周期压缩到 12 天这么简单，要实现从大规模生产和销售向满足个性化需求、快速反应跨越，需要推进从研发到制造的整个产销供应链的深度变革。在这个过程中，既需要保证产品的标准化，减少产品的种类，便于供应商选择，又要尽量做到产品的精品化，以此提高整条产业链的利润。

最终，"T+3" 实验直接将美的洗衣机业务的仓库面积从 120 万平方米压缩到 10 万平方米。以小天鹅平均月销售量 100 万台计算，在 10 万平方米的仓库周转 100 万台洗衣机，就意味着要保证 3 天完成物流周转，基本要做到零库存。

向产业链上游延伸，实现技术领先

完成 IT 系统重构后，美的开始向产业链上游延伸，增强研发能力。美的目前拥有的专利申请数量已经达到 10 万件以上，授权维持量超过 5 万件。据科睿唯安（原汤森路透知识产权与科技事业部）的统计数据显示，美的在家电领域的专利数量已经多年稳居世界第一。2019 年年底，美的已经在全球拥有 28 个研发中心，研发人员超过 1 万人。2019 年美的研发投入超过 100 亿元。

以用户为中心，是美的研发战略的起点。十多年前，美的各事业部就陆续设立了用户调研中心，前置用户体验分析，根据用户需求来确定研发方向。在 2018 年公司的战略发布会上，美的董事长兼总裁方洪波更将"科技、用户、全球化"作为美的未来发展的关键。

以用户体验为中心的研发思路，对产品高端化和提升竞争力起到了明显的推动作用。例如美的获得良好市场反应的 Air 空间站空调、低糖电饭煲和微晶一周鲜冰箱等产品，都是公司在了解消费者需求后，在研发中不断解决用户痛点而打造出的在高端市场表现优异的爆品。

要实现对用户体验的深刻洞察，就需要运用数字技术，打破通过硬件产品无法获取用户信息的壁垒，这个技术就是物联网（IoT）。在以用户体验为中心的研发思路指导下，美的在 IoT 上的布局也进展迅猛。目前，美的 IoT 可实现与腾讯、华为、公牛等不同品牌的产品对接。截至 2019 年 10 月，美的已经有 7000 万台智能家电设备销往全球，服务超过 3000 万用户。[○]

美的"开放式创新"与 IoT 战略紧密结合，并不局限于与外部优质的合作伙伴展开单纯的技术合作，而是希望建立起从消费者调研到产品开发、商业模式拓展等全方位的开放合作体系。这种合作体系的打造，最终将在帮助双方进一步加速技术创新、提升用户体验的同时，实现更大的商业利益。

向产业链下游扩张，实现"用户亲密"

通过向上游发展，实现"技术领先"后，美的开始向产业链下游发展，推进数字化连接，通过智能家电拉近与用户的距离，实现"用户亲密"。美的 IoT 公司总经理佘尚锋在 2019 年 11 月 26 日的 WISE2019 新经济之王大会上表示，美的希望在三年内连接 1 亿件设备，让 1 亿到 2 亿用户使用美的智能产品。要实现这一目标，比探索商业模式和实现更高的硬件销量更重要的是，专注打造更好的用户体验。

当前，智能家电的连接速度问题、安全问题、不同品牌的兼容问题是消费者面临的三大痛点，也是当前行业发展的瓶颈。美的智能家电战略正是围绕解决这三大痛点展开的。

提升连接速度。针对智能家电连接速度慢、连接步骤复杂的问题，美的 IoT 推出了"7 变 3 极速配网"技术，将原先需要七个步骤才能完成的联网操作步骤简化为三步，配网速度提升了 4 倍以上，用户等待时间从之前的 36 秒缩短为最快可达 4.62 秒，刷新了行业配网连接速度纪录。而与极速配网技术一起推出的还有 Smart Touch 智能标贴，用户只需通过智能手机的 NFC 功能轻轻一碰即可实现自动配网、自动控制，

[○] 美的集团. 2019 年年度报告 [EB/OL]. (2020-04-30). https://vip.stock.finance.sina.com.cn/corp/view/vCB_AllBulletinDetail.php?id=6224849.

大大降低了用户使用智能家电的门槛。同时，用户还可以通过小美 AI 助手上传智能家电数据，在对相关数据进行分析后，大数据平台可以为用户提供智慧生活服务。例如，如果不使用小美 AI 助手，可能一个家庭每天需要用 5 度电，使用小美 AI 助手后则可能只需要用 2～3 度电，而且用户可以实时查看省电情况。

解决智能家电的安全问题。消费者使用智能家电的第一需求就是安全，而当前大部分智能家电 App 的安全保护机制都难以有效解决隐私数据保护等安全问题。美的从风控系统、云安全、数据传输、终端安全四大维度入手来解决"安全"这一痛点。例如，美的在实现 IoT 产品 10 秒急速配网的同时，配备了身份认证、数据加密与签名等安全防护技术，以保证用户对设备的控制权，保障用户数据的安全。而对于用户最为担心的漏电、燃气、浸水等高危安全问题，美的 IoT 则通过在云端搭载一个风控大脑，对这些安全事件提前进行监测，将潜在的危险事件第一时间告知用户。

不同品牌的兼容问题。虽然美的拥有品类丰富的智能家电产品，但仍不能覆盖所有家电品类。为了满足用户希望在家中无缝体验全智能生活场景的需求，美的推出了"美的 IoT 开放平台"，以联合更多的生态伙伴共建智能家电生态圈。开发者只需要将自己的产品与美的 IoT 连接模组进行适配，其余部分都由平台提供，这样就保证了开发者工作量的最小化，帮助他们以低成本实现智能化。目前，该服务网络已经遍布 20 多个国家，美的 IoT 也与亚马逊、腾讯、华为、百度、OPPO、公牛等实现对接。通过对用户痛点的挖掘和应对，美的得以在智能家电这个新赛道上迅速触及行业发展的核心，在一定程度上实现了对企业内外部资源的整合与再造。

当然，美的的转型还在进行中，也充满了不确定性，这背后所反映的商业逻辑是它对数字化背景下的行业技术变革的深刻洞察。这也是本章我们要探讨的话题。

数字化和技术变革的理论基础：模块化

智情企业的智能化通过数字化为用户创造价值，这需要企业对数字化背景下的行业技术变革有深刻洞察，理解行业技术变革带来的产业模块化趋势，并制定相应的战略路径。

按照奥地利经济学家约瑟夫·熊彼特的定义，技术创新是将一种从来没有的关于生产要素和生产条件的"新组合"引入到生产体系中去。从这个定义可以看出，技术创新的本质是新的组合方式。作为一个系统，新技术一定产生于已有技术的组合，因此技术创新要处理的两个核心问题是分层和分离。

分层架构是目前运用最广泛的架构模式，几乎每个软件系统都需要通过层（Layer）来隔离不同的关注点（Concern Point），以此来应对不同需求的变化，使得这些变化可以被独立处理。比如软件系统通常可以分为基础层、平台层和应用层。技术分离就是将整个系统分离为一个个独立的子系统。例如汽车作为一个大的系统，可以分解为若干子系统，包括汽车座椅、电控、传动等。为了更好地分层和分离，技术的模块化不可避免。诺贝尔经济学奖和图灵奖得主赫伯特·西蒙（Herbert Simon）曾讲述过一个关于两个制表匠的经典寓言故事。假设每只表都集成了1000个零件，一个名叫坦帕斯的钟表匠，一个零件一个零件地安装，如果他的工作被打断了，或者有一只没有安装完的手表，他就必须从头开始安装。相反，另一个名叫赫拉的钟表匠，则是将10个模块组装在一起组成手表。其中每个模块又由10个子模块组成，每个子模块再由10个零件组成。如果赫拉暂停工作或者工作被打断，他只是损失了一小部分工作成果。西蒙论述的重点是：将零件模块化可以更好地预防不可预知的变化，且更容易修复。对此，我们可以进一步加以扩展：模块化将允许技术的各组成部分分别进步，允许对每个部分分别加以改进，对工作性能分别进行试验和分析——每个模块化的"集成"部件可以"悄悄地"被更换，而不必解体整个系统余下的部分。

布莱恩·阿瑟（Brian Arthur）在《技术的本质》一书中指出，模块化（modularity）之于技术经济（technological economy），就如同劳动分工之于制造一样。技术的模块化具有三个优点。一是可以提高效率。当模块被反复使用，且使用次数足够多时，就摊薄了开发模块的成本。模块化可以用来分割、组织和打包软件。每个模块完成一个特定的子功能，所有的模块按某种方法组装起来，成为一个整体，实现整个系统所要求的功能。在系统化的结构中，模块是可组合、分解和更换的单元。模块化是一种将复杂系统分解成更小的可管理单元的方式。它可以通过在不同组件设定不同的功能，把一个系统分解成多个小的相互独立、相互作用的组件，来处理复杂、大型的任务。二是可以更好地预防不可预知的变化。当技术变化时，不需要改变整个技术架构，只需要对模块进行升级。模块化使通用性适用和专一性功能之间的平衡成为可能。三是简化了设计过程。采用模块化架构，开发者可以在开发设计过程中分别对模块进行独立开发和设计，有效地进行任务分割（task portioning）。

我们将技术变革的一般路径总结如下：在一开始，系统由一系列松散的零件组成，当被用得足够多时，零件就会"凝固"成独立的单元（技术模块），而技术模块随着时间的推移会变成标准组件。在此过程中，结构深化（指寻找更好的部件、材料，或者加入新组件）对技术进步的作用巨大。此后，随着时间的推移，在通过不断增加子系统而获得更高的性能之后，系统会僵化，变得越来越复杂，改进空间越来越小，这时一个新的技术架构就会出来取而代之。

数字化背景下的模块化趋势

从技术的角度说，数字化将大大加快模块化进程。我们以美军 F-35 战斗机（简称 F-35）为例，来看一下数字化背景下的模块化进程。

美军 F-22 战斗机（简称 F-22）是当前世界上最先进的战斗机，但是在 2011 年 12 月，美国宣布停产 F-22。关于停产的原因，一种说法是 F-22 造价过于昂贵，尽管其技术指标远远领先同时代的其他战机，也没必要继续生产。我们从经济学替代品的角度来看，F-22 停产后必然需要有相应的替代品来填补供给缺口。现在美军 F-22 的替代品是 F-35。可以说，F-22 停产是因为 F-35 成功了。

F-35 在技术指标上弱于 F-22，但在野心上却要大得多，它要同时满足多方需求，因此从设计到制造、维修，都要采取模块化运作，这使得工程上有诸多难题需要解决，进而导致它的开发时间比 F-22 长得多。在军工领域，美国很早之前就开始进行模块化的探索，先是从核潜艇开始，逐渐过渡到陆军武器，比如 M1A1 坦克，虽然表面上它已经停产了，但它的各个模块一直在生产，以保证 M1A1 坦克的战斗力不断提高（由于它的各个模块可以单独升级，维修也方便，只需直接更换模块即可）。M1A1 的模块化设计，使在必要条件下迅速组装出更多的坦克成为可能。F-35 与此类似，它最重要的特点就是模块化，既能实现多功能，也方便日后升级。从 F-35 这一型号开始，美国的战机很可能放弃"代"的概念，改为各子系统单独、轮番升级。如无意外，F-35 将是美国使用时间最久的战斗机型号，后面将跟随极多的字母。开发 F-35 是一场冒险，所以在开发过程中先要有 F-22 作为保障。如今美国显然认为 F-35 足够成功，不再需要后者的保障了。目前，F-22 在整体上仍然领先于 F-35，但随着 F-35 日后的不断升级，F-22 的优势将越来越少，乃至于无。未来，美国显然要改变空战战术，在保证一定程度的单机能力的前提下，重点开发战术，通过数据链将多架战机组合为一个作战单元，以共同承担发现、跟踪、作战等功能，降低自身的风险。类似战术已运用于地面坦克战，比如在 A 坦克发现目标时，如 B 坦克位置更佳，则由 B 坦克发射炮弹，C 坦克负责掩护。相比之下，空战环境更加复杂，这种战术运用起来也更难一些。

F-35 实现高度模块化的前提是数字化控制。其原因有二。第一，数字化可以使 F-35 通过软件控制实现更加柔性的升级，而不需要对硬件

（机械）本身进行调整、升级。例如F-35可以通过升级系统软件，实现对更多目标的跟踪、锁定，而不需要升级雷达本身。第二，通过数字化可以实现并行技术。并行技术是指各种技术齐头并进地独立进行研发，最终只需要简单叠加，就可以完成设备的总装。而通过数字化可以将机械、微电子、计算机、控制等方面的技术在设计和制造阶段就有机地结合在一起。

数字化带来的模块化有以下三个方面的好处。

（1）整体结构最优化。在传统的机械产品中，为了增加一种功能，或实现某一种控制规律，往往用增加机械机构的办法来实现。例如为了达到变速的目的，出现了由一系列齿轮组成的变速箱；为了控制机床的走刀轨迹，出现了各种形状的靠模；为了控制柴油发动机的喷油规律，出现了凸轮机构等。随着电子技术的发展，人们逐渐发现，过去笨重的齿轮变速箱可以用轻便的变频调速电子装置来代替，准确的运动规律可以通过计算机的软件来调节。由此看来，可以从机械、电子、硬件、软件等四个方面来实现同一种功能。

这里所说的"最优"不是指技术最尖端，而是指最能满足用户的要求。它可以是在高效、节能、节材、安全、可靠、精确、灵活、价廉等许多指标中，以用户最关心的一个或几个指标为主进行衡量的结果。机电一体化技术的实质是，从系统的观点出发，对机械技术和电子技术进行有机的组合、渗透和综合，以实现系统的最优化。

（2）系统控制智能化。系统控制智能化是机电一体化技术与传统的工业自动化技术最主要的区别之一。电子技术的引入，显著地改变了传统机械单纯靠操作人员按规定的工序或节奏进行频繁、紧张、单调、重复的工作的状况。系统整体可以靠电子控制系统，按照预定的程序一步一步地协调各相关机构的动作及功能关系。目前大多数机电一体化系统都具有自动控制、自动检测、自动信息处理、自动修正、自动诊断、自动记录、自动显示等功能。在正常情况下，整个系统按照人的意图（通过给定指令）进行自动控制，一旦出现故障，就自动采取应急措施，实现自动保护。某些情况，单靠人的操纵是难以应付的，特别是在危险、有害、高速且对精确度要求很高的条件下进行作业，应用机电一体化技术不但是有利的，而且是必要的。

（3）操作性能柔性化。计算机软件技术的引入，能使机电一体化系统的各个传动机构的动作，通过预先设定的程序一步一步地由电子系统来协调。在由于生产对象变更而需要改变传动机构的动作规律时，无须改变其硬件机构，只要调整由一系列指令组成的软件，就可以达到预期的目的。这种软件可以由软件工程人员根据控制要求事先编好，使用磁盘或数据通信方式，装入机电一体化系统的存储器中，进而对系统的传动机构的动作实施控制和协调。

总而言之，在数字技术之下，产品的软硬件正在分离。产品的硬件可以遵循规模经济，进行规模化生产，而当产品面向具体的应用场景时，软件的灵活性又让服务可以实现个性化。软硬件的分离和耦合，使硬件变得通用化，而服务则变得可编程、更加灵活，因而在面对个性化要求和不确定性的时候，范围经济成为一种可能。软件和硬件的分离和耦合是未来技术发展的基本趋势，好的硬件产品让软件和服务有更好的基础，个性化的软件和服务又极大地提高了硬件产品的灵活性和个性化程度。

数字化背景下的模块化和利润迁徙定律

产品的模块化趋势，使得产业链利润的构成发生了变化。我们以IBM为例，看看计算机行业的模块化如何影响产业链的利润分配。

20世纪80年代，苹果坚持提供软硬件高度融合的电脑，自主研发操作系统，并且该系统只能用在自己的电脑上。这样的设计虽然性能优异，但是价格过于昂贵。对于企业用户而言，在选择电脑时更看重效率和成本。在苹果公司过度供给之后，IBM抓住机会抢占了市场。

与苹果采用软硬件高度融合的设计思路不同，IBM的电脑采用了模块化的设计思路，采购英特尔的CPU、三星等公司的内存、希捷等公司的硬盘，操作系统则采购微软的产品。模块化设计使得 IBM 可以专注于系统集成能力以及组装工艺的提高。采用模块化设计，使得 IBM 只需管理少量规格的计算机零部件，通过信息系统建立完善的供应链管理体系，从而可以实现对库存更为准确的预测和管理。由于只需管理少量供应商，IBM 可以实现大规模采购，从而提高对供应商的议价能力，进一步控制成本。个人电脑的模块化设计，使 IBM 得以迅速实现规模经济，成为20 世纪 90 年代最大的电脑厂商之一（见图 3-1）。

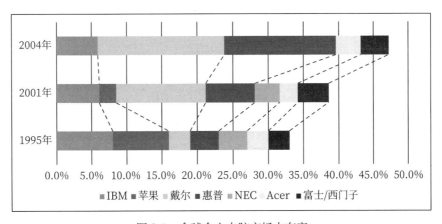

图 3-1　全球个人电脑市场占有率

资料来源：International Data Corporation.

但模块化设计带来的一个问题是，行业进入门槛降低。由于整机厂商更多的是进行整机的装配工作，对整机厂商研发能力的要求大幅降低，戴尔等低端厂商开始进入整机市场，并且戴尔采取了更为灵活的直销模式：通过电话或网络在线预定，然后再组织生产。直销模式通过信息技术协同供应链，大幅降低了库存成本。成本上的优势，使戴尔向 IBM 发起了强有力的挑战。这一时期，亚太地区相对低廉的人工成本，也使得该地区的电脑组装厂商开始进入这一市场，宏碁（Acer）、华硕等厂商也加入日益激烈的市场竞争。

模块化带来的是各部件价格的高度透明，这使得价格战成为这一时期个人电脑厂商竞争的主要战略。反映在企业绩效上,就是个人电脑厂商的利润开始急速下滑。1998年个人电脑的行业平均毛利率约为25.6%,而到了2003年,这一数据下降到20.1%。对于拥有较强研发能力,以高端用户为目标市场的IBM而言,庞大的低端市场使其备受压力。从图3-1可以看到,进入21世纪以后,IBM个人电脑的市场占有率开始显著下滑。最终IBM在2004年出售了个人电脑业务,这既标志着一个时代的结束,也开启了IBM的第二次转型。

与集成商利润下降形成鲜明对比的是,产业利润向价值链的两端迁徙。在IT行业,上游厂商对行业利润的控制力尤为强大。个人电脑时代,最大的受益者不是IBM、惠普、苹果这些整机厂商,而是由微软和英特尔这两大巨头组成的"Wintel"联盟,这两大巨头牢牢控制着行业的发展方向,并分走了行业的大部分利润(微软Windows产品的利润率平均超过60%)。

这时,企业决策者面临一个问题:在行业模块化之后,整机厂商/集成商,是否有应对之策?

答案显然是肯定的。

IBM的服务化转型,就为产业模块化之后的企业转型提供了一个全新的思路。

当行业进入成熟阶段,模块化的趋势使得产品市场很难守住。此时,企业需要用服务吸引和留住客户。正如郭士纳在20世纪90年代带领"大象"战胜蚂蚁一样,这头"大象"必须开始"翩翩起舞",以全新的差异化策略取胜。

虽然目前IBM的业绩乏善可新,但是IBM第二次转型的成功,确保了IBM这家公司经历了百年岁月后依然处于行业龙头地位。IBM从硬件向服务转型的成功,源于对技术的深刻洞察。

IBM的服务转型,并非单纯地提供IT咨询服务,而是将咨询与技术解决方案进行全面融合。IBM在出售个人电脑硬件之后,开始强化软件系统的研发能力,如中间件、云服务、人工智能和大数据等。2009年

IBM 收购了数据分析领域著名的软件厂商 SPSS，以加强公司在大数据分析领域的能力。2018 年 IBM 收购了最大的开源软件企业 Red Hat，依靠 Red Hat 在 Linux 操作系统上的优势（Linux 是广泛应用于云计算、超级计算机的操作系统），增强公司在云计算领域的竞争力。目前，企业 IT 整体解决方案的中间件、人工智能、大数据等技术，仍处于技术发展的早期，性能相对不足，需要 IBM 为企业用户进行二次开发或定制，这时集成商再次成为产业链利润分配的主导者。向服务转型后，IBM 公司的毛利率能够稳定地保持在 40% 以上，证明了 IBM 向服务转型的正确性。

从 IBM 的转型案例，我们可以总结出本章的核心理论：利润迁徙定律。

该定律的核心观点就是：当一个行业处在集成化阶段时，行业利润集中在产业链中心的集成商那里；当行业进入模块化阶段以后，行业利润会向行业的两端迁徙，即向产业链上游和产业链下游迁徙（图 3-2）。

图 3-2　利润迁徙与三大市场战略

数字化背景下的战略路径

从 IBM 的案例，我们可以总结出行业和技术演变的一般趋势。

第一阶段，即技术和行业出现的初期，技术一般会呈现出集成化趋势。其原因有三个方面：第一，在技术出现初期，由于该技术处于改进阶段，集成化更有利于其实现性能的改进，此时适应性并不重要，而性能的改进是企业最为重视的部分；第二，在技术出现初期，行业往往缺乏标准化的上游模块供应商，难以形成模块化供应；第三，在行业和技术出现初期，该技术的拥有者，往往倾向于通过集成化构筑较高的行业壁垒，来阻止潜在的进入者。

因此，在这个阶段，用户一般是要求较高的早期使用者。此时，由于产品性能不足，竞争主要是围绕着技术和市场的集成能力展开。因此，利润自然聚集在集成商那里。

第二阶段，技术和行业处于成熟期。此时，产品逐步渗透到大众市场，用户一般是要求不太高的大众使用者。因此，相对于用户的需求，产品性能逐步过剩，竞争主要围绕成本展开。由于模块化的方式更有利于形成规模经济，因此模块化开始形成。此时，利润开始聚集于产业链的上游和下游。企业判断该行业处于成熟期的一条标准是，成熟期的行业一般会出现主导设计（dominant design），如福特推出的T型车、微软和英特尔指定的PC99设计规范等。

我们判断行业出现模块化趋势的信号是性能过剩。形象地比喻性能过剩，就是"鸡同鸭讲"。开发者大力宣传自己产品的优势，用户却认为现在的产品用着比较满意，不需要更好的产品，没有升级的欲望。当主流用户已不愿为技术改进支付溢价的时候，产品的性能就已经过剩。此时，企业在战略路径选择上应考虑向产业链的两端布局。

第三阶段，随着新的技术变革的出现，行业开始进行新一轮升级，进入到新一代的第一阶段，这就是行业变革的螺旋式上升（见图3-3）。一个重要的思考点是，任何新技术的变革都是分层推进的，从基础层到系统层再到应用层。以苹果为代表的智能手机对传统手机进行颠覆的前提是基础层的处理器、存储器等核心技术的小型化技术变革，然后是系统层的操作系统架构对于传统手机系统架构的碾压性优势，最后是应用层的App用户体验的改善。

技术变革的分层推进，以及模块化和集成化的交替变化，是理解技术变革的两个主旋律。这就要求企业掌握技术变革的脉络，踏准节奏，对技术如何穿透一个行业做出判断。

第 3 章 智情企业的技术洞察

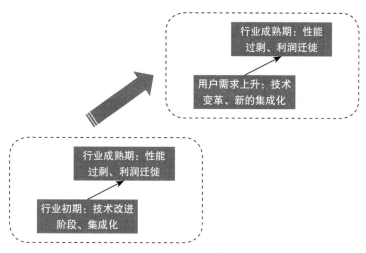

图 3-3 行业变革的螺旋式上升

我们可以将企业的战略选择，简化为如下两条判断标准。

（1）当企业所在领域的产品技术性能不足时，产业链的利润集中在集成商那里。企业应定位为集成商。

（2）当企业所在领域的产品技术性能过剩时，产业链的利润向产业链两端迁徙，即向上游和下游迁徙。此时，企业的战略选择应是向两端延伸。一是向产业链上游延伸，实现技术领先。在这个分离和耦合的逻辑中，硬件产品变得越来越通用化和模块化，企业要掌握核心技术模块。二是向产业链下游延伸，实现用户亲密。向下游延伸，让软件和服务变得越来越可编程，以应对各种不确定性，这就是通过数字化的服务，以软件为载体，以服务为形式，抓住用户，即所谓的"软件统治世界"。

回顾美的案例，我们看到，美的数字化转型的战略路径，符合我们提出的利润迁徙定律下的战略路径选择的判断标准。由于家电技术已十分成熟，中国家电行业开始进入模块化阶段，家电厂商大多以集成为主，空调、彩电等多个家电行业多次发生价格战，规模经济已发展到极致。此时，企业要想获得更多的利润空间，就需要向产业链两端延伸。美的向产业链两端延伸之前，已经具备了扎实的集成制造基础，如美的在冰箱、小家电等多个领域占有了排名前三的市场份额，在空调领域甚至一度超越行业老大格力空调。

运营卓越，不但为美的向产业链两端布局提供了资源保障，而且是美的转型成功的重要基础。美的向产业链两端的延伸，一方面是基于对技术发展趋势的洞察，另一方面则是围绕用户需求展开的。例如，美的的研发创新是根据家电行业向智能家电发展的大趋势展开的，聚焦 IoT、信息安全等技术，提升产品科技竞争力。同时，美的创新并没有脱离用户的需求，针对用户所关心的智能家电的连接速度、信息安全、设备兼容性等问题，投入大量研发力量进行解决。此举不但提升了美的的技术优势，而且让美的的产品更加贴近用户需求，进一步强化了运营卓越，实现了不断提升改善的正向循环。

企业的增长三角

在行业发展初期，或者企业目标用户为顶端市场用户时，企业的战略选择是一体化战略，做行业的整合者。

在行业成熟期，或者企业目标用户为主流市场用户时，企业的战略选择是围绕运营卓越、技术领先和用户亲密打造增长三角。

运营卓越的本质，就是通过提升运营效率实现规模经济，降低成本，从而实现总成本领先。技术领先的本质是企业提升技术能力，以专利技术建立进入壁垒，实现差异化竞争。用户亲密则是通过和市场、用户建立紧密的关系，来增加企业的差异化优势。在数字化时代，运营卓越、技术领先、用户亲密的内涵如下。运营卓越：通过数字化手段提高内部运营和供应链的效率，通过智慧工厂等更好地实现规模经济和范围经济，旨在实现总成本领先。技术领先：通过数字化手段打造开放的创新模式，旨在提高核心技术能力。用户亲密：企业专注于提供一系列独特的服务，旨在实现服务的个性化和产品的定制化，满足不同的用户需求。通常，采取用户亲密策略的公司会将服务和产品捆绑到专门为个人用户设计的

"解决方案"中。成功的解决方案设计要求供应商拥有深刻的用户知识以及对用户业务流程的洞察力。

据此，我们提出，在数字化推动行业模块化的大背景下，企业的战略是逐步从产业链中部的运营卓越走向两端，以运营卓越为基础，向上游的技术领先和下游的用户亲密演进。以运营为基础，以技术（核心能力）+ 用户（应用场景）的模式通过数字技术打通增长路径是数字化战略的基本思路。

这种演进路径，构成了数字化时代企业的增长三角（见图3-4）。增长三角具有飞轮效应，三者之间互相协同促进。企业在运营上的卓越，会为企业带来更多的资源，帮助企业更好地进行研发，实现技术领先。技术领先，可以帮助企业改进产品，使产品在市场中更好地建立用户黏性，扩大用户规模。用户规模的扩大，会再次加强运营卓越。

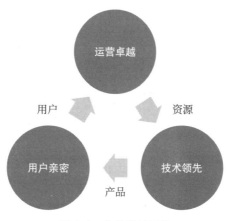

图3-4 企业增长三角

企业增长三角是一个动态的战略，企业在行业发展的不同阶段，其战略重点应有所不同。"运营卓越"是一个企业的基础和"压舱石"。当企业所在领域的产品技术性能过剩时，产业链的利润向产业链两端迁徙，企业应根据利润迁徙的方向，选择向上游核心技术模块研发布局实现"技术领先"，或者向下游用户营销靠拢实现"用户亲密"。

数字化背景下的技术洞察：富士的重生与柯达的破产

企业在技术洞察方面的差异，往往决定了企业的生死。

很多人都知道，柯达是一个转型失败的案例。但很多人可能不知道，和柯达同为胶片公司的富士胶片却通过转型成功地活了下来。

为什么柯达破产了，而富士胶片却蓬勃发展？这与两家公司对待数码技术的战略不同有关。

在转型以前，柯达和富士的结构非常相似。在 2000 年，数字转型尚未开始，与胶片相关的销售额占柯达主营业务收入的 72%，占其营业利润的 66%，而富士胶片的比例则分别是 60% 和 66%。[1]

有些人解释说，柯达患有近视，没有看到数码相机出现，而另一些人则说柯达的问题在于自满，因为它的高管拒绝接受不可避免的情况，尽管他们知道数字革命即将到来。这些看法都是不全面的。柯达对数码影像技术的研发非常早，在 1975 年柯达就推出了数码相机，并且柯达对数码影像技术的研发投入也很高，柯达累计投入了数十亿美元用于研发数码影像技术。柯达也不排斥数码相机的生产，在 21 世纪初的一段时间内，柯达数码相机在美国的销量名列第一。据《哈佛商业评论》报道："1993 年到 1999 年担任柯达首席执行官的乔治·费雪（George Fisher）知道，数码摄影可能最终侵入甚至取代柯达的核心业务。费雪集结公司的力量，积极投入 20 多亿美元用于数码影像技术的研发。"

为什么柯达如此重视数码影像技术，最终却惨遭失败？

最重要的原因是，柯达和富士胶片对于数字技术的洞察以及对数字技术对行业的深刻影响的理解不同。

---

[1] OLIVER KMIA. Why Kodak Died and Fujifilm Thrived: A Tale of Two Film CompaniesPetaPixel [EB/OL]. (2018-10-19). https://petapixel.com/2018/10/19/why-kodak-died-and-fujifilm-thrived-a-tale-of-two-film-companies.

数字化带来的模块化，降低了行业的门槛

数码相机是个被高度模块化的电子产品，任何公司都可以将传感器和处理器组装成产品，然后推向市场。正如柯达前副总裁施威解释的那样："技术平台的广泛适用性意味着一名优秀的工程师可以购买所有的构件并自己组装一台相机。这些构建模块抽象了几乎所有需要的技术，因此生产数码相机不再需要大量的经验和专业技能。销售组件的供应商向愿意付费的人提供这种技术，并且几乎没有进入壁垒。"⊖

与之相反，照片胶片是通过精心组合在一起的各种技术制成的，需要精细的制造过程。富士胶片的首席执行官古森重隆在他的《灵魂经营》一书中解释说，"制造胶片除涉及成膜和高精度涂层外，还涉及晶粒形成、功能聚合物处理、纳米分散体处理、功能分子处理和氧化还原控制。所有这些都需要非常精确的质量控制。"彩色胶卷中的"薄膜卷"必须涂上多达 24 层复杂的化学物质，包括光敏剂、染料、成色剂和其他以精确厚度迅速沉积的材料；"宽卷"必须实时更换和连续拼接；"涂层薄膜"必须在黑暗中切割成一定尺寸并包装起来。因此，胶片行业的进入壁垒很高。当时只有两个主要玩家：富士胶片和柯达。

根据利润迁徙定律，柯达的问题不在于数码相机销售。因为柯达在早期销售了大量数码相机，2005 年，柯达在美国占领了 21.3% 的市场份额，并在数码相机领域领先于它的日本竞争对手。柯达的问题是，没有用数码相机赚钱，它一直在"流血"。根据哈佛大学的一项案例研究，到 2001 年，柯达每卖出一台数码相机，就亏损 60 美元，其利润主要被上游的佳能和尼康这类控制模组和光学镜头的核心厂商赚走了。

由于数码相机的模块化，柯达想要获取利润，只有向价值链的两端走。不幸的是，在上游，柯达很早就放弃了开发和制造自己的数码相机，转而依赖 OEM 制造商。由于没有自己的技术，如传感器和图像处理，

⊖ OLIVER KMIA. Why Kodak Died and Fujifilm Thrived: A Tale of Two Film CompaniesPetaPixel [EB/OL]. (2018-10-19). https://petapixel.com/2018/10/19/why-kodak-died-and-fujifilm-thrived-a-tale-of-two-film-companies.

当数码竞赛开始时,柯达就处于相当不利的地位。

而在下游,20世纪90年代后期,柯达在合作伙伴商店安装了1万个数码照片打印亭。同时,柯达预见到了图片将在网上分享,并在2001年收购了一个名为 Ofoto 的照片打印服务网站。不幸的是,它只利用 Ofoto 为人们提供打印数码照片的服务,而没有意识到在线照片分享是个更大的趋势。几年后,Facebook 诞生了,之后不久,打印照片就成为历史。大多数消费者不再打印照片了,相反,他们会在网上分享。

最终,柯达不得不在2012年申请破产。在此前一年,柯达的胶片销售仅创造了3400万美元的营业收入,而数码相机部门的亏损额度则高达3.49亿美元。

数字化既促进了行业的技术发展,也是潜在的"掘墓人"

纵观数码相机的发展历程,一方面,1975年第一台数码相机的诞生,标志着元器件成像对胶卷成像的颠覆,并在之后的40余年发展过程中历经了4次像素爆炸,使数码相机像素不断提高。而随着像素的提高,以及数码相机所具有的轻便、快捷等诸多优势,数码相机迅速取代胶卷相机,并在21世纪初成为市场主流。事实上,像素一直是数码相机竞争力的核心所在,像素代表了数码相机的技术水平。发展至今,数码相机的像素已经达到了5000万以上,相比于1975年的 100×100 分辨率的黑白照片,目前的数码相机成像技术早已不可同日而语。

另一方面,数字化带来的模块化趋势,使智能手机通过嵌入通用制造模块和镜头就可以很容易地进入数码相机市场。智能手机发展到今天,打电话、发短信只能算最基本的功能,因此对于手机厂商来说,就需要让手机有更吸引人的卖点。在这种情况下,手机的拍照美颜功能就越来越受到重视。现在,手机已经基本取代了中低端相机。

据日本相机影像产品工业协会(CIPA)的统计,2010年全球数码相机出货量达到最高峰,为1.22亿台,此后连续6年下降。2012年全球数码相机出货量低于 1 亿台。2018 年，全球数码相机出货量仅为大约 2000 万台。由此可见，数码相机的出货量下降仍是常态。许多数码相机巨头企业还频频关闭工厂。例如，2017 年 10 月底，尼康中国宣布停止主要从事数码相机、数码相机用组件制造的尼康光学仪器（中国）有限公司的经营；2018 年 1 月，尼康宣布退出巴西市场；2018 年 4 月，另一家日本相机品牌卡西欧也宣布退出消费类卡片机市场，转而专注于高附加值相机领域；2018 年 5 月，奥林巴斯关闭深圳工厂；等等。可见，近年来日本相机产业全面受挫已是大趋势，巨头企业关闭工厂、缩减相机业务规模实属无奈之举。

而在高端需求市场，由于采取了一体化模式，高端数码单反相机还会在一段时间内存在小众市场。但高端数码单反相机毕竟不是普通用户的"刚需"，因此只有小众的发烧级摄影爱好者选择购买。可是，剩下的专业相机板块的窄众消费很难支撑专业相机品牌的销售规模。

富士成功的秘诀：能力输出型转型

在数字化穿透技术、颠覆行业的大背景下，企业需要思考并找到自己的核心技术，走上"技术+场景"的能力输出转型之路。

在传统胶片逐渐退出市场之际，富士胶片保留了成像、制膜、高精密薄膜涂布、高性能高分子化合、纳米分散、氧化还原等关键技术，而这些技术给富士胶片带来了二次创业的生命力。

2004 年，古森重隆提出了一个名为"VISION 75"的六年计划。这个计划的目标很简单："将富士胶片从灾难中拯救出来，并确保其具有作为一家年销售额为 2 万亿到 3 万亿日元的领先公司的生存能力。"

在启动 VISION 75 计划之前，首席执行官就命令研发部门的负责人清点富士胶片的技术及其基础，并将其与国际市场的需求进行比较。经过一年半的技术审核，研发团队给出了一张图表，列出了在所有现有的内部技术中可以与未来市场相匹配的技术。古森重隆预见到了"富士胶片的技术可以用于新兴市场，如医药、化妆品和高功能材料市场"。

例如，利用照片胶片技术，工程师创造了 FUJITAC 胶片，这是电视、电脑和智能手机制作 LCD 面板所必需的高性能胶片，如今富士胶片拥有 70% 的保护性 LCD 偏光片市场。该公司还瞄准了化妆品这个让人意想不到的市场。这是因为，一方面人类皮肤中有 70% 是胶原蛋白，而明胶恰好是从胶原蛋白中提取的制造照片胶片的主要成分，另一方面富士胶片在氧化方面也有着深厚的技术积累，而氧化过程既与照片随时间的推移而褪色有关，也与人类皮肤的老化有关。因此，富士胶片在 2007 年推出了名为艾诗缇（Astalift）的系列化妆品。

当内部不存在能与不断增长的市场相匹配的技术时，为了开发新的业务，富士胶片开始积极进行并购。通过收购已经打入市场的公司，并将其资产与富士胶片的专业技术结合起来，这家日本公司可以迅速、轻松地向市场推出新产品。

基于技术协同作用，富士胶片在 2008 年收购了 Toyoma Chemical 公司，进入了制药行业。为了深入医疗保健领域，富士胶片还收购了一家放射性药物公司（现在叫作富士胶片国际制药公司）。它还巩固了自己在富士施乐等现有合资企业中的地位，在 2001 年收购了该合资企业 25% 的额外股份，使这家公司成了一家子公司。

2006 年，富士胶片对尖端核心技术、有机合成化学、先进打印材料和生命科学等多个研究所进行整合，成立了富士胶片先进研究所，作为创新孵化平台，进行技术迁移和跨界产品输出，进入了新的发展阶段。在 2000 年，富士胶片 60% 的销售额和 2/3 的利润来自胶片生态系统，而到了 2010 年，数字成像部门的收入，占富士胶片总收入的比例不到 16%。⊖

带领富士胶片成功转型的 CEO 古森重隆曾经说过一句著名的话："产品可能消亡，能力永续长存。"

⊖ OLIVER KMIA. Why Kodak Died and Fujifilm Thrived: A Tale of Two Film CompaniesPetaPixel [EB/OL]. (2018-10-19). https://petapixel.com/2018/10/19/why-kodak-died-and-fujifilm-thrived-a-tale-of-two-film-companies.

所以，优秀的企业不是单纯靠产品取胜，而是能够不断输出专业的能力。企业转型成功的标志就是能够把企业在经营过程中积累的能力进行有效的输出。放眼世界，优秀的企业都是能够有效输出能力的企业。如京东的物流，最初只是服务公司的电商业务，经过长时间的积累，京东的物流能力已经可以为第三方提供充足的服务。再如阿里巴巴集团的云计算，最初只是为集团的业务提供算力支持，随着云计算能力的不断提高，如今阿里云已经是国内第一大公有云服务商。因此，一个企业的产品形态最终可能消失，但企业在打造产品的过程中沉淀下来的能力，则可以让企业成功打造第二条增长曲线。

| 核心总结 |

1. 技术演进的核心是技术的分层推进和模块化的趋势。数字化会加速这一趋势的演进过程。
2. 技术变革的分层推进、模块化和集成化的交替变化，是技术变革的两个主旋律。这需要企业掌握技术变革的脉络，踏准节奏，对技术如何穿透一个行业做出判断。
3. 数字化背景下的技术模块化趋势，产生了"利润迁徙定律"。该定律的核心是：当一个行业处在集成化阶段时，行业利润集中在产业链中心的集成商那里；当行业进入模块化阶段以后，行业利润会向行业的两端迁徙，即向产业链上游（核心技术模块供应商）和产业链下游（用户方）迁徙。
4. 在数字化推动行业模块化的大背景下，企业的战略重心逐步从产业链中部的运营卓越向两端演进，以运营卓越为基础，向上游的技术领先和下游的用户亲密演进。以运营为基础，以技术（核心能力）+用户（应用场景）的模式，通过数字技术打通增长路径，是数字化战略的基本思路。这种演进路径，构成了数字化时代企业的增长三角。
5. 增长三角具有飞轮效应，三者之间相互协同、相互促进。企业在运营上的卓越，会为企业带来更多的资源，帮助企业更好地进行研发，实现技术领先。技术领先可以帮助企业改进产品，使产品在市场中更好地提高用户黏性，扩大用户规模。用户规模的扩大，会再次强化企业的运营卓越。

6. 数字化背景下企业转型的思考：打造能力输出型企业。

第 4 章
Chapter 4

智情企业的用户洞察

对用户的深刻洞察,是智情企业为用户创造价值的必要条件。在数字化时代,随着用户圈层化趋势的出现,用户决策、用户角色都发生了前所未有的变化。直播电商和网红的出现,就代表了用户变化的一种新趋势。

直播电商和网红经济的兴起

创立锤子科技八年后,欠了一大笔债的罗永浩和抖音签下了价格不菲的独家直播合同,开启直播带货之路。江湖人称"老罗"的罗永浩在宣传文案上自封"初代网红",但其实,早在老罗走红之前,已有不少网络红人(简称网红)借着互联网的势头,从默默无名一夜之间变得家喻户晓。

华语文学门户网站榕树下创办于 1997 年,是国内最早、最具品牌影响力的文学类网站。从榕树下先后走出了宁财神、安妮宝贝、今何在、慕容雪村等一批在华语文学领域极具影响力的青年作家。受带宽所限，世纪之交的网红凭借才情和文笔行走江湖，盈利方式主要是写书。

进入 21 世纪，随着带宽的加大，互联网迎来图片时代，网站兴起。27 岁的陕西姑娘史恒侠将自己的照片上传到水木清华、北大未名和猫扑社区，因为最初在水木清华发帖时用的标题含有"清水出芙蓉，天然去雕饰"，被网友称为"芙蓉姐姐"。她最红的时候，每天有不下 20 家媒体排队对她进行采访，出位的造型、雷人的言论换来争议的口水和对"审丑文化"的痛批，不过当事人深谙"食得咸鱼抵得渴"的道理，不急不恼，十几年后成了励志人物。

网红因网而生，随网而长。随着互联网技术的不断进步，网红也在不断迭代升级。从文字时代到图文时代，再到视频时代，每一次互联网技术的进步都带来网红展现形式和传播内容的变化和扩展。

在移动互联网时代，社交网络毫无悬念地占据了用户心智中最重要的位置，无论是以微信、QQ 为代表的各类即时通信工具，抑或层出不穷的各类直播平台，都使网红的产生和迭代变得更加简便和快捷。

波普艺术家安迪·沃霍尔有句名言：在明天，每个人都能成名 15 分钟。拜技术所赐，20 世纪 70 年代的预言成真了，我们每个人此时此刻正在经历的时代就是这样的时代。

YouTube 是国外最重要的网红基地，那里聚集着众多个人创业者。他们通常有某个方面的特长，通过视频展示自己的能力，吸引粉丝形成粉丝团，然后带货销售。

越南裔的米歇尔·潘是第一个在 YouTube 上点击量达到 10 亿次的用户。之后，她成立了自己的公司，在 YouTube 上卖东西。2013 年，米歇尔与兰蔻的母公司欧莱雅合作，推出了自有品牌化妆品。

为了将自己创造的"网红效应"最大化和持续化，米歇尔还与数字网络公司合作，建立女性电视频道，同时成立了一家基于社交平台的唱片公司，为自己的美妆生意打造了一个全产业链的商业闭环。

在国内，2015 年诞生了一位互联网新宠——papi 酱（本名姜逸磊），这个自称"集美貌与智慧于一身"的女子凭借吐槽视频，在短短半年时间内笼络了 568 万微博粉丝。次年，她乘胜追击创立 papitube，正是 papitube 让 MCN（Multi-Channel Network，多频道网络）这个舶来语真正"出圈"，被众人所熟知。

所谓 MCN，本质上是一种网红经济的运行模式。MCN 机构将 PGC，也就是网红，联合在一起形成矩阵，一方面帮助内容生产者专注于内容创作，另一方面对接平台、粉丝进行包装、强化推广以及推动变现。

以 papitube 为例，2019 年，旗下博主数量已达"150+"，并且有了一套孵化短视频创作者的"工业化流程"。在某种程度上，这意味着，与当年福特发明流水线，将装配一辆车的时间从 12 小时缩短到 1.5 小时异曲同工，"网红"也可以按需批量生产。

据艾瑞咨询与微博联合发布的《2018 年中国网红经济发展研究报告》[⊖]，网红产业规模不断扩大，网红数量及粉丝规模不断上升，MCN 机构在网红生态中的地位不断加强。报告显示，截至 2018 年 5 月，中国网红粉丝总人数达到 5.88 亿人，同比增长 25%。网红粉丝中，53.9% 的人年龄在 25 岁以下。

直播电商和网红经济的发展反映的底层商业逻辑是用户需求端的深刻变化，这也是用户需求端和产业供应端数字化发展的必然结果。

数字化时代用户洞察的四维模型

打造智情企业的前提是企业的智能化能够提升用户价值（情），这就需要企业洞察用户在数字化时代的来源、决策、角色、需求的变化，需要企业根据用户需求重构其管理体系，实现品牌、产品、渠道、广告的交叉融合，建立与用户的情感联结，增强用户黏性，实现情感价值的升维创造。

⊖ 艾瑞咨询. 2018 年中国网红经济发展研究报告 [EB/OL]. (2018-06-19). http://report.iresearch.cn/report/201806/3231.shtml.

在互联网时代，人们的消费行为和消费观念发生了极大的改变。中国互联网络信息中心（CNNIC）发布的第 44 次《中国互联网络发展状况统计报告》㊀显示：截至 2019 年 6 月，我国网民规模达 8.54 亿人，较 2018 年年底增长 2598 万人，互联网普及率达 61.2%，较 2018 年底提高 1.6%。

值得注意的是，我国手机上网网民比例进一步提高。截至 2019 年 6 月，网民使用手机上网的比例达 99.1%，较 2018 年年底提高 0.5%。手机已成为人体感官的延伸，人们花在移动互联网上的时间与日俱增：网络购物、网上银行、网上点餐、在社交网站分享互动等，在"线下人格"之外，每个人都在精心打造各自的"线上人格"，以期从互联网这座取之不尽用之不竭的富矿中分得一杯羹。

据《2019 中国网络视听发展研究报告》㊁，截至 2018 年 12 月，中国手机网民平均每天上网时长达 5.69 小时，较前一年多 1 小时。报告一出，网民纷纷吐槽"不服"，表示"这个统计结果拉低了我的分值数据"。

数字化时代的变革，对用户端以及企业端，都产生了深刻的影响。因此，在精准地进行用户洞察之前，我们首先需要清楚未来的用户在以下四个维度发生了哪些变化：

（1）用户的来源（从哪来）；

（2）未来的决策（想什么）；

（3）用户的角色（是什么）；

（4）用户的需求（要什么）。

用户的来源：圈层化时代到来

在本章开篇我们提到了网红经济。所谓网红，是指在网络平台或现

㊀ CNNIC. 第 44 次中国互联网络发展状况统计报告 [EB/OL]. (2019-08-30). http://www.cac.gov.cn/2019-08/30/c_1124938750.htm.

㊁ 周结. 2019 年中国网络视听发展研究报告 [EB/OL]. (2019-05-01). http://www.cnsa.cn/index.php/industry/industry_week.html.

实生活中因为某个举动或事件而被广大网友知晓、关注，且因此走红的人或其他生命体、漫画形象。网红经济是一种诞生于互联网时代的经济现象，是指网红在社交媒体上聚集流量与热度，对庞大的粉丝群体进行营销，将粉丝对网红的关注度转化为购买力，从而将流量变现的一种商业模式。

网红经济是互联网时代的产物。在传统媒体时代，普通人很难出名，一旦成名，基本上全国上下老少皆知，因为所有人接触的媒体信息、媒体渠道所差无几。因此，也出现了各大品牌争相花重金争夺央视的标王广告权的现象。但到了移动互联网时代，随着媒体碎片化、去中心化趋势的出现，用户可以根据自己的偏好选择不同的媒体渠道和媒体信息，于是用户的注意力被分散了，随之也出现了圈层化现象。

物以类聚，人以群分。人都喜欢和与自己有相同爱好、特点的人在一起。所谓圈层（圈子），就是具有相同爱好、兴趣或者为了某个特定目的而联系在一起的人群，是对特定社会群体的概括。换言之，就是把具有同类属性的人归为一类，比如爱打高尔夫的、爱钓鱼的、爱跑步的，给他们贴上相应的标签，这样就形成了圈层。庞大的人口基数带来的另一个特征是"小众即大众"。拼多多的用户来源就具有典型的圈层化特征。商家通过让用户拼团形成圈层，获取流量。圈层化流量的好处是：第一，获客成本相对比较低；第二，指数增长，"一传十，十传百"，实现快速裂变；第三，用户更加精准，通过人与人的关联性获取新用户，并且新用户在获益后会更进一步增强彼此的联系。

通俗地说，圈层化带来的变化就是市场从"浅海市场"变为"深井市场"，企业的思维从"打鱼"思维变为"打井"思维。小品类也可以做出大市场。

导致未来用户圈层化的原因主要有三个方面。

首先，移动互联作为技术手段助推了圈层的出现，加快了"人以群分"的速度，消除了圈层内人与人之间的摩擦。随着互联网的普及，各种各样的圈层能够很容易被识别出来并被触达。

哔哩哔哩（bilibili，即 B 站）的崛起，就是受益于圈层化的裂变式发展。2009 年 B 站成立时，只是一个以分享 ACG（动画、漫画、游戏）内容为主的视频类网站。但与其他追求视频版权或视频数量的网站不同，B 站将"弹幕"这一流行于日本"二次元"圈层的视频技术引入公司网站视频系统，大量吐槽和评论从屏幕飘过，这一新奇的动漫视频观看方式迅速俘获了国内二次元用户的心。这些用户的年龄主要在 17～31 岁之间，学历以中学至大学为主，也就是我们通常所说的"Z 世代"。这类人群可用"高潜力""高能量"和"高黏性"三个词来概括。具体来说，这类人群个性鲜明，对内容有独立的理解，因此，他们具有强烈的创造和表达的意愿。所以当弹幕这一互动形式出现时，用户发现原本"固定"的视频，也可以在某种程度上互动了，于是有共同爱好的用户迅速聚集在一起。

与此同时，B 站鼓励用户上传自制内容，上传内容的用户被称为"UP 主"。B 站最早的 UP 主上传的内容主要还是 ACG 类的，但在平台用户的多元化关注点的刺激下，UP 主或出于自身兴趣，或为了吸引更多粉丝，也开始进行其他类型内容的创作。到 2019 年底，B 站形成 15 个分区，成为有 7000 多个圈层的庞大视频社区。

其次，在数字化时代，企业基于所收集到的数据可以对用户进行颗粒化处理，将不同的用户群区隔开来，并且颗粒度越来越细，企业能够以此为基础进行智能分发和个性化推荐。信息的个性化推荐，导致了信息的"茧房效应"。在数字化时代，人们的兴趣点会越来越聚焦。信息的丰富带来了关注的贫乏，这又进一步加剧了用户圈层化的程度。

今日头条就是根据用户的阅读偏好推送用户喜欢的内容，从而进一步强化用户的兴趣点，增强用户黏性。今日头条的信息（内容）推荐，主要依据用户的四类特征。第一类特征是相关性，即评估内容的属性与用户是否匹配。匹配的方法主要包括关键词匹配、分类匹配、来源匹配、主题匹配等。第二类特征是环境，包括地理位置、时间等。第三类特征是信息热度，包括全局热度、分类热度、主题热度以及关键词热度等。

第四类特征是协同，协同特征不仅考虑用户的阅读历史，而且会通过用户行为进一步分析不同用户之间的相似性，例如点击行为相似性、兴趣分类相似性、主题相似性、兴趣词相似性等。在提高向用户推荐其可能感兴趣的新内容的有效性方面，协同特征发挥了非常重要的作用。对这四类特征进行大数据挖掘，使得今日头条"比用户更懂用户"。

最后，用户搜索信息的成本在下降。互联网极大地降低了信息的搜索成本，让用户可以更好、更快地找到满足其需求的长尾产品。"长尾"这一概念最早由《连线》杂志主编克里斯·安德森（Chris Anderson）在其2004年10月发表的《长尾》一文中提出。"长尾"并不是一个新概念，它是统计学中"幂律分布"的形象化表达。但是，这个并不新鲜的概念，对我们认识数字经济时代的经济特征有着极为重要的意义。

在工业时代，企业营销战略中占据主流地位的是"二八法则"（帕累托分布），即20%的用户（或商品）为企业贡献了80%的收入。因此，企业的营销重点是针对这些头部用户，企业的产品设计、SKU选择、营销渠道配置等，都是为这20%的用户服务，而剩下的80%的用户需求，往往得不到充分的满足。

但是在数字化时代，由于用户的信息搜索成本大幅下降，"二八法则"已无法满足数字化企业的发展。例如，亚马逊发现，过去卖不出去的大量小众图书，在电商平台上，其销售总收入甚至远远超过畅销书。

在数字化时代，长尾效应有时能够发挥出比"二八原则"更为重要的作用，其原因在于，数字化经济改变了部分企业的成本结构。由于数字技术使得人们的信息检索成本大幅降低，人们的个性化需求得到释放，因此小众产品得以广泛销售。此外，电子商务类网站的仓储成本通常较低，也为长尾商品的存在提供了空间。

用户的决策：快的更快、慢的更慢

在数字化时代，用户的决策过程也在发生显著的变化。互联网出现后，原本短缺的信息日益呈泛滥之势。一方面，传道授业解惑的门槛消失了，谁都可以借助互联网随时、随地建立自己的专业地位。另一方面，网络时代的"碎片化"效应明显，人们在具体内容上停留的时间越来越短（在最受欢迎的讨论广场中，发言字数的默认上限是140个字；在最受欢迎的短视频平台上，默认发布时长是15秒）。

物以稀为贵。在海量信息面前，用户的注意力成了一种稀缺资源。能够吸引人们的注意力本身就是一种商业价值，就能获得经济利益。著名的诺贝尔奖获得者赫伯特·西蒙在对当今经济发展趋势进行预测时指出："随着信息的发展，有价值的不是信息，而是注意力。"这种观点被IT业和管理界形象地称为"注意力经济"。

消费者决策的悖论

当你走进超市，面对琳琅满目的商品时，你很难快速地找到自己想买的商品。仅仅是买一瓶水，超市也能为你提供不同包装、不同品牌的几十种可供选择的商品，然而你需要的只是一瓶能解渴的水而已。生活中充满了各种选项，这反而让人更有压力了。如今，你随便打开一个购物网站，在搜索框中输入"鼠标"，网页上可能就会跳出上百页的产品列表，然后，你就要开始挑选。究竟是该选无线鼠标还是选静音鼠标？选着选着，你就忘了自己最开始想要什么样的鼠标了。

在数字化和互联网时代，产品越来越丰富和多样化，信息传播也越来越便捷。市场上可供选择的产品越多，就让人越想要"货比三家"，如果买不到完美的产品，总觉得很不甘心。选择成了一种压力。用户在做决策的时候，就是面临着选择。但是，选项越多，压力就越大，反而感到不满足、不幸福。因为当选项增加时，我们需要花费的筛选成本也会增加——我们需要从生活中抽出更多的时间与精力，对各种不同的选项进行过滤，对各种不同的选项进行权衡，否则，我们无法做出"正确"的选择。

用户在进行决策时便产生了一对不可调和的矛盾，一方面消费者接收的信息呈现出多元化的趋势，也就是可供选择的品牌和服务越来越多，可是另一方面消费者却越来越不知道该怎么选择了，因为用户的认知资源是有限的。在美国斯沃斯莫尔学院的社会心理学教授巴里·施瓦茨的《选择的悖论：用心理学解读人的经济行为》一书中，施瓦茨教授指出：信息的富足带来关注的贫乏。他认为，当选项过多时，人的满足感反而会下降，因为不仅很难做出明智的选择，而且选择之后也常常会后悔。"选择恐惧症"说的就是有些人在做选择时会感到特别困难，会犹豫不决，他们在选择面前宁愿逃避。现代社会正朝着"更多物质""更多选项""更多信息"和"更快节奏"的方向发展，在这样的大环境下，用户选择的过程是艰难的，于是自然就出现了选项越多越难以选择，或选完之后容易后悔的现象。

快决策与慢决策

正如 2002 年诺贝尔经济学奖得主丹尼尔·卡尼曼在《思考：快与慢》中所论述的，在我们的大脑中，存在着两个思维系统，卡尼曼称之为"系统 1"（快思考）和"系统 2"（慢思考）。在购买决策中，用户的决策也分为快决策和慢决策。由于用户的认知是有限的，所以，对于不重要的购买决策，用户希望做得越快越好；而对于重要的购买决策，用户则希望做得越慢越好。因此，就会出现快的越快、慢的越慢两种趋势。

快决策：降维打击

系统 1 就像大脑的自动反应模式，会根据生活经验总结出无数下意识反应的模式，使生活简化，让我们不必每天早上起来都思考一遍如何套上衣服、扣纽扣、拧开牙膏盖、挤牙膏……系统 1 把生活中的很多事情都变成可一键执行的自动程序，降低了我们日常生活中的脑力损耗。因此，针对用户的快决策，企业要做的就是找到那个"一键执行的自动程序"，因为信息和选择的多样化使用户的决策已经变得不够理性，用户的认知已经超负荷了,在做不重要的决策时希望走捷径,不想动脑子了。于是需要通过降维打击,帮助用户快速做出决策,让用户把"内存"节约下来留给重要的决策。在这个方面,具体可以采用以下四种方法。

(1)价值感知

即利用组合定价的方法,通过诱饵效应和锚定效应让用户产生"占便宜"的感觉。"诱饵效应"(Decoy Effect),是指人们对两个不相上下的选项进行选择时,第三个新选项(称为"诱饵")的加入,会使某个旧选项显得更有吸引力。这个显得更有吸引力的旧选项通常被称为"目标",而另一个旧选项则被称为"竞争者"。例如在很多汽车、手机、化妆品的产品目录中,商家们其实并不奢望卖出多少"豪华套装"和"顶级配置"款式,而是以此来提高消费者对相关产品的期望价位。

"锚定效应"(Anchoring Effect),由卡尼曼于1974年提出。该效应是指当人们需要对某个事件做定量评估时,会将某些特定数值作为初始值,初始值像锚一样制约着评估值。比如在星巴克的中杯、大杯和超大杯三种容量的咖啡价格的设计中,用户很少选择中杯,就是觉得大杯或超大杯更"合适"。此外,在快餐业常用的套餐设计中,由于包含饮料、小食和汉堡的套餐价格往往比单点汉堡贵不了多少,使用户产生一种"占便宜"的感觉,于是绝大多数用户都不会单点汉堡了,快餐店也因此获得了更多的销售收入。

(2)创造稀缺

2016年,中国的智能手机市场上出现了一些产品供不应求的现象,用户经常需要在预约后等待很长时间才能拿到手机。比如华为的P10、Mate9以及小米的概念手机Mix等,都出现了一机难求的排队盛况。除了手机本身创新与新品发布带给我们的切实震撼与喜爱之外,这种长期缺货的现象也进一步加剧了市场对这些型号手机的热议。越缺货,越获得市场关注,越能够成为大家讨论和追逐的产品。苹果、特斯拉等都通过创造稀缺性成功地吸引了用户的关注。稀缺性会提高用户的响应率,并促使用户更快地做出响应。

（3）观察学习

观察学习又称无尝试学习或替代性学习，是指通过对学习对象的行为、动作以及相应的结果进行观察来获取信息，而后经过学习主体的大脑进行加工、辨析、内化，再将习得的行为在自己的动作、行为、观念中反映出来的一种学习方法。法国社会心理学家古斯塔夫·勒庞在其社会心理学著作《乌合之众：大众心理研究》中阐述了群体以及群体心理的特征，指出了当个人是一个孤立的个体时，他有着自己鲜明的个性化特征，而当这个人融入了群体后，他的所有个性都会被这个群体所淹没，他的思想立刻就会被群体的思想所取代而且会表现出冲动与多变、易受暗示和轻信等特征。所以，在圈层化的关系中，用户善于模仿其他人的行为，并且通过模仿简化自己的决策过程。因此，企业可以通过加强用户的口碑传播、用户生成内容（UGC）来影响用户的决策。在一定程度上，网红直播也为圈层化的用户提供了观察学习的机会。

（4）提高便利

用户在购买产品时其最基本的需求之一就是便捷性。尼尔森2018年发布的《便捷至上，未来可期》消费者研究报告显示，不断加快的生活节奏与日益联系紧密的人群正逐渐影响着消费者的购买决策。在中国或全球其他地区，越来越多的消费者开始在购买时将目光投向产品的便捷性。他们更倾向于购买能为生活带来便利的产品。有数据显示，在全球范围内，27%的消费者倾向于选择能为生活带来便利的产品，26%的消费者看重产品本身是否容易使用。在中国，分别有26%与24%的消费者表达了类似的偏好。

在全球范围内，零售业态的不断升级、电子商务的发展与全渠道零售趋势的形成，推动了消费体验的持续优化。尼尔森的一项覆盖30个市场的电商研究显示，快速消费品行业的线上销售额增速约是线下的五倍。尼尔森预计，到2020年，全球快速消费品的线上渠道销售额将会达到4000亿美元，约占快速消费品市场总量的10%~12%。移动设备与电商平台正在重塑消费者的购物体验，转变品牌与消费者之间的联结方式。全球 75% 的消费者表示他们享受随时随地都被触达的感觉。在中国，85% 的消费者对此表示赞同。这种全方位的参与感为产品多方位触达消费者提供了巨大机遇。

直播电商在产品上抓住了上面四点。首先，直播电商往往都会通过打折、促销、送赠品等方式让消费者产生一种占便宜的感觉。其次，直播电商通常运用限时、限量等方式，让消费者感觉到商品的稀缺性。再次，直播电商往往都会亲自试吃、试用、试穿，全方位地展示产品，甚至会邀请明星进直播间亲自体验，这些都为消费者创造了观察学习的机会。最后，直播电商的一个重要特点就是减少了中间渠道环节，消费者看了直播后可以马上点击链接进行购买，而且退货也非常方便。

慢决策：升维打击

与基于直觉判断的系统 1 不同，大脑中系统 2 的运作，需要人们集中注意力去进行思考和判断。当系统 1 的运行受到阻碍时，大脑才会激活系统 2，用更为细致、明确的思考接管系统 1 的决策活动。

所以，当用户对一些重要的购买决策进行思考时，往往需要系统 2 的介入，也就是用户愿意投入更多的时间和精力进行思考。对于能够体现用户的品位、审美水平和价值观的产品，或者在用户的购买支出中所占比重较大的产品，用户愿意多花时间和精力进行比较。另外，相对于购买功能属性产品，用户在购买情感属性产品时其购买决策会更慢。为了提高用户的参与度，对于慢决策的产品，可以运用升维打击增加产品的情感价值，即通过产品价值化提高用户参与度，增强情感联系。

墨西哥的西麦斯（Cemex）水泥公司的案例，就是一个通过赋予水泥情感价值从而增强用户黏性的经典案例。西麦斯是总部位于墨西哥蒙特雷市的一家百年企业，在发展中国家的前 50 家跨国公司中名列第三，并入选美国《财富》杂志企业 500 强。2006 年，其销售额达到 180 亿美元，现为世界第一大水泥企业，也是全球最大的白水泥生产商，主要从事水泥及熟料、商品混凝土的生产和销售。1994～1995 年墨西哥爆发经济危机，西麦斯发现其在建筑行业的销量下降幅度高达50%，在家用市场的销量则仅下降了10%～20%。西麦斯于是决定减少对具有周期性特点的建筑行业的依赖度，转而增加对家用市场的重视度。家用市场是由许多低收入的自建房屋者构成的，西麦斯在家用市场的业务一直是其盈利能力最强的业务，而且西麦斯在墨西哥的家用市场占有率达30%。

中低收入家庭因为购买力有限，往往购买小包装水泥。面对这类用户，西麦斯采用的不是多数水泥公司那种大量工业品销售模式，而是借鉴宝洁公司的日用消费品销售模式，采用多品牌策略，以不同品牌面向不同市场进行销售，并推出了旨在让中低收入者实现自己的住房梦想的"Patrimonio Hoy计划"。尽管拥有一座水泥造的房子是许多墨西哥中低收入者的梦想，但是他们当中的大多数人都没有足够的储蓄购买建筑材料，如果能释放这部分潜在需求，保守估计，每年的市场空间将达5亿～6亿美元。1998年，西麦斯提供了解决这个难题的办法，西麦斯将墨西哥的一种互助系统（Tandas）与购买水泥自建房屋计划结合起来，即客户先定期储蓄用于购买水泥的钱，然后在结婚典礼或成人礼等仪式上，再将用这笔钱购买的自建房屋所需要的水泥作为礼物送出。这种做法成功地赋予了功能属性产品情感价值，使其具备了情感属性，进而提高了用户参与度和用户黏性。

太极策略：快慢统一

所有的产品属性可以归纳为两类属性，一是功能属性，二是情感属性。在数字化时代，产品的同质化现象愈发明显，而产品的同质化和信息的多样化使用户疲于选择。我们可以通过赋予产品情感价值来提高用户参与度和用户黏性。

对于以功能属性为主的产品，我们要想让用户决策得更快，可以通过降维的方式，让用户快速感受到产品的价值，缩短思考的过程。但是，产品的功能属性很难帮助企业实现用户的长期维系，而且，如果企业过于强调产品的功能属性，很容易陷入价格战的恶性竞争。因此，企业在早期获客、冷启动市场时，可以采用降维打击的策略快速获取用户。

当占有了一定的市场份额时，企业就需要考虑维护长期的用户关系，增强用户黏性。而产品的情感属性，能够让用户在我们的产品前驻足、思考并做出选择。产品情感属性的建立，需要以在用户心中为产品创建一个高价值的心理账户为依托。

用户在做出消费决策的时候，实际上是将不同产品划归到不同的心理账户中。一个经典的用心理账户建立情感联结的案例是钻石的营销。当只是从一件珠宝的角度来看，或者只是从供需关系决定价格的角度来看的时候，显然钻石无法支撑其现在的市场价值。但我们发现，钻石成功地将珠宝的稀缺属性与情感属性联结起来——"钻石恒久远，一颗永流传"，它不再仅仅是一颗稀有的宝石，它已经与个人的爱情建立了长久的联结，成为对未来婚姻生活的一个誓言。这种情感属性的附加，在用户心中为钻石建立了一个高价值的心理账户，使钻石成为最具价值的珠宝之一。

因此，在这样一个选择多样化和用户"内存"不足的时代，我们优化用户"内存"的基本做法，就像中国的太极思维一样：对于偏重考虑功能属性的决策，让用户的决策更快；对于偏重考虑情感属性的重要决策，我们的产品要加强情感定位，让用户的决策越来越慢，使产品进入用户心中高价值的心理账户，占领用户的心智，进而符合智情结合的商业逻辑（见图4-1）。

图 4-1 快慢结合的太极策略

更重要的是，从经济学的角度来说，交易的发生主要是为了解决三个问题：①信息不对称，②交易信任，③需求触发。在过去，这三个问题是割裂开的，只能分别进行解决：广告解决了信息不对称的问题（企业通过广告更广泛地传播信息，让用户通过广告来了解企业和产品信息），品牌和产品专家解决了交易信任问题（企业通过品牌树立形象、获取用户信任），身边朋友的购买与使用解决了需求触发的问题。然而，在互联网（数字化）时代，可以采用整合性方案来解决这三个问题，以直播为例，直播主持人扮演了明星大V、产品专家和身边朋友三种角色，具有触达、建立信任和转化三个作用。可以说，在这种方式中，数字化缩短了决策链路，极大地加快了用户的决策过程。

对于直播电商来说，互动和内容是让用户"慢"下来的核心抓手。

在互动方面，某国货美妆品牌充分尝到了甜头，它成立不到三年，就稳坐国货彩妆的头把交椅。该品牌先经过人气明星的推荐引起消费者的关注和讨论，然后依靠头部和腰部达人优质的文字和视频内容收到真正的宣传效果。通过这样不断地与消费者互动和引导消费者购买，往往会使普通的消费者在购买、使用后再回到平台，进行二次传播。在这种营销方式下，品牌只要做好基础工作，就会有越来越多的用户在购买产品后竞相效仿人气博主写心得、晒笔记，进而在品牌和消费者之间收到良性互动的营销效果。

在内容方面，有一种观点认为，以2019年为界，中国电商分为两个时代，之前是"流量电商时代"，之后进入"内容电商时代"。"流量电商时代"靠的是运营人才，谁会烧钱、开直通车、搞各种流量，谁就是王者；"内容电商时代"靠的是策划人才，站内已经没有多少新增流量了，怎么策划产品的内容、卖点，怎么策划品牌的"露出"活动，怎么通过"刷脸"更新用户认知，变得极为重要。内容营销正以极快的速度在发展，谁的内容更丰富、更吸引人，用户就更愿意买单。国风品牌李子柒就是一个典型的案例。在快节奏的当下，李子柒回归田园，依靠制作精良的视频，直击文化消费的痛点，获得了央视的点赞，不仅如此，凭借对民族文化的细腻呈现，李子柒还做到了"墙内开花墙外香"，火到了海外。

用户的角色：由购买到共创

在数字化时代，互联网以及数字媒体和社交媒体的快速发展如风暴一般侵袭了人们的生活方式和购买决策过程，大大提升了用户浸入营销的作用。今天的用户与以往相比掌握了更多的信息，联系更加紧密且具有更大的控制权。被赋予权力的用户不但拥有更多的产品和品牌信息，而且拥有丰富的数字平台可以传播并与他人分享自己对产品的评价。

在数字化时代，用户的角色发生了翻天覆地的变化。过去，用户仅仅是产品和服务的购买者，企业卖什么，用户买什么；如今，用户不仅是购买者，还是传播者、品牌的管理者，以及产品和服务的共同创造者。因此，我们需要更加全面地管理用户价值。

购买者。用户最基本也最重要的角色依然是购买者。从用户是购买者的角度来看，企业需要弄清楚用户的购买决策过程，并针对用户不同的购买决策类型（快决策与慢决策）和所处的购买阶段进行有针对性的营销工作。主要的购买阶段包括：购前获取信息、购中实施购买、购后服务与信息沟通。在用户处于购前获取信息阶段时，企业需要做好信息的传播工作，做到让信息精准触达客户并锁定目标顾客；在用户处于购中实施购买阶段时，企业需要通过优质的产品为用户提供完美的体验，并运用促销达成交易；在用户处于购后服务与信息沟通阶段时，企业需要做好售后服务，并加强信息沟通，以进一步挖掘用户的潜在需求，为用户创造终身价值。

传播者。传播者是用户购后的角色。购后服务与信息沟通阶段是用户购买过程的最后一个阶段，也是最重要的一个阶段。如果企业在此阶段能充分借助传播者的力量，往往会收到事半功倍的品牌传播效果。互联网和社交媒体为用户意见的传播提供了便利，关键意见领袖（KOL）、口碑传播（Word of Mouth，WOM）以及用户生成内容（UGC）应运而生。（网红和直播是 KOL 的典型代表。）特斯拉在品牌传播过程中就完美地运用了这三种方式的组合。特斯拉充分运用了 CEO 的"关键意见领袖"效应和名人使用效应。它通过创始人充满传奇色彩的人生以及第一批名人使用者的传播效应，成功地吸引了公众的眼球。它在传统媒体上的经费投入为零，没有做任何电视广告，也没有做任何平面媒体广告，它依靠早期使用者在社交网络上的体验分享，通过口碑塑造品牌形象。

管理者。从另一个角度来看，用户对品牌的传播也是在对品牌进行管理，"王婆卖瓜，自卖自夸"的年代已成为过去，企业的广告只能发挥传递信息、广而告之的作用，产品好不好不是看企业怎么说，而是看用户怎么说。每个用户的评论、转发和分享成了影响其他用户做出购买决策的重要因素。宝洁前任 CEO 曾说："我们现在陷入一种恐慌状态，过去是我们在管理品牌，现在是用户在替我们管理品牌，这是我们过去没有经历过的。"

德勤咨询管理顾问公司（Deloitte Consulting）的一项调查发现，有 62% 的消费者会阅读网上其他消费者写的评论，有 1/3 的受访者说，他们会寻找更多关于产品、包装的信息和用户评论。可见，用户评论的影响力越来越大。

数字化时代，网络既方便了用户写评论，也方便了每个用户查看其他用户的评论。无论是在 C2C 网站还是在 B2C 网站，用户都可以对商品进行评论，这给了用户充分的话语权，加强了用户与网站之间的互动，既有助于用户选择商品，也有助于增加用户黏性。目前，超过一半的网购用户表示，自己在买每种商品前都会查看相关的商品评论，近 8 成的网购用户在买大多数商品前都会看看商品评论。评论质量和评论者等级都会对消费者的购买意愿产生影响。

创作者。用户是产品和服务的共同创作者。与此相关的是价值共创理论。价值共创理论主张以个体为中心，由消费者与企业共同创造价值。该理论是在 21 世纪初由管理大师普拉哈拉德提出的，是企业在未来的竞争中将依赖的一种新的价值创造方法。传统的价值创造理论认为，价值是由企业创造的，然后通过交换传递给消费者，消费者不是价值的创造者，而是价值的使用者或消费者。然而，随着环境的变化，消费者的角色发生了很大转变，消费者不再是消极的购买者，已经转变为积极的参与者。消费者积极参与企业的研发、设计和生产，并在消费领域贡献自己的知识和技能以创造更好的消费体验，这些都说明价值不仅来源于生产者，而且建立在消费者参与的基础之上，即来源于消费者与企业或其他相关利益者的共同创造，且价值高低最终是由消费者来决定的。

My Starbucks Idea 是星巴克收集粉丝的建议、创意并与粉丝互动的平台，粉丝会在这个平台上提出各种建议。从 2016 年 9 月 6 日开始，在美国的部分星巴克门店，消费者可以选择把拿铁、星冰乐等饮品中的牛奶换成杏仁奶。杏仁奶是星巴克的粉丝创意平台 My Starbucks Idea 上呼声最高的产品之一，增加杏仁奶的建议累计收到了 9.6 万个赞，最终被星巴克采纳。这些来自粉丝的建议，除了关于饮品本身方面的，还有关于选址、应用改进等方面的，从 2013 年 11 月 20 日开始，My Starbucks Idea 总共把网友的 29 个创意变成了现实。

和星巴克类似，乐高也有一个创意平台，叫 LEGO Ideas，用来收集全球乐高粉丝的创意。在乐高创意网站上，凡是年满 13 周岁的乐高玩家都可以提交自己设计的乐高模型，争取大家的支持。如果一个模型的支持票超过 10 000 张的话，乐高公司会对其进行评选（每年评选三次），选中的作品将会进行量产和销售，而设计者将获得产品销售额的 1% 作为回报。2011 年 12 月 5 日，著名游戏品牌 Minecraft 在这个平台上提交了一个乐高模型，45 小时内就获得了 10 000 张支持票。6 个月后，乐高就推出了该模型，上市后，该模型的 Minecraft 21102 型号销售火爆，当年位居亚马逊建筑类玩具榜单的第一名。在乐高创意平台上，还产生了不少成功的作品，比如机器人瓦力、生活大爆炸和火星探测器等乐高模型。借助乐高创意平台，乐高吸引了许多有创意的玩家贡献自己的智慧，同时也吸引了不少像 Minecraft 一样的品牌（或公司）提交自己的产品主题模型，形成一次完美的跨界合作。

"因为'米粉'，所以小米"，大家都知道小米的这句耳熟能详的话，也都熟悉小米所谓的粉丝经济。小米一直不断学习和改进，在可持续发展和用户体验之间寻找最佳的平衡。小米1诞生后，雷军并没有急着把它放到各种专卖店中进行销售，而是等到2011年8月16日的周年粉丝庆典才发布。在发布会上，雷军表明小米手机不想卖给其他人，只想卖给粉丝，"因为'米粉'，所以小米"，这是献给发烧友的超强手机。在小米粉丝的心中都有着这样一个信念："小米手机是我参与设计、制作的，是我自己的手机。"当别人问："你怎么能买到小米啊？"粉丝心中的优越感油然而生！这样一来，粉丝不仅成了小米的代言人，帮助小米宣传其优点，维护小米的品牌荣誉，甚至成了小米的售后服务人员。就因为有了一群忠实的粉丝，小米手机2013年的年销售额达到了300多亿元。当然，小米同时也在新浪微博上与"米粉"积极互动。除了让粉丝参与MIUI系统的设计与改进，小米还会定期向"米粉"发赠品来回馈他们的支持，这些举措都表明小米公司是在为用户打造好用的产品，既提高了粉丝对小米的忠诚度，又建立了浓厚的粉丝文化。

直播电商的用户也具备这样四种身份。首先，直播电商的用户是购买者，他们在主播进行产品介绍和展示的时候，会看到其他用户在下单以及主播与其他用户的互动，这些都会激发他们做出购买决策。其次，用户也在与主播的互动中加强了与主播的亲密感和信任感，从而对主播及主播介绍的产品产生了喜爱之心，并成了传播者。再次，用户的评论、转发和分享，使主播和产品都更得到了广泛的传播，这无疑是对品牌的管理。最后，用户也会不断给主播及产品提出一些意见和建议，甚至分享自己的使用体验，这些都为产品的改进和发展提供了宝贵的信息，使用户成了创作者。

粉丝、偶像、品牌在这场商业游戏中构成了一个新的正向循环的三角关系——明星支持品牌，品牌支持粉丝，粉丝支持明星。经济学者何帆在采访了鹿晗、易烊千玺、薛之谦、SNH48、张云雷的粉丝之后，发现当代粉丝和偶像之间还存在一层关系叫"创造"：原来的偶像和粉丝之间的关系是作者和读者的关系，作者创造文本，读者阅读文本。现在反转过来了，读者也要参与创造，[①]如果不让粉丝参与创造的过程，他们就不会喜欢这个偶像。

用户的需求：主权化

在互联网与后娱乐时代，粉丝与偶像的关系发生了质的变化，已经从之前的仰视逐步走向平等，而且，粉丝与偶像之间产生了更多的联结。

一方面，互联网等技术的发展为粉丝掌握主动权和话语权提供了便利。粉丝可以通过微博、百度贴吧、豆瓣等平台表达自己的看法，与偶像互动。大数据使对明星的流量与商业价值进行量化衡量成为可能，而粉丝则为这些数据的产生做出了极大的贡献。90后、00后出生于互联网蓬勃发展的年代，更懂得如何利用信息技术帮助偶像提升影响力。作为"生产型消费者"，这些粉丝帮助明星进行形象塑造与作品推广，他们成了偶像的促成者、建构者、制作者。

另一方面，粉丝通过有组织的粉丝团体表达诉求。粉丝结成利益共同体，通过集体努力帮助偶像成功，维护和推广自家明星，获取成就感。当代的粉丝团体比以往更具影响力，粉丝团体的管理者可以与经纪公司联系，得到第一手资源（艾瑞咨询，2016）。随着粉丝地位的提升，粉丝甚至能"倒逼"明星经纪团队，质疑其工作。

粉丝通过参与式陪伴、共情与移情、保护与抗争等情感策略，与偶像形成了一种拟态的亲密关系，即一种建立在网络空间中的想象的亲密关系。在这种拟态关系下，"水（粉丝）能载舟（偶像），亦能覆舟"的作用更加明显。

90后、00后粉丝对与偶像平等关系的要求，还体现在其想要获得现实补偿感的心理诉求和独立自主的价值观。95后初入职场，00后步入大学，关于现实世界，他们已经形成了一定的价值观。但是，无论是

[①] 何帆. 年轻人到底在想什么？来自饭圈的调研[EB/OL]. (2019-10-28). http://hefan.blog.caixin.com/archives/214604.

在职场中还是在生活里,他们仍然被认为是不成熟的一代,他们迫切需要表达自己的立场和情绪。于是,"偶像养成"就成了一种具有强烈代入感的补偿方式。他们通过对偶像疯狂"打call",让自己产生"我不断努力以实现自己梦想"的想法和成就感(吴晓波频道,2018)。

年轻一代虽然在追星的过程中具有高参与度,但仍然保持理性与自主的价值观。根据腾讯的 TMI 与 CDC 联合发布的《腾讯 00 后研究报告》(2018),00 后追星时看重明星带来的精神鼓舞与正能量。根据腾讯 QQ 大数据与中国青年报联合发布的《00 后画像报告》(2018),00 后的追星原则是"始于颜值,陷于才艺,忠于人品"。很多 00 后表示,他们追星仅限于喜欢,并不"疯狂",起初他们大多因为一位明星的颜值高而喜欢他,但后续会较为看重明星的才艺和个人品质。在拟态的亲密关系下,偶像与粉丝的关系甚至被逆转了,偶像甚至需要有意无意地改变自我,以迎合粉丝对他们的"想象"。

其实粉丝经济也好,网红经济也罢,它们的底色都是一种情感联结。一方面,年轻人需要偶像作为他们的信念和情感释放的出口,在偶像身上寄托现实中难以实现的理想;另一方面,年轻人通过追逐共同的偶像,获得一种组织上的归属感。在建立情感联结的过程中,粉丝们掌握了绝对的主动权与话语权。

| 核心总结 |

1. 数字化时代,用户变化体现在四个方面。
   (1)用户的来源:圈层化;
   (2)用户的决策:两极化(快的更快,慢的更慢);
   (3)用户的角色:多元化(购买者、管理者、传播者、创作者);
   (4)用户的需求:主权化。
2. 网红直播对供给端的启示是,用户成为产品和服务的共同创作者。网红直播,对于一个企业来说,是渠道、广告、内容和产品的结合体。

3. 在用户逻辑发生改变的数字化时代，企业需要围绕用户价值重构其管理体系，实现品牌、产品、渠道、广告的交叉融合。
4. 数字技术使各要素的链路变短，能够以快速的功能迭代实现降维打击，抢占快决策的用户市场。同时，企业通过建立与用户的情感联结，增强用户黏性，实现情感价值的升维创造。
5. 网红产业背后的逻辑是，用户信息不对称、成交信任和需求触发的问题得到了解决。
6. 直播电商是需求端圈层化和供给端数字化、颗粒化的自然而然的结果。

第 5 章
Chapter 5

智情企业行业洞察

数字化背景下的行业重构趋势呈现出三大特点：行业颗粒化、行业动态化和行业寡头化。面对数字化变革，企业需要围绕用户任务的分解或融合，以"借势、颠覆、开放、联结、打造、迭代"这六个策略，来应对行业变化，打造智情企业。

数字化背景下的重构：行业颗粒化

数字技术实现了信息在产业链上的穿透，打破了行业边界，瓦解了传统的线性价值链。价值链被切分得越来越细，传统的线性价值链逐渐网络化。企业的竞争优势不再依靠传统的行业整合能力，而是依靠将自身能力颗粒化并以更为灵活的方式来实现差异化。

我们以个人电脑产业的变革为例，来看看数字化是如何改变行业价值链的。

在20世纪70年代中期，个人电脑（PC）产业以高度专业化和功能分析为标志的产业结构得以建立。1981年，IBM决定在其PC设计中更多采用外部供应商的组件，进一步强化了模块化的产业模式。这一时期，IBM主导了PC的设计规范，即以"微软（Windows操作系统）+英特尔（CPU）"作为PC的核心组件，其他PC设备（主板、内存、硬盘等）的设计都要遵从这两大组件所支持的技术规范。这一规范，使得PC厂商及其供应商能够通过为全球市场开发产品来实现规模经济。如今，组装PC所需的所有组件都可从独立供应商处获得，PC厂商甚至可以将产品开发和最终组装的任务交给外部专家来完成。

这一时期的PC产业价值链可以用图5-1来表示。当时的PC由主要供应商使用标准装配线的生产方法进行组装，产量是根据需求预测确定的。PC的各种组件由相应的组件制造商独立制造。PC厂商进行系统的总装集成，成品主机被发送到各分销商处，然后再由各分销商出售给零售商。在这种产业价值链结构中，经销商和零售商需要保有较高的库存，并在销售链条中与最终用户保持较多的触点。

图5-1 PC产业传统价值链

然而，这种产业价值链结构在20世纪90年代后期遭到了破坏，其原因主要有三个。

一是PC价格的迅速下降。20世纪90年代初期，PC价格基本为每台2500美元左右。后来，随着康柏、宏碁等新兴PC厂商的崛起，PC的价格迅速降到了每台1000美元左右，在之后的十多年时间里，PC的价格甚至降到了每台500美元以下。与价格下降相对应的是，产品利润也在下降。1998年，PC行业的平均毛利润率可达25.6%，而到了

2003年,这一指标已经下降到了20.1%。PC厂商开始面临严峻的成本压力。

二是产品周期的加速缩短。PC关键组件的升级速度不断加快,例如按照摩尔定律,CPU保持着每18个月集成度翻一番的更新速度;内存、硬盘的技术更新速度也非常快。产品周期的加速缩短,导致零部件和成品库存的折旧速度加快,从而倒逼整个价值链压缩库存。

三是以戴尔为代表的直销模式的成功。在直销模式下,通过在线订单系统,PC厂商允许用户从基本型号的配置中进行选择,并将产品直接运送给用户。由于直销模式取消了分销商和零售商,使得PC厂商节约了成本、降低了库存。同时,整个产业的生产模式实现了从供应驱动到需求驱动(按订单生产)的转变,由于PC厂商在用户未下订单前无须购买零部件,这使得PC厂商可以有效降低库存,并提高资金使用效率。

戴尔在PC领域的成功,表面上看是其直销模式的成功,然而在戴尔之后,IBM、惠普等公司也尝试采用直销模式,为什么未获得成功?而且,很多行业都采用了直销模式,为什么直销模式没有为其他行业带来颠覆性的变革?这需要我们更深入地从本质上来分析戴尔的直销模式的构成要素究竟是什么。我们从图5-2戴尔的价值链上可以看到,戴尔直销模式成功的核心是数字技术的应用。戴尔通过直销驱动的信息系统从用户处获得丰富的市场信号,并将其传递给供应商,以协调公司的整个网络。如图5-2所示,该网络涉及物理产品和服务以及信息的流动,戴尔作为信息中心,无须参与所有物理过程。

数字技术使得PC产业的竞争态势发生了根本性的转变。由于掌握了核心研发能力,上游核心零部件供应商开始掌握行业话语权。如最初由IBM倡导并发起的"微软+英特尔"PC技术规范,实际上已由微软和英特尔主导,并形成了把握PC产业发展方向的"Wintel"联盟。其他技术含量较低的零部件的厂商,则开始走提高运营效率、实现规模经济的路线。在直销模式下,传统零售商的销售职能,已经由物流公司承担,零售商开始向服务商转型。

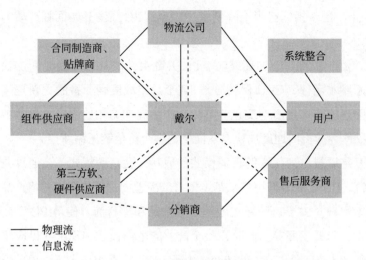

图 5-2　戴尔的价值链

资料来源：Jason Dedrick, K.L. Kraemer, Kenneth L. Kraemer Impacts of IT on Firm and Industry Structure: The Personal Computer Industry. *California Management Review*, 2005-05-01.

美国电子工业协会将 PC 产业定义为基于市场或模块化网络的产业。在 PC 产业的很多细分市场中，品牌供应商将更多的专业服务外包出去，自己则专注于建立差异化竞争优势，而合同制造商则通过实现规模经济和范围经济来降低整个产业的生产成本。在这种产业结构下，供应商的成本可以分摊到多个客户身上，降低了供应商投资于非特定资产的成本（如标准的工具、制造过程、物流系统和信息系统）。由于买方和卖方都避免了因对单个货物的依赖而减少合作伙伴，商业活动中机会主义的风险大大降低。

产业的模块化，使现有的价值链分解成多个具有核心能力和优势的独立"颗粒"，这些"颗粒"相互之间通过数字化手段进行联结。

我们以直播电商为例，来看一下行业颗粒化是如何影响行业格局的。

我们对直播电商的形式并不陌生，在这里，我们需要思考的问题是，为什么直播电商会出现，为什么个人或很小的团队就能够实现上亿元的销售收入？

这是因为，如今数字技术使电商的价值链被高度模块化了，价值链上的各种功能作为独立的功能颗粒而存在，并通过数字化相互联结（这样，价值链就可以有很多种模式组合）。电商基础设施的模块化，使得一个团队可以不需要自建支付、物流、生产等环节，只需要接入一个大型平台，就可以利用价值链上成熟的商品生产厂商、物流厂商、支付厂商提供的服务支撑自己的销售业务，做到"即插即用"。

同时，电商平台也为直播电商提供了颗粒化的能力，包括供应链支持、数据分析、内容制作等。目前主流电商平台基本都开发了直播业务，如淘宝的独立直播平台、拼多多联合快手进行的直播推广、京东购物车接入抖音、网易考拉上线短视频购物推荐频道等。电商与直播、短视频正在实现深度融合。

具体到各个平台，它们的演进也有所不同。淘宝推出了"百亿扶持计划"，把发展直播、5G、短视频业务都放到了公司战略层面来考虑，这是互联网公司发展的必然，也是市场需求的变化所致。尤其是在当下，几乎人人都参与直播，都在拍短视频，以往的被动交易，变成了当前的"人人参与"状态。其他电商平台也不甘落后，京东直播宣布2020年打造100个标杆商家、10个亿级商家案例，以头部带动腰尾部，构建多方共赢、蓬勃健康的直播内容生态。拼多多也将直播业务提升到平台战略层面来考虑，宣布直播零门槛，对所有用户开放，而且用户在直播间可以添加商品，开启"打赏"功能。

从供应链的维度来看，直播电商兴起后，市场对商家服务能力的要求越来越高。一方面，很可能直播一两个小时的出货量就和过去淘宝店几个月的出货量相当，销量上去之后发货能否跟上是个问题。供应链已成为越来越多从业者构建核心竞争力的突破口。在业内有一种说法：起势看流量，成败看供应链。

"网红第一股"如涵控股，就是通过流量和供应链建立了强大的竞争优势。

为了提高供应链的柔性，如涵控股孵化了一个AI电商解决方案供应商,其 AI 数据可监测淘宝服装类超过 10 万家店铺的 5000 万 SKU 的 50% 以上的总成交额(GMV),帮助店铺经营者快速发现爆款产品,降低定价、定量风险;其 AI 趋势可通过对 1 万多个品牌的上千万款式图片,进行 8 大维度上百种标签的智能分析,帮助设计师实时掌握市场趋势变化,精准制定款式研发方向。

除了数据分析,这家机构还联合了 1000 家稳定合作的供应商资源,协同打造柔性供应链,利用软硬件让合作工厂信息化和数据化,从产能端提高生产效率。一件 T 恤最快两天就能走完打版、开发、生产的全部流程。⊖

所以,我们可以看到,行业的高度颗粒化带给企业的是:使企业可以围绕用户价值重构其生态体系。

数字化背景下的重构:行业动态化

数字化带来的价值链分解打破了行业的边界,改变了商业竞争的模式,使行业变得更富动态化,这主要体现在三个维度上。

第一个维度是"涌现"。"联结"带来企业规模的扩大。企业出于规模的考量,会对业务进行水平扩展,通过建立桥梁,释放自己的专业化能力,进入其他行业,进而打破行业边界。数字化企业的业务之所以能够水平扩展,是因为行业在颗粒化后往往会出现"涌现"(Emergence)现象。

在"涌现"这一概念提出之前,我们一般使用还原理论来解释问题。还原理论的基本观点是:整体是由局部组成的,所以局部决定整体。整体的任何一个变化都可以在局部找到其原因,还原理论的分析方式非常符合我们的思维习惯,并且在很多场合都可以利用它快速、有效地解决问题。但是在遇到复杂系统的时候会产生一些无法解释的现象,比如生

⊖ 如涵.""网红第一股"的自我颠覆 [J]. 中欧商业评论, 2020(4).

态、人脑、经济系统等，因此人们开始关注复杂系统并展开研究。

在复杂系统的诸多共性中，"涌现"是一种最引人注目的普遍现象。"涌现"是指当系统中的个体遵循简单的规则，通过局部的相互作用构成一个整体的时候，一些新的属性或者规律就会突然在系统层面诞生。涌现并不破坏单个个体的规则，但是用个体的规则无法予以解释。我们可以将"涌现"理解为"系统整体大于部分之和"。

例如，生命是一大堆分子相互作用的产物，每个分子必然遵循固定的物理规律，但是当分子聚合到一起的时候，在整个分子群体的基础上却诞生了原生生命。由分子构成的这个整体活了，它可以为了自己的利益去控制低层次的分子个体，它具备了自己的生命。在这个过程中，我们无法把生命诞生这一现象还原到单个分子的物理规则上去，并且也没有哪个"领导"分子给其他分子下达相关的命令。所有的过程和奥秘，都只存在于系统的相互作用之中。

亚马逊的业务扩展，就是一个经典的"涌现"案例。亚马逊最早以在线图书销售起家。由于在开展图书业务时建立了强大的电子商务系统、推荐系统和物流网络，因此当亚马逊从图书业务向百货业务进军时，上述在开展图书业务时积累的资源，就可以直接为百货业务提供支撑，而无须从零开始构建支撑系统。这使得亚马逊可以用比竞争对手更低的成本拓展在线销售产品的品类。同样，亚马逊为加强电子商务的竞争优势所构建的庞大的数据中心资源、强大的网络系统管理能力，都可以快速地为云计算业务所用。这就是数字化企业通过"联结"带来的优势，亚马逊的云计算"涌现"了（见图5-3）。

第二个维度是"分离"。数字化企业出于差异化的考量，可以在现有的价值链中开拓一个细分市场，进行业务聚焦，建立一个细分行业，并成为该细分行业的控制者。这里比较典型的例子是苹果公司推出iPad产品。在iPad出现之前，PC产业已日渐饱和，台式电脑实现了从低性能低价格到高性能高价格的全面覆盖。笔记本电脑虽然侧重于解决便携性，但依然是面向工作场景设计的。相比于刚刚出现的主要面向生活、轻娱乐场景的智能手机，笔记本电脑的运算能力大大富余，但便携性依然不足。同时，智能手机由于设计工艺和体积的限制，在一些与轻娱乐场景相关的性能方面略有不足。此时，介于笔记本电脑和智能手机之间，就出现了一个需求未得到满足的细分市场。苹果公司果断推出 iPad，以差异化的功能定位，迅速成为该细分市场的领袖。"分离"这个维度体现的是技术发展开始"缩小"行业的范围。技术发展能使企业按照特定的细分市场来设计价值链，因此细分市场就能成为行业。

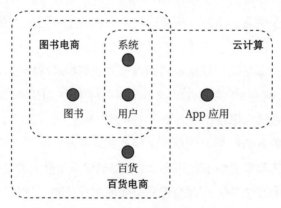

图 5-3　亚马逊云计算的涌现路径

第三个维度是"中断"。技术发展存在路径依赖效应。与通常的理解相反，数字化的技术变革，带来的不是行业门槛的提升，而是降低。数字化增强了技术的溢出效应，降低了行业的技术门槛，数字化所带来的行业模块化，可以让我们可以更好地"站在巨人的肩膀上"。这使市场的竞争格局发生了变化。例如在工业革命前，纺纱行业高度依赖从业者的专业技术能力，这大大限制了新进入者的数量。而在工业革命之后，珍妮纺纱机的出现，大大降低了对从业者的技术要求，普通人稍加培训就可以操作纺纱机，这使得工厂可以通过大量投资购买纺纱设备，招聘产业工人，以快速提高产量，降低成本，实现规模经济，对手工业者造成毁灭性的打击。这也就是我们常说的降维打击。

在数字化时代，这一趋势更加明显。例如，微信取代短信，形成了自己的生态系统。微信的技术原型来自短信，但是借助数字技术，腾讯无须自己建设庞大的基站网络，也无须自己投入巨资建设电信机房，只要集中建立自己的数据中心，就可以借助运营商的网络运营庞大的微信生态系统。这种颗粒化，大大降低了固定资产投资，使新进入者无须跨越极高的技术、资金门槛就可以颠覆昔日的巨头，这也是数字化的巨大威力。

数字化背景下的重构：行业寡头化

在数字化时代，我们发现很多行业的集中度有进一步上升的趋势，有些行业甚至出现了寡头化的局面。这种现象，用通俗的语言来说，就是赢家通吃。行业寡头化的趋势，主要由四个驱动力所驱动。

第一个驱动力是规模经济和范围经济。钱德勒在他的《规模与范围：工业资本主义的原动力》一书中指出，随着一家企业的规模与范围的逐步扩大，企业的成本可以逐步摊薄，也就是边际成本会逐步下降。例如互联网企业，其软件的初始开发成本很高，但是一旦开发完成，复制成本极低。这使得很多互联网服务/软件能够以免费的形式分发，如搜索引擎、即时通信软件等都是如此。

第二个驱动力是认知的聚集。在互联网时代，品牌的多样化、用户选择的多样化，以及用户认知资源的稀缺性，使我们的认知向头部品牌聚集。比较经典的案例，就是美团。我们手机上的 App 很多，但是我们日常频繁使用的 App 一般只有七八个。拿外卖市场来说，目前就有很多 App，比如有的酒店有自己的外卖 App，有些外卖的店家也有自己的 App。同样，酒店预订、票务类的，也有很多独立的或第三方的 App。试想一下，用户很可能为了订一次外卖、订一次票就需要下载安装一个 App。如果有一个 App 能整合所有的商家，那它必然会成为用户的首选，美团就实现了这个目标。美团用一个 App 将票务、订餐、点评等功能都纳入其中，于是用户自然会将注意力集中在美团的 App 上，而不会再去考虑其他的 App。

第三个驱动力是数据的黑洞效用。当掌握的数据越来越多，企业对用户的理解就会越来越准确，进而能提供更个性化的服务。随着用户在平台上的交互行为的增加，和企业数据的进一步丰富，企业开始了新一轮的"服务－数据－服务"的循环，进而将用户牢牢绑定在自己的平台上。这就像宇宙中的黑洞一样，有强大的引力，可以吸纳自身引力范围之内的一切天体，甚至扭曲周围的空间，连光线也无法逃逸。黑洞效应比较典型的案例是今日头条。如今的今日头条可以用 App 工厂来形容。今日头条的母公司叫字节跳动。这个公司的名称非常形象，字节（Byte）是现代计算机处理信息的最基本单位（信息的最小单位是比特 (Bit)，8 个比特构成一个字节（Byte），现代计算机以 8 位一组的字节来处理信息），"字节跳动"形象地表现了公司对用户数据的分析处理能力。字节跳动通过今日头条了解用户的兴趣，进而围绕用户的兴趣不断推出新的 App，以满足用户多方位的需求，如抖音、悟空问答、西瓜视频等都是今日头条孵化的知名 App。

第四个驱动力是互联网企业的网络效应。网络效应是规模经济的一种特殊表现形式，即需方规模经济。传统的规模经济是供方规模经济，即供方的产量越大，边际成本越低。而网络效应则是，随着需求方的增加，网络的价值会几何级数式提高（也就是我们常说的梅特卡夫定律）。一般认为，互联网的价值和其节点（可以近似理解为用户）的平方成正比。社交网络就是网络效应的一个典型案例。如 Facebook、微信，当只有一个用户的时候，由于无法交互，这个网络几乎没有价值；在用户增加之后，你和大量的好友就可以沟通互动，用户数量越多，产生的交互路径就越多，网络的价值也就越大。在一个网络足够大之后，其他网络的用户就会选择加入这个新的网络。例如在微信用户达到一定规模之后，功能相似的"米聊"的大量用户就转移到微信上来，于是就形成了资源向头部聚集的现象。

以上四个驱动力带给我们的启示是，为了更好地打造范围经济，更好地抓住用户的认知，更好地掌握多元化的数据，更好地打造一个平台型企业，我们需要更加高效地扩展自己的业务边界，更好地利用规模化、品牌化、数字化和平台化技术升级我们的企业。

数字化带来的行业格局变迁

在行业颗粒化、动态化和寡头化的趋势下，数字化将给一个行业带来巨大的外部冲击，将其震碎，然后行业内的各个板块重新组合，最后沉淀为新的格局。这个新的行业，未来将会围绕用户任务，出现寡头型的行业生态。

传统行业是按照产品来划分的，比如可口可乐、百事可乐等属于食品饮料行业，其产品的形式非常固定。而未来，行业将围绕用户来重构，其核心是完成用户的任务。

用户任务，是指用户需要达到的目的。哈佛大学营销学教授泰德·莱维特在数十年前说过一句名言："人们想要的不是1/4英寸⊖的钻头，而是1/4英寸的洞。"这句话相当深刻。因为用户想要的不是产品，而是解决问题的方案，这句话是对企业战略的一种重塑。彼得·德鲁克也曾提出过类似的警告："用户花钱买下的东西，通常不是公司自以为卖出去的东西。"

与传统行业不同，数字化行业通常是围绕着用户任务形成的。例如优步（Uber）提供的是出行服务，而不是汽车，从这个维度来说，它的竞争对手也包括传统的汽车厂商。最近的传奇式创业投资人约翰·杜尔问奈飞（Netflix）的首席执行官里德·哈斯廷斯："奈飞是否和亚马逊竞争？"哈斯廷斯回答道："其实我们是在和你放松时做的每件事竞争。换言之，我们和电子游戏竞争，我们和酒类竞争，酒是个特别顽强的竞争

⊖ 1英寸=0.0254米。

对手！我们也和视频网站以及棋类游戏竞争。"我看到，奈飞的任务是填满消费者的闲暇时间，而不是经营视频业务。

当我们从用户目标达成理论的观点来看待一个行业时，你就会看到全新的样貌。宝马一直认为自己是代表"高性能汽车"的品牌。但是，2008年全球经济衰退后，汽车业遭受重挫，宝马的领导团队开始退一步评估用户买车的"用户目标"，他们的研究结果彻底改变了宝马自己对行业的看法。在城市化趋势之下，年轻人越来越不愿意费神去考驾照。宝马发现消费者真正想要达成的用户目标是完成出行任务：让我轻松从A点抵达B点。从这个维度来看，宝马的确是在和传统的高级车竞争，但它同时也在和特斯拉、优步、Zipcar（一个共享汽车平台）、谷歌的无人驾驶电动汽车竞争。

在这样的视角下，宝马不仅推出了混合动力的BMWi产品线，也促成了DriveNow计划（类似Zipcar的共享系统）。宝马的高管说："我们看待行业的视角已经从产品的视角转变成用户任务的视角。"同样，2015年下半年，福特汽车的首席执行官马克·菲尔德斯告诉员工："我们不只是一家汽车公司，也是一家出行服务公司。"通用汽车也投资了新型汽车服务公司Lyft，并于2016年年初宣布推出共享服务Maven。

所以我们可以看到，围绕着出行的任务，未来会出现几个寡头型的生态。至于主导者是像宝马一样以技术延展到用户和数据的传统汽车厂商，还是像优步一样从用户和数据延展到整车技术的平台，我们目前还很难判断。

但一个相对明确的判断是，未来数据方和技术方会逐渐展开正面竞争，在数字化的大趋势下，当数字技术逐渐向出行行业渗透时，出行行业最终也会形成寡头的局面。

寡头型行业的四类参与者

寡头型的行业生态包括技术控制力和用户控制力两个主要维度，根据企业在这两个维度上的竞争力，我们可以将寡头型行业的参与者划分为四类，如图 5-4 所示。

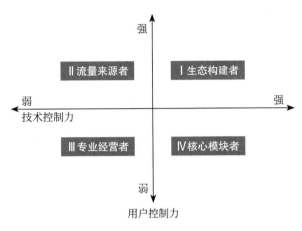

图 5-4　寡头行业的主要参与者

第一类是生态构建者。它们以价值网络构建起行业生态，同时具备较强的技术控制力和用户控制力。这类企业的目标是打造价值网络，实现各业务单元的协同，互相促进。其中的典型代表是迪士尼。迪士尼的业务包括乐园、影视、出版、特许经营、音乐、出版等。其中，有些业务是授权外包的，如特许经营；有些业务是自营的，如出版；还有一些业务既有自营的也有合营的，如乐园。对于生态构建者而言，重要的是业务的协同效应，也就是各业务之间能够互相促进，例如迪士尼的电影产生的 IP 带来衍生品特许经营的授权收入；衍生品的反复曝光，又可以反作用于 IP，促进电影续集的拍摄。

第二类是流量来源者。这类企业拥有较强的用户控制力，但是它们的技术控制力较弱，对应的数字化战略是"用户亲密"。这类企业应继续扩大数据优势，形成数据黑洞效应，依靠数据形成深刻的洞察，以个性化的服务获取更高的消费者剩余。

第三类是专业经营者。它们的技术控制力和用户控制力都相对较弱，因此很难建立行业壁垒。这类企业的战略选择就是提供标准化的产品和服务，依靠规模经济和范围经济赢得竞争优势，对应的数字化战略是"运营卓越"。例如汽车儿童安全座椅厂商尼尔，专注于提供汽车儿童安全座椅，在该专业领域建立了规模优势。

第四类是核心模块者。这类企业是价值链整合者，它们拥有较强的技术控制力，对应的数字化战略是"技术领先"。这类企业所处的产业链，通常模块化组成较为零散，核心部件需要集成商自己研发，进行产品整合时需要集成商具备强大的设计和研发能力。汽车行业是这类行业中比较典型的例子。虽然现在汽车整车已经实现模块化，但涉及的部件非常繁多，需要整车集成商具有强大的供应链管理能力，同时，汽车的整车集成不是简单组装，而是需要动力总成、电子系统等多个系统的协同，这就要求整车厂（集成商）具有强大的研发能力，能够自主设计部分系统。如宝马汽车，它的发动机、传动、电控都是自己研发、制造，并且向供应商采购高度定制化的配件。宝马汽车拥有自建工厂，而且对产业链上下游的管理非常严格。

这四类企业并非一成不变，在数字化带来的基于任务的产业变化中，流量来源者和核心模块者都有机会成为价值网的生态构建者，流量来源者需要提升核心技术，核心模块者需要积累用户数据，这样才能高速发展（图5-5）。

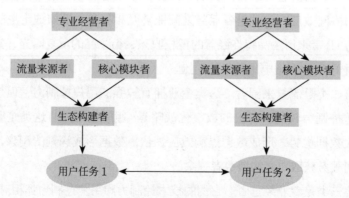

图5-5 用户任务带来的产业变化

围绕着用户任务的分解或融合，行业的边界会向两个方向演进。

一是用户任务的分解会使行业的不确定性增加，进而产生新的行业。例如观看休闲视频和处理轻度工作信息的任务融合，产生了大屏幕、高移动性的 iPad，对电脑和电视具有一定的替代作用，并逐渐形成了平板电脑行业。

二是用户任务的融合会导致跨行业竞争的出现，进而产生行业融合。例如围绕着打发用户的碎片时间的任务，游戏和在线视频开始相互竞争和融合。

因此，行业的格局是动态变化的，竞争既存在于企业内部，也存在于企业外部，而通过从用户任务视角去分析行业变革，可以帮助我们更深入地理解行业的本质。

数字化背景下的行业破局

看清了行业的变化后，企业如何破局？

我们以特斯拉为例，来看一下数字化企业如何打破传统行业的壁垒，创造全新的产业机会。

如果要打一个比方的话，那么特斯拉之于传统汽车，就好比 iPhone 之于传统手机。

2007 年，当以 iPhone 为代表的智能手机初次问世时，传统手机厂商并没有太大的危机感。彼时，传统手机厂商并不认为苹果这家从未涉足过通信领域的公司能成为强有力的劲敌，诺基亚的高管曾嘲笑苹果说，一款没有键盘的手机，能怎么样？但正是这款没有键盘的手机，彻底改变了人们的生活方式，曾经被认为"高富帅""白富美"专属的智能手机早已深入寻常百姓家，成为人手一台的必需品。

如今，人们再一次见证了历史的变迁。从跑车 Roadster 到更为成熟的 Model S，再到更新、更先进的 Model 3，特斯拉用电动车改变了人们对于汽车的观念。原来汽车可以如此智能、前卫、充满科技感，原本大量烦琐的机械操作都可以通过中控台的大屏幕，用触碰的方式执行。

作为汽车行业的后来者，特斯拉抓住了数字化时代对传统行业的冲击所带来的新机遇，通过一整套数字化组合"六脉神剑"，成功地在强者林立的传统汽车行业实现突围，并牢牢占据了行业高地。这对试图打破高企的传统行业壁垒的新兴企业而言，有着非常重要的参考意义。

剑指新机遇

诺贝尔经济学奖和图灵奖双料得主赫伯特·西蒙曾提出：将零件集成化可以更好地预防不可预知的变动，且更容易修复。这种集成化的优越性，随着技术的发展渐渐被广泛认知。在《技术的本质》一书中，布莱恩·阿瑟认为新技术是由现有技术构成的，新技术产生于现有技术的组合。这也意味着，现有技术可以通过集成与模块化更好地抵御不可预知的变动和风险。

在汽车行业，集成与模块化被体现得淋漓尽致。各厂商出于降低成本、提高效率的考量，纷纷推行模块化生产。数以万计的零部件纷纷汇集到工厂，再通过流水线制造出整车的方式，正在被新的生产方式所取代，整车厂将包括发动机、变速箱等在内的各个零部件根据客户的个性化需求像积木一样拼接、组装，从原先流水线的"串联"模式改为了如今模块化的"并联"模式，在同一平台上生产不同型号与尺寸的汽车，用更低的成本和更高的灵活性满足客户的个性化需求，丰富产品种类。

这种模块化的普及，带来了汽车行业现有商业模式的转变。模块化提高了各部件价格的透明度，整车厂的进入门槛逐渐降低，并且随着行业的成熟，整车厂的利润空间将愈发收窄，企业更需要用服务来吸引和留住客户。这使得未来的整车厂将不再局限于汽车制造商的身份，而是会不断拓展服务范围，逐渐转变为汽车制造商与出行服务提供商的组合体。德国两大汽车厂商宝马和戴姆勒就联合组建了一家公司，向客户提供包括共享出行在内的解决方案，将业务从仅仅出售旗下的汽车，扩展到包括汽车分时租赁在内的共享汽车服务。

这种汽车行业业务触角的延伸，给新进入者提供了更为广阔的发展空间。对于特斯拉而言，公司的竞争对象从来不是传统车企，主营产品也从来不局限于汽车。事实上，自成立以来，特斯拉的定位就一直很明确：给用户提供全新的乘坐方案和体验。

大势所趋的电动化

特斯拉所给出的全新乘坐方案和体验的确足够"新"：从传统的内燃机车，直接升级成了纯电动的新能源汽车。

在数字化时代，无论是出于节能环保和寻找不可再生的石油的替代品的角度来看，还是出于追随科技浪潮、提供智能化驾驶体验的角度来看，在政策扶持和技术进步的双重驱动下，传统的内燃机时代正逐渐成为过去，汽车电动化是未来的大势所趋。

盖世汽车研究院的数据显示，2017～2022年全球汽车电子市场规模将以6.7%的复合增速持续增长。电动汽车的普及能有效降低碳排放量，缓解全球温室效应，已经得到了各国政府的政策扶持，英国、德国、法国等纷纷推出禁售燃油车时间表，中国对新能源汽车也出台了相应的补贴措施，且《中国传统燃油车退出时间表研究》报告指出，中国有望于2050年以前实现传统燃油车的全面退出。⊖

另外，较之于传统的内燃机驱动汽车，电动汽车的结构更加简单明了，这使汽车电动化进一步促进了汽车控制系统向智能化进军。电动化对于智能化的促进，不但包括传统汽车对于电子控制技术的普及和应用，或车载电子设备之间的数据共享和协调，而且包括融合车联网、智能驾驶、传感器等新兴技术的系统智能化，而这一系列令人热血澎湃的"将高科技化为现实"的发展前景，给包括特斯拉在内的新兴车企带来了新的机遇。

⊖ 盖世汽车. 2018年中国汽车电子行业白皮书[EB/OL]. http://www.199it.com/archives/745315.html.

逃离"创新者窘境"

此外,特斯拉之所以有底气提供这份焕然一新的乘车方案和体验,正是由于它是汽车行业的新进入者。

较之于传统车企,新兴车企往往更能够拥抱变革。在《创新者的窘境》一书中,克里斯坦森将创新分成延续性创新和破坏性创新。延续性创新是指延续了行业对产品性能改善能力的技术创新,例如随着时代的更替,传统汽车的引擎设备不断发展,优秀的大企业往往有能力在此方面保持领先地位,但在破坏性创新方面,大企业却容易错过。

电动汽车对传统汽车的取代就属于破坏性创新,这种另辟蹊径的技术模式在出现初期,往往难以被主流客户群或中高端客户群接受,从而导致拥有稳固客户群基础和利润来源的大企业缺乏动力去探索。即使时至今日,大多数车企对于电动汽车领域的尝试依然试图在愿意接受新能源汽车的客户群与坚守传统燃油汽车的客户群之间两边讨好,以取得最大限度的平衡。

当传统车企还身陷创新者的窘境之中,半试探性地向电动汽车伸出橄榄枝时,作为在汽车行业毫无根基的新进入者,特斯拉已经大张旗鼓地举起科技体验的旗帜,它推出的第二款车型 Model S 早在 2012 年第二季度交付后,就进入了大规模量产,在纯电动汽车领域一路疾驰。

以"六脉神剑"应对行业变化

对于一个行业的新进入者而言,拥有了入行的"敲门砖",打破曾经牢不可破的行业壁垒,只是特斯拉在商业路上迈出的第一步。如何利用数字化时代对行业发展趋势带来的影响,在瞬息万变的市场中占据一席之地,甚至实现对传统企业的弯道超车,才是特斯拉在漫漫商业路上真正的考验所在。

科技浪潮之下,当汽车行业的模块化不断提升颗粒度时,特斯拉抓住传统汽车向电动汽车逐步转型的契机,快速发展。截至 2020 年 5 月底,特斯拉市值超过 1500 亿美元,在近一年的时间内市值暴涨近 3 倍,直逼老牌车企丰田的 1634 亿美元市值。

而这一切,都要归功于特斯拉前瞻性的战略举措——它为自己铸造的在数字化时代成功突围的"六脉神剑"。特斯拉的六脉神剑,可以简单地归纳为"借势、颠覆、开放、联结、打造、迭代"这六个策略。这六个策略,正好可以应对我们提出的行业三大变化(见图 5-6)。汽车行业自亨利·福特时代以来百余年的产业壁垒,被特斯拉用数字技术打破了。

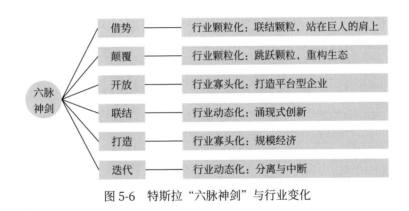

图 5-6 特斯拉"六脉神剑"与行业变化

借势:联结颗粒,站在巨人的肩上

不得不承认,特斯拉进入汽车行业的时机选得很好。

如果特斯拉早进入汽车行业 50 年,那么其要思考的课题,就不是如何在数字化时代给用户提供全新的乘坐方案和体验,而是如何效仿福特汽车大名鼎鼎的流水线,提高生产效率。但特斯拉创建于 21 世纪伊始,此时,随着汽车工业全球化浪潮的推进,模块化作为新的生产方式已在各国得到了普及。

汽车零部件的模块化能让多个小零件整合成模块,有助于整车厂逐步降低零部件自制与研发的比重。事实上,早在 1916 年,汽车行业就开始了对模块化的研究,但是直到 20 世纪 90 年代模块化才开始得到大规模应用。大众汽车从 1996 年开始建模块化工厂,奥迪、柯斯达等汽车都相继推行了模块化生产，菲亚特旗下的小型车朋多的模块化组件也占到了整车的 70%。

因此在 2003 年 7 月特斯拉成立之时，汽车行业的高度模块化让特斯拉有了"站在巨人肩膀上"的资本。模块化给整车厂提供了成熟、完备的零部件。特斯拉的电池合作伙伴包括松下与宁德时代，很多汽车零配件来自博世，这在减轻特斯拉生产制造零部件压力的同时，也使它有更多的时间可以聚焦于提供整套出行解决方案。

欧洲工商管理学院（INSEAD）战略学助理教授 Nathan Furr 表示，事实上，消费者的终极需求不是产品，而是产品背后的解决方案。大多数汽车厂商只提供产品，但特斯拉试图提供完整的服务体验：从汽车、软硬件升级、充电到保险。大多数特斯拉车主都对其汽车赞不绝口，因为它不仅是一款好车，还是一个出色的解决方案。

在数字化时代，当汽车行业拥有很多成熟的模块化厂商后，整车厂不再需要自己造车。作为行业的新进入者，特斯拉充分利用了汽车行业所积淀的优势，站在巨人的肩膀上向上攀登。

颠覆：跳跃颗粒，重构生态

传统的汽车经销模式以 4S 店为核心，4S 指整车销售（Sale）、零配件（Sparepart）、售后服务（Service）、信息反馈（Survey），代表了从整车销售到信息反馈四位一体的服务模式。

在传统的经销渠道中，整车厂在将新车提供给 4S 店或经销商后，除了大规模的品牌广告宣传之外，基本不会投入更多的销售资源，也不会参与单辆车的销售与售后服务。只有当某辆车因质量问题需要返厂时，整车厂才会与已销售的单辆车再次发生接触。

由于"消费者 -4S 店 - 整车厂"之间的信息传递是以 4S 店为主导，由此造成的信息不对称给道德风险提供了滋生的空间。用户并不清楚 4S 店的销售底价，并且在购车时，往往会一不留神就被舌灿莲花的销售人员所蛊惑，购买了很多原本并不需要的配套服务，或是各类非强制且根本没有必要的车险，造成了不好的购车体验。

特斯拉另辟蹊径，采用直营模式，彻底抛开了传统的汽车经销渠道。特斯拉 CEO 埃隆·马斯克对此表示："特斯拉采用直营模式，是要确保所有的客户从开始到最后都有全链条的最佳体验。投资人希望特斯拉在中国的售价定高一点，因为很多汽车厂商都这么干，但我认为不能欺骗消费者。"

特斯拉直营销售的步骤为：车型了解、意向购买→门店体验、预约试驾→官网预订、支付定金→工厂接单、定制生产→支付尾款、车辆交付。"线上销售 + 线下体验和服务"的模式让作为汽车厂商的特斯拉可以直接与消费者接触，没有经销商在其中赚取利润差价，也正是因此，特斯拉 Model S 85 在国内刚上市时，大家普遍预测它的售价至少在 150 万元以上，但最终的官方实际售价为 73.4 万元，还不到预测售价的一半，让所有人大吃一惊。

特斯拉的直营模式充分展现了数字化时代的科技感与体验感。当客户踏入直营店时，销售人员不会像在传统营销环境下那样一味推销新款车型，而是会专注于给顾客提供驾驶体验和整套的解决方案，即使客户暂时没有购买意向，也能够在直营店里获得试驾的机会。并且，特斯拉不仅能够实现网上预约下单，而且售后服务也可以通过互联网来提供，当车主遇到困难却又抽不出时间去实体服务中心时，可以向特斯拉在云端的虚拟服务中心求助。特斯拉将数字化时代的线上互联互通发挥到了极致。

开放：打造平台型企业

不同于传统认知中的运用各种策略保护核心专利，特斯拉选择了一条与众不同的路径——开放专利。埃隆·马斯克曾发表过一篇题为《我们所有的专利属于你》的文章，他在文章中写道："我们本着开源运动的精神，开放了我们的专利，目的是推动电动汽车技术的进步。""任何人如果出于善意想要使用特斯拉的技术，特斯拉将不会对其发起专利侵权诉讼。"

在汽车行业实行对专利的广泛开放，特斯拉算得上"第一个吃螃蟹的人"。在这个大胆举措的背后，是数字化时代的利他与赋能。

　　随着社会分工的深入以及模块化程度的提高，分工后的合作变得更为重要。利他能最大程度激发专业分工与合作的效率，对特斯拉而言，开放专利并不代表着主动在电动汽车行业引入竞争者分一杯羹，相反，对于仍在成长中的电动汽车行业而言，最重要的不是草木皆兵，担心有潜在竞争者突袭，而是想方设法扩大行业规模，让更多的消费者接触到电动汽车。特斯拉通过共享与开放专利，能够更好地取长补短，加速行业的发展和壮大，打造电动汽车行业的生态联盟。

　　此外，在数字化时代，企业的创新离不开赋能。特斯拉对专利的开放实现了两方面的赋能。一方面，通过开放专利，特斯拉实现了对人才的赋能。大量精英科学家被特斯拉开放专利的胸怀所吸引，想要与这些专利背后的精英人才一争高下，从而促进了电动汽车行业的蓬勃发展。另一方面，特斯拉的专利开放对整个电动汽车行业生态圈实现了赋能，马斯克发表文章后不到一周，他就与宝马的高管进行会面，讨论潜在的合作方式，其中之一就是在超级充电站上的合作。

　　麦肯锡公司的咨询专家乔尔·布利克和戴维·厄恩斯特在《协作型竞争》一书中表示："对多数全球性企业来说，完全损人利己的竞争时代已经结束。驱动公司与同行业其他公司竞争，驱动供应商之间、经销商之间在业务各方面不断竞争的传统力量，已不可能再确保赢家在这场达尔文式游戏中拥有最低成本、最高利润、最佳产品或服务。"也正是因此，有选择地与竞争对手分享最新研发成果，有助于形成行业的共生局面，构筑电动汽车行业生态圈并保持旺盛生命力。

联结：涌现式创新

　　曾有分析师表示，Model S 高级媒体控制元件的成本结构很像智能手机或平板电脑，显示器与触摸屏是成本最高的两个子系统，Model S 在这一点上与 iPhone 或 iPad 相同。或许正是出于这个原因，特斯拉又被人们亲切地称为"四个轮子上的 iPad"或"一辆可以移动的 iPad"。

IHS iSuppli 的材料与成本分析资深总监 Andrew Rassweiler 对此评论道:"电子系统的成本结构、在车内使用大屏幕、触摸式控制、移动微芯片,这款设计的所有元素都使得特斯拉更像平板电脑或高端智能手机,而不是传统汽车。看到这些,就好像看到了苹果的 iPad 或三星的 Galaxy 等最新款移动设备中的元件。在用户所面对的 Model S 的电子系统部分,特斯拉已经远离了汽车市场中的常规设计。"

换句话说,较之于特斯拉与传统汽车的相似之处,特斯拉与平板电脑或智能手机的相似之处更多。

特斯拉全球副总裁和大中华区总裁朱晓彤说过,"特斯拉实际上就是一台在路面上奔跑着的移动终端。从外形上看,我们的车里没有各种机械按钮,只有一个大的触摸屏。只要会用手机,你就会开特斯拉。所有的操作,用手指戳一下,就都能完成。而且,我们的很多功能,你都可以通过用手机向汽车下达指令来实现。举个例子,夏天车在外边停了一天,车里很热,你可以在出门之前先用手机指挥车把空调打开,这样当你坐进车里的时候,就很舒适了。"

这种用信息技术替代机械技术,通过一个平板电脑完成传统汽车 90% 以上指令的中控触摸屏设计,让特斯拉能够更好地围绕统一的软件架构进行集成,而不用像传统燃油车那样需要整合不同的软件架构,这使得特斯拉在更新、改良软件时更具效率。

打造:规模经济

作为 2003 年才进入汽车行业的后来者,特斯拉之所以能够一路青云直上,在汽车行业崭露头角,还要归功于其对"超级工厂"的打造。

为了提高生产力和生产效率,亚当·斯密曾在《国富论》中阐述了关于劳动分工的观点,指出劳动分工可以提高效率,让劳动者从事某项专门工作,有助于其提高技术熟练程度,并节约劳动时间。

应用分工理论,能大幅提升劳动效率,但区别于传统流水线上的劳动力分工(让每个流水线上的工人熟悉自己负责的螺丝钉和零部件的结合方法，以此提升效率和产量)，在数字化时代，特斯拉的劳动分工不仅纳入了具有血肉之躯的操作工人，还纳入了高科技机器人。

即使再熟练的工人也有可能犯错，而机械手臂能够做到 100% 的准确。因此，特斯拉在整车装配过程中，最大限度地使用了高科技机械手臂，而在整个流转过程中，几乎全部工作都由机械来完成。

特斯拉的"超级工厂"被认为是世界上最先进的工厂之一。在上海超级工厂的某大型厂房中，特斯拉可以完成冲压、焊接、涂装、装配等四大工序。在该厂房的大部分操作区域，工人都不会出现，只有在车身零部件装配和试车阶段，工人才会参与部分辅助性工作。

随着人均工资水平的不断提升，企业所要负担的薪金成本也不断上升，工业自动化能够有效地帮助企业降低成本，并且能解放更多的劳动力，让他们从事创造性的工作。较之于雇用大量的流水线工人，特斯拉可以用这一部分成本雇用尖端的科技精英和特立独行的设计师，让他们对车身的线条进行优化，或者进行自动驾驶的研究。

迭代：分离与中端

硅谷知名企业家埃里克·莱斯在《精益创业》中提到了快速迭代的重要性，他说，快速迭代是根据客户的反馈意见以最快的速度进行调整，并使之融合到新的版本中。在互联网时代，速度比质量更重要。客户需求会迅速发生变化，企业不需要一次性满足客户的需求，可以通过一次又一次的迭代来不断完善产品的功能。

在迭代方面，特斯拉可谓个中好手。一位曾就职于特斯拉的软件工程师在被问及特斯拉的最主要特征时，他直言不讳道："通过软件不断重塑，是特斯拉的主要特征。"

这一切要归功于特斯拉引以为傲的软件开发能力。分布在全球各地的 50 万辆特斯拉就像巨大的神经网络，持续搜集用户在驾驶过程中的数据，并每隔 14 天为用户提供具有改进特性的新驾驶体验。

此外，特斯拉还会定期发布新版软件，满足人们各方面的需求。例如特斯拉最新发布的 V10 系统，着重改善的是用户的娱乐体验，用户可以在车内开启影院模式，播放主流流媒体格式的最新电影，也可以开启卡拉 OK 功能，让车辆不仅是代步工具，而且是小型娱乐设备。

通过软件迭代，特斯拉不仅改善了用户的休闲娱乐体验，还增强了车辆的性能。特斯拉 Model S 的第 1 版从 0km/h 提速到 60km/h 需要 3.2 秒，但用户通过互联网远程更新软件后，可以将时间缩短至 3.1 秒。

在《精益创业》中，埃里克·莱斯提出了"小步快跑，快速迭代"的互联网时代创业法则。特斯拉软件从 1.0 到 2.0 的更新发布，就属于小步快跑式迭代，但对特斯拉而言，这种充分发挥数字化特性的快速迭代，还有更深层的意义。

智能产品都有一个特点，其售后服务不仅包括了传统的遇到故障后返厂检修，或前往指定保修点检修，还包括了即使硬件产品完好无损，但企业依然不定期进行软件更新，让消费者获得更好的使用体验。

不过，对于汽车行业而言，"更新"这个词，曾经在很长的一段时间内离用户相当遥远，因为传统汽车在出厂后，除非少数发烧友对其进行改装，否则很难再有更多的变化。较之于传统内燃机汽车，特斯拉的汽车更像智能手机或平板电脑，它充分发挥了智能产品的特性，让用户在购买后还能享受持续的软件更新。

特斯拉用快速迭代的软件引领了汽车行业新的售后模式的发展，让人们印象中传统的属于线下大件商品的汽车，通过互联网成功实现了线上"刷机更新"，用小步快跑的迭代方式不断巩固自己作为新兴车企的优势地位。

大众前 CEO 赫伯特·迪斯曾表示："在未来汽车行业的竞争中，车载软件将占汽车创新的 90%。而特斯拉在电动汽车领域超前的软件系统，已经对大众构成了威胁。"较之于其他正在努力实现数字化联结的同行，特斯拉显然已经走在了前列，将传统车企正在努力靠近的未来，变成了手中紧握的现实。

从站在巨人的肩膀上乘模块化之东风而起到颠覆原有的 4S 销售模

式大力发展直销,从免费开放核心专利到将机械按钮集中于中控触摸屏,从打造智能化超级工厂到快速迭代软件程序,特斯拉将数字化企业的特性发挥得淋漓尽致,成为新兴企业突破传统堡垒的典范。

特斯拉的案例说明,越是成熟的行业,其专业化和模块化程度越高,数字化带来的发展机会越大。企业应当思考如何通过数字化重塑战略,建立新的竞争优势。

| 核心总结 |

1. 数字化背景下产业重构的第一个特征是行业颗粒化。数字技术实现了信息在产业链上的穿透,打破了行业边界,瓦解了传统的线性价值链,价值链被切分得越来越细,传统的线性价值链逐渐演变为网络化价值链,企业的竞争优势不再依靠传统的行业整合能力来获得,而是要通过将自身能力颗粒化并以更为灵活的方式实现差异化来获得。

2. 数字化背景下产业重构的第二个特征是行业动态化。行业动态化导致了涌现、分离和中断。

3. 数字化背景下产业重构的第三个特征是行业寡头化。行业寡头化的驱动力是规模和范围经济、认知的聚集、数据的黑洞效用以及互联网企业的网络效应。

4. 在行业颗粒化、动态化和寡头化的趋势下,行业的板块将重新组合,沉淀为新的格局。这个新的行业,未来将会围绕用户任务出现寡头型的行业生态。

5. 寡头型行业的四类参与者包括生态构建者、流量来源者、专业经营者和核心模块者。

6. 围绕着用户任务的分解或融合,行业的边界会向两个方向演进:一是用户任务的分解会使行业的不确定性增加,进而产生新的行业;二是用户任务的融合会导致跨行业的竞争出现,进而产生行业融合。

7. 企业可以"借势、颠覆、开放、联结、打造、迭代"这六个策略,来应对行业的三大变化。

第三篇

战　略　篇

第 6 章
Chapter 6

智情企业：竞争战略

智情企业打造竞争力需要从能力输出、数字连接、场景部署和动态反馈这四个要素入手，这四个要素构成了本章要介绍的 ABCD 模型。通过 ABCD 模型，企业可以实现"智情"共生。

数字化竞争力的 ABCD 模型

在数字化时代，行业出现了颗粒化、动态化和寡头化的深度变革，技术进步带来了产品模块化的趋势，产业传统的利润分配方式发生了改变，用户的逻辑也在改变。在这样的大背景下，数字化时代的竞争也在发生深刻的变革，我们在此提出数字化竞争的新模式——ABCD 模型（Ability-Byte-Context-Dynamic），该模型包括以下四个要素：

（1）Ability——能力输出；

（2）Byte——数字连接；

（3）Context——场景部署；

（4）Dynamic——动态反馈。

要理解 ABCD 模型，首先要清楚传统竞争与数字化竞争存在哪些差异（见表 6-1）。

表 6-1 传统竞争与数字化竞争的差异

	传统竞争	数字化竞争
范围	产品边界	能力边界
路径	核心竞争力 分析规划型 分析→规划→实施	动态竞争力 反应塑造型 感知→行动→反馈
壁垒	规模经济 范围经济	数字智能 协同效应
定位	产品定位 基于行业	场景部署 围绕用户
竞争目的	零和	竞合

从竞争范围来看，传统竞争以企业的产品为边界，具备同样功能的产品展开针锋相对的竞争。如百事可乐与可口可乐的竞争、福特汽车与通用汽车的竞争都是基于产品的竞争，不会延伸到其他领域。而进入数字化时代以后，数字技术打破了产品和业务的边界，这使得企业的业务不再仅仅基于产品，同时基于能力的输出。如亚马逊最早从在线图书销售起家，随着其图书业务积累了强大的电子商务系统、推荐系统和物流网络，亚马逊的业务逐渐延展到百货销售，如今又延展到云计算。亚马逊的竞争对手逐渐从线下书店变为沃尔玛等百货厂商，而到了云计算领域，又变为微软、谷歌等软件厂商。

从竞争路径来看，传统竞争注重企业的核心竞争力，企业竞争战略偏重于静态的分析规划，通常的步骤是从分析到规划再到实施。企业一般采用 PEST、SWOT 以及波特的五力竞争模型等分析工具，来识别自身的核心竞争力，发现行业机遇，进而组织战略实施。而在数字化时代，移动互联网、智能终端、物联网等技术，使企业可以即时获取市场信息，在这种情况下，就要求企业具备动态竞争力，企业的战略设计从分析规划，转变为反应塑造。企业应首先运用数字技术获得信息感知，然后快速展开行动，通过行动取得的反馈再迭代修正，持续进行改善。

在数字化时代，企业的竞争壁垒也发生了改变。在传统时代，企业的竞争壁垒主要是有形的资源，如原材料、机器厂房等，也包括无形资产，如知识产权、专利技术等。此时企业建立竞争壁垒的主要手段是规模经济和范围经济。如石油公司，其竞争壁垒往往是建立在对石油开采资源的垄断之上。而在数字化时代，资源的重要性在下降，数字智能的重要性在提升。由于移动互联网、智能终端等产品的出现，企业在信息获取的维度上得到了极大的丰富，尤其是智能手机定位带来的基于位置服务（Location Based Services，LBS），使得数据的时间价值大大提高，这要求企业能够快速、智能地处理信息。此外企业通过协同效应、网络效应可以创造自成一体的产业生态，进一步提高了竞争壁垒。

在数字化时代，企业的定位也在发生质的变化。在传统竞争模式下，企业关注的是行业定位，其中比较经典的理论是波特的竞争战略理论，即企业通过分析供应商、用户、潜在进入者、替代品以及行业内竞争对手等五种竞争力的变化，来判断行业是否有利可图。但是，在数字化时代，由于企业的竞争范围从产品边界转变为能力边界，企业面对的不再是静态的产品市场，而是围绕用户任务提供相应的产品或服务。如宝马在传统的汽车生产之外，推出了DriveNow汽车共享服务，以多样化的服务，满足用户的出行需求。

最后，在数字化时代，企业的竞争目的也在发生变化。在过去，竞争的目的一般是零和博弈，即胜利一方获取的收益，一定是失败一方的损失。这是因为基于产品的竞争边界、基于行业的竞争定位造成了市场总量是固定的，一方的获胜必然以另一方的失败为代价。如可口可乐要提升其产品的市场占有率，就必须从百事可乐那里争夺市场。而在数字化时代，由于企业围绕用户任务提供服务，竞合关系开始取代零和竞争成为主流,根据用户需求和企业能力,既有竞争又有合作的局面,将成为企业普遍面临的状态。

能力输出:核心能力构建

未来的企业将不仅是输出产品和服务的企业,而且是输出能力的企业。企业的边界不再是静态的产品,而是动态的能力。企业竞争的核心,就是把核心能力通过数字化的连接投射到多场景部署的动态过程。

由于竞争是一个动态的过程,所以控制核心能力强调的是企业在动态的过程中对核心能力或资源的控制。控制核心能力使企业能够以动态视角始终聚焦战略重点,长期保持竞争优势。在此,我们提供了一个评估框架,企业可以从该框架所包含的四个维度(见表6-2)展开评估。只有当企业的能力满足以下四个维度的标准时,企业才真正具备核心竞争力。

表 6-2 企业构建核心能力的四个维度

维度	内容解释	举例
用户价值	● 企业的核心能力必须能够为用户创造新增价值	谷歌搜索、苹果 iOS 系统、迪士尼的各类 IP
利润迁徙	● 企业应对技术发展趋势有深刻的洞察,准确识别当前价值链的利润中心在哪个环节 ● 根据未来利润迁徙的方向展开布局(聚宝盆效应)	微软从软件开发向云计算布局
竞争壁垒	● 企业的核心能力应能够形成较高的竞争壁垒,能阻止竞争者进入 ● 常见的壁垒包括规模经济、专利技术、资产专用性、网络效应、特许经营、沉没成本、退出成本等	Facebook 庞大的用户网络、特斯拉电动车的专利技术、英特尔芯片工厂的投资壁垒
延展能力	● 企业的核心能力应能延展到企业其他的应用领域和市场人群	谷歌从搜索延展到邮件、协作办公,微信从社交延展到资讯、电商和支付

第一个维度是用户价值,强调企业的核心能力必须能够为用户创造新增价值。经济学中最基础的原理是"需求决定供给",而满足用户的需求,就是为用户创造新增价值,这是一切商业思维的起点。企业为用户

创造的价值应该是差异化的，例如谷歌搜索，在用户从海量网页中快速找到所需信息方面创造了价值。

第二个维度是利润迁徙，强调企业的核心能力必须符合利润迁徙的需要。这要求企业对技术发展的趋势有深刻的洞察，能够准确识别出当前价值链的利润中心在哪个环节，并做出相应的部署。微软布局云计算业务就是一个很好的案例。随着网络普及度的不断提高，以及带宽的快速提升，计算机、移动终端的本地处理信息的能力虽然仍然重要，但已不是行业的利润中心。企业和个人智能终端的应用中心都在向网络端迁移，而云计算是网络服务的基础。微软的适用于云计算的 Azure 等基础平台，为大量企业提供了基于云端的各项 IT 服务。目前云计算已成为微软成长最快的业务。

第三个维度是竞争壁垒，强调企业的核心能力应能够形成较高的竞争壁垒。在完全竞争市场，每一个企业都是价格的接受者。因此，要拥有定价权，企业必须能够在一定程度上"垄断"市场，这就要求企业建立竞争壁垒，阻止其他竞争者进入。常见的竞争壁垒包括规模经济、专利技术、资产专用性、网络效应等。Facebook 与谷歌、微软等企业相比，其产品看似技术含量不高，但为何 Facebook 拥有庞大的市值和强大的利润创造能力？这是因为 Facebook 构建了庞大的社交网络，Facebook 月活用户超 20 亿人，覆盖了全球约 1/3 的人口。如此庞大的网络效应，对后来者而言几乎是无法跨越的鸿沟。

最后一个维度是延展能力，强调企业能够将核心能力延展到其他领域。数字化时代有两个特点，一是基于软件程序的信息产品，在一定程度上可以在代码层实现复用和快速移植；二是硬件具有可编程性，通过软件升级就可以扩展硬件功能或提高性能。这两大特点使得企业的核心技术可以实现跨领域的延展。如谷歌的搜索引擎技术，就可以同样运用在邮件系统的搜索中，从而帮助谷歌开发出能够高效管理邮件的 Gmail 邮件系统。

我们以字节跳动为例，来看看它是如何进行能力输出的。

2020年3月，字节跳动创始人张一鸣宣布"组织升级"，公司任命张利东和张楠分别为字节跳动中国董事长和CEO，整体负责字节跳动中国业务的发展。作为字节跳动全球CEO，创始人张一鸣将会把更多的时间和精力花在欧美和其他市场上，和海外本土高管一起完善全球管理团队。同年6月，字节跳动任命凯文·梅耶尔为字节跳动首席运营官（COO）兼TikTok全球首席执行官。

创业八年来，这家公司的估值已达到1000多亿美元，员工人数达到6万人，并计划在年内达到10万人。字节跳动"买船出海"，先后收购了总部位于美国的短视频平台Flipagram，以及一款极受美国青年欢迎的全球视频社区和移动应用程序Musical.ly，并将其并入TikTok。因其强劲的发展势头，字节跳动在海外已被Facebook视为主要竞争对手。字节跳动的快速发展映射的是数字化时代竞争的新范式。

超级App工厂——字节跳动

字节跳动没有按业务线划分的事业部，只有三个核心职能部门：即技术、用户增长和商业化，分别负责留存、拉新和变现。这三个核心职能部门会参与每个App的设计、开发、运营和推广。

能力聚焦：聚焦推荐算法

在今日头条出现之前，也有很多做资讯聚合的网站或应用。如谷歌、百度、微博等都有类似于今日热点新闻的功能。但只有今日头条将资讯做成了独角兽，其中一个重要的原因是，今日头条选择了一条与其他资讯聚合应用不同的技术路线：聚焦推荐算法。

一般的信息聚合软件，会专注于聚合尽可能多的信息，而字节跳动认为，如今随着信息的爆炸式增长，用户面对的一个痛点是信息过载，而不是信息不够。如何在海量信息中找到自己感兴趣的内容，是令很多用户感到苦恼的事。因此字节跳动选择了研发一套强大的推荐算法，为用户在海量信息中打造了一个极度贴合用户兴趣的个性化阅读环境。

2011 年，张一鸣创办了字节跳动。2018 年，这家公司的营业收入达到了 500 亿元，2019 年全年营业收入达到 1400 亿元，较上年增长近 280%。目前，今日头条、抖音等信息流平台的营业收入几乎都来自广告。

负责整个字节跳动的推荐技术基础架构的，是今日头条最初的算法组。字节跳动在 2018 年开启了向基础架构 2.0 的演进，基本特征就是从"跟随业务"向"源于业务而高于业务""源于业务而先于业务"的方向发展。从组织结构上，字节跳动将在线的基础架构与离线的基础架构融合为一个团队。整合后的基础架构提供了横跨离线与在线的存储、计算、研发体系这三大基础设施，成为支撑今日头条、抖音、飞书等所有字节跳动产品线的共同底座。㊀

2016 年，随着产品数量的增加，字节跳动对产品业务逐渐进行"归并"，例如内涵段子的业务被接入今日头条。2017 年初，技术部门根据不同的业务线进行分组。

互动娱乐组目前是字节跳动最大的技术分部，字节跳动当红产品抖音、火山、皮皮虾以及原来的内涵段子都由该组提供技术支持。产品技术组负责今日头条和西瓜视频的技术，西瓜视频在内部被视作今日头条的一个频道，通用技术就可以满足其需求。垂直产品组和产品技术组很像，只是垂直产品组的使命更杂，网盟、与第三方合作等业务都由垂直产品组负责。

用户增长：用到极致的 AB-Test

2017 年，字节跳动用户增长团队只有十几个人，字节跳动所有产品的增长策略都由他们来完善，各个产品线负责外围配合。这个团队需要的是"增长黑客"。这种组织设置，可以利用 AB-Test 尽可能量化一切指标，适合 App 快速迭代。

㊀ 翟文婷. 张一鸣的 App 工厂 [EB/OL]. (2019-01-03). https://blog.csdn.net/csdnnews/article/details/85760136.

截至 2019 年第二季度，抖音月活用户数已超过 4.8 亿人，今日头条、西瓜视频、火山小视频月活用户数也达到 2.6 亿人、1.3 亿人和 1 亿人。字节跳动系 App 用户使用时长全网占比，到 2019 年 9 月已从 2017 年的 3.9% 增长到 12.5%，超过了阿里系和百度系。就中国网络广告市场份额而言，字节跳动已从 2016 年全市场占比的 3%，上升到了 2019 年的 20% 以上。㊀

商业变现：更懂用户的智能定价

营业收入不但与巨大的用户流量相关，而且变现效率也很重要。与微博流量相比，抖音的变现效率是其 4 倍。这种差距一方面取决于广告加载率，另一方面取决于广告单价。一般来说，一个平台的广告技术越成熟，推荐匹配越精准，则广告转化率更高，平台可以收取的广告单价更高。

今日头条在 2016 年便开始尝试智能定价，并持续对智能定价方式进行优化，目前包括今日头条、抖音在内的字节跳动系产品的智能算法定价产品的成熟度处于大幅度领先地位。

产品设计方面，抖音使用单列大屏的模式将广告呈现给用户，使得摄入率、观看率和点击率大大提高。但广告的内容若不是用户感兴趣的，则会伤害用户体验。在处理这个问题时，字节跳动依靠的是其拥有的对用户精准推荐的数据算法能力。同时，字节跳动还为用户和广告客户提供了剪映等视频剪辑工具和巨量创意、即合等短视频创意素材平台，降低了短视频生产门槛。而且，字节跳动还拥有近万人的销售团队。

数字连接：数据网络效应

企业数据，在未来，将成为企业之间竞争的一个核心壁垒，而要了解

㊀ QuestMobile. 短视频 2019 上半年报告：总体月活量达到 8.21 亿 [EB/OL]. (2019-08-08). https://www.sohu.com/a/332400648_223764.

企业数据对于竞争的价值，我们必须从以下四个维度来分析（见图6-1）。

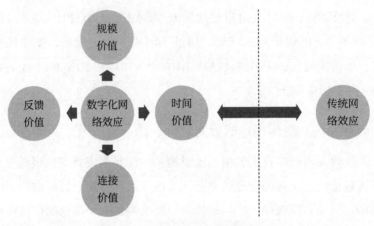

图6-1　数据资源价值的四个维度

第一，数据的规模价值。数据的规模价值体现在数据给企业带来了边际收益递增的效应。根据传统的经济学理论，数据的边际收益是逐步上升的，也就是说随着数据量的增大，企业数据对企业产生的价值会逐步提升。其中经典的例子，就是搜索引擎和无人驾驶。

先看搜索引擎的例子。随着谷歌、百度所掌握的数据量越来越大，它们对于用户行为的理解，也越来越精准。算法的基础是数据，大量的数据提升了算法预测的精确度。企业对用户行为预测的准确率也随之上升。这样又帮助企业吸引了更多的用户，收集到更多的数据。所以在搜索引擎这个案例当中，数据的规模边际收益是上升的。

第二个例子是无人驾驶。对于无人驾驶汽车来说，如果其系统的准确率超过90%，达到91%～92%，就可以为企业带来很高的进入壁垒。准确率每一个百分点的提升，对无人驾驶的安全性都至关重要，因为准确率的反面就是事故率。如果两个无人驾驶系统的事故率分别是1%和0.1%，二者就有十倍的差距。所以，准确率或者说安全性每一个百分点的提升，对无人驾驶企业而言，就是在逐渐提高自己的竞争壁垒。

但是我们要记住，边际收益上升并不适用于所有场景。总的来说，在复杂任务场景下，数据的规模壁垒更高；在简单任务场景下，数据的边际收益实际上并没有这么强。举个简单的例子，比如我们家里的智能家居系统，它的任务场景就相对单一，当它掌握了一定的数据以后，即掌握了不同时间段、不同家庭的基本使用场景以后，新增加的数据对企业的边际收益，并没有太大影响。所以在这个场景下，数据规模作为壁垒的作用就比较有限了。

因此，我们判断数据的规模壁垒，要看数据的应用场景是复杂任务场景，还是简单任务场景。

第二，数据的时间价值。这里有一个非常重要的概念，就是所谓的数据的贬值率。我们都知道，在绝大多数场景下，时间越近的数据对预测准确性的影响越大，这就是我们常说的"近期效应"。我们要注意，在不同的任务场景下，数据的贬值率是不一样的。总的来说，在一个相对比较稳定的环境下，数据的贬值率相对较低，而在一个高度变化的场景下，数据的贬值率自然相对较高。例如在快速消费品行业，用户的购买行为相对来说是比较稳定的，因此企业在沉淀了大量的数据后就可以比较精准地预测用户未来的行为。可是在如今高度变化的时代，随着新的 App 不断出现，我们使用 App 的行为也在快速变化。在这样的场景下，数据的贬值的速度往往相对更快。

第三，数据的连接价值。它的核心是，当跨越不同用户的数据连接在一起以后，这些数据是否可以帮助我们，针对每一个用户，提升他们的体验。也就是说，来自一个用户的数据，能否有助于我们为其他用户改进产品和服务。例如我们可以设想一种 LBS（基于位置服务）的应用场景。当我们只了解一个用户的定位信息时，这对于我们如何更好地改进商家的选址是没有太大帮助的。但是，当我们可以掌握大量的跨越不同用户的 LBS 数据时，我们就可以掌握整个群体的行为，这样我们的智能选址，在某种程度上就可以提升每一个用户的体验。同样，在农业生产中也是如此。我们设想，如果针对一个大的市场，企业掌握了跨越不同农户的农业种植状况，企业就可以对当地的种植环境、土壤环境有更加准确的了解，这时企业就可以分析出，在特定的气温、水量、土壤环境下，如何优化灌溉、施肥等工作以提升农作物产量，从而提升每一位用户的产品和服务体验。因此，当我们可以跨越不同的用户，掌握多样化的用户信息以后，我们可以更精准地理解用户，做出更为精准的个性化推荐。在数字化时代，一个非常重要的理念是，要了解人与人的连接、人与产品的连接以及产品与产品之间的连接。比如说，当我们知道用户A的购买行为后，我们自然可以判断出和用户A类似的用户B的购买行为大致是什么样的。我们把它称之为"用户的二次数据连接价值"。

第四，数据的反馈价值。也就是，企业通过从用户端获取的数据所产生的洞察，在多大程度上，能够帮助企业改进产品和服务。这里的核心概念是由增量数据带来的学习曲线的上升。也就是说，增量数据和产品改进之间的关系，当它呈抛物线上升、线性上升、指数上升形态时，其价值是不一样的。当然我们最希望的反馈价值是学习曲线呈指数上升形态。就如同前面所说的搜索引擎，它借助增量数据实现了产品改进（学习曲线）的指数上升，而对于智能家居来说，增量数据带来的可能只是产品改进（学习曲线）的线性上升，甚至是抛物线上升（边际收益递减）。

数据四个维度的价值有机地联结起来，所带来的就是数据的网络效应。这和传统意义上的网络效应不一样，传统的网络效应是由双边市场的特点（比如微信的单边网络效应和阿里的双边网络效应）所带来的网络价值的扩大。而数据的网络效应的增强，只有随着数据量的上升，以及企业对产品和服务的理解越来越精准，并更好地获取新的用户、提高用户黏性，才能得以实现。

在数据的网络效应方面，高德地图是一个经典的例子。高德地图通过用户收集的交通数据越多，对路况的预测就越准确。从时间价值来看，高德地图的数据具有极高的时间价值。因为汽车在高速行驶过程中面对的是快速变化的路况，对于车辆的即时位置、道路的拥堵程度等信息，系统都需要做出及时的反应，才能保证车辆安全、正常的行驶。从连接价值来看，高德地图上拥有各类商家和服务设施的信息，并通过导航功能实现了资源的连接。从规模价值来看，接入高德地图的用户越多，高德地图对路况的判断和预测越准确。因为高德地图用以判断道路是否拥挤的数据之一，是其用户的 GPS 定位信息。接入的用户越多，越可以帮助高德地图更准确地确定车辆位置，进而得到更精确的路况信息。最后从反馈价值来看，拥有了准确的路况信息和大量的用户数据后，高德地图就可以运用大数据算法帮助用户优化行车路线，规避拥堵。

从高德地图的例子我们可以看到，这四个维度的价值决定了一个企业的数据能否成为它的核心竞争优势。

现在，有的企业借助模式打造网络效应（比如淘宝的双边网络效应和微信的单边网络效应），有的企业借助数据打造网络效应（如今日头条）。而在未来，只有通过数字连接将模式驱动的网络效应和数据驱动的网络效应叠加在一起，才能构建起双层的防火墙，才能真正构筑起数字化企业的竞争壁垒。

字节跳动：数据连接用户

我们再回到字节跳动的例子。

字节跳动是一家从一开始就建立在数据之上的公司。"2011 年，我观察到一个现象，地铁上读报的人、卖报的人越来越少，在年初还有，到年底几乎就没有了"，张一鸣意识到信息传播介质已经发生了革命性的变化，手机很可能取代纸媒成为信息传播的最主要载体，"个性化推荐的需求一定会增加，于是我创办了今日头条。它是一个基于大数据的推荐引擎，是连接信息和人的工具"。

今日头条作为一款个性化信息推荐引擎产品，离不开数据挖掘、神经网络、自然语言理解、机器学习等人工智能技术。它也是国内最早一款把人工智能结合到移动应用场景上的产品。

2009 年，张一鸣意识到，机器通过大量学习所获得的判断力，可以逼近人在某个领域的判断力。在他看来："算法是一个生命体，算法对特征规律的总结与存储是要不断训练的,而且是因人而异的、动态的,它就像一个自我演化的系统。你在看它,它也在看你。"

字节跳动数字化的本质是,解决了用户触达的宽度和深度的悖论:传统的触达方式是有宽度的没有深度(大众媒体可以触达大量用户,可是个性化不足),有深度的没有宽度(个性化强的自媒体触达面有限)。字节跳动做到了"了解大家,就更了解我;了解我,就更了解大家"(见图6-2)。

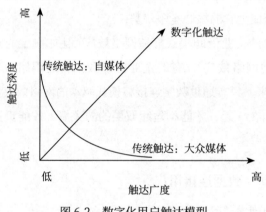

图6-2 数字化用户触达模型

尽可能地掌握用户行为数据,并向用户推荐他感兴趣的信息,其核心就是如何依靠这些数据让用户得到他想要的东西。在此之外,数据也是字节跳动进行各种决策的重要依据。

抖音之所以决定大投入拉新,是因为App的留存数据不错,说明它有比较好的用户黏性。最初,火山小视频(抖音火山版)的数据表现最好,抖音则增长缓慢,其用户数远不及快手。当时,字节跳动的各种资源优先向火山小视频倾斜,但随着技术优化,抖音被证明留存能力最好,于是资源向它倾斜。在字节跳动,资源流动的依据就是数据,并利用AB-test尽可能量化一切指标。

AB-test就是在同一时间维度,分别让组成成分相同或相似的用户群组随机使用一个方案,收集各群组的用户体验数据和业务数据,最后通过显著性检验评出最好的版本并正式采用。

谈到字节跳动的第一款成功产品今日头条,张一鸣曾表示,不会也不需要设立传统意义上的总编辑,他说自己最忌讳价值观先行,他认为不干涉可能是今天他对内容最好的管理。

尽管字节跳动的"价值中立"颇受非议,但这也代表了这家公司的态度,即在公司文化上回避那些高于世俗成功的概念。这家公司的文化鼓励组织成员追求世俗意义上的成功,并用数据说话。

张一鸣甚至说:"我是我,产品是产品。CEO为什么要把自己的喜好加到产品上?CEO的责任是为公司创造效益,为员工提供薪水,为社会提供产品和服务——这是企业的目标,而我做的事要最有利于这个目标。公司的价值观可能不是我的价值观,公司的价值观也不受我的价值观影响,公司的价值观是我理性地根据公司的愿景来定的。"

场景部署:控制核心,连接场景

场景部署的核心是:控制核心,连接场景。

场景部署要考虑以下五个方面。

(1)在不同场景下的用户任务,即用户最根本的需求是什么,他在哪些方面需要被满足,满足这些任务的产品是单一产品还是多产品?

(2)企业要判断满足用户需求的能力是什么,现在具备与否?

(3)场景部署是企业自己提供,还是由外部合作伙伴(比如S2B2C)来提供?

(4)场景化部署能否使企业通过多渠道触达用户,从而进一步强化企业的核心能力(见图6-3)?

(5)场景之间能否创造如迪士尼的影视、音乐、授权衍生品之间的那种互相强化、资源互补的协同关系,我们的企业能否做到?

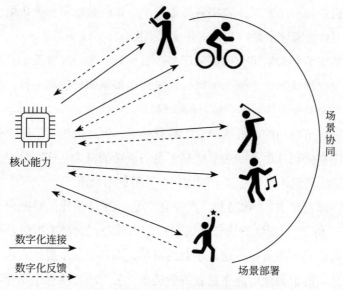

图 6-3 核心能力与场景部署的关系

字节跳动的场景化部署

一个对外业务和对内管理都建立在数据之上的公司的边界是什么?

这也是张一鸣经常思考的问题。"如果用外部视角来衡量组织内部的交易成本",他认为,企业就要做到"context, not control"(提供背景信息,而非控制)。这个理念是受 Netflix 的直接影响形成的,对于字节跳动来说,信息透明、分布式决策和创新非常重要。

理论上,推荐算法加上大数据可以切入绝大多数应用场景,这也是字节跳动让各大互联网公司深怀戒备之处。不过因为字节跳动的娱乐属性,它在一些领域中并未取得想象中的成功,平台化尝试也遭遇了一些挫折。

有人认为,对于目前的大多数科技巨头而言,如果只是生产一个 App "外壳",已经完全能够做到"傻瓜式操作"。基本布局、重点点位、图形化设置等,都有成熟方案可选,然而如何让用户得到他们所需要的东西,才是核心。人与信息的连接,除了人工编辑,落到技术层面就是搜索和算法推荐，后者正是"头条系"产品崛起的内核，其快速试错的成本已经被压缩到最低。

今日头条最初的算法组，后来负责搭建整个字节跳动的推荐技术基础架构。字节跳动在 2018 年开启了向基础架构 2.0 的演进，从"跟随业务"向"源于业务而高于业务""源于业务而先于业务"的方向发展。在组织结构上，字节跳动将分别负责在线的基础架构与离线的基础架构的团队融合为一个团队。整合后的基础架构团队提供了横跨离线与在线的存储、计算、研发体系这三大基础设施，成为支撑今日头条、抖音、飞书等所有字节跳动产品线的共同底座。

在合作流程方面，基础架构团队有相对完善的长期规划、中期目标、短期执行管理机制，同时最大限度地将架构的信息同步给业务方，因为在一个业务急速变化、规模快速壮大的团队中，增强信息同步、减少信息不对称，对于增强互信、推进合作有着非常重要的意义。

字节跳动的前台同时运营十几款 App，但是除了部分项目经理、工程师、运营人员与具体产品绑定之外，大量的研发、数据工作都是由中台负责提供支持。中台机制可以保证公司的技术能力能够最大化地被各个产品使用。因为有中台机制，字节跳动可以把基于个性化推荐的技术能力转化成公司的基础设施，成立单独的团队，去支持不同产品的研发。

今天的字节跳动常被人称为 App 工厂。对于是像微信、美团那样做单个超级 App 还是做产品矩阵，张一鸣与大多数人的思路不一样。

手握今日头条这个明星产品，他做起了"减法"，只要今日头条的一个子频道足够成熟，他就将它分拆出来，以独立 App 的形式运行，懂车帝、西瓜视频、悟空问答都是这样诞生的，几个短视频 App 和 2018 年新推出的值点、对标小红书的新草也是这样诞生的。因为有数据在手，字节跳动快速试错的成本已经被压缩到最低。

产品矩阵会分散流量，彼此争夺资源，这对字节跳动内部的组织形式和管理挑战极大。张一鸣的选择，正是基于连续创新的思考。和交易类产品不同，内容类产品生命周期不长，随时存在被替代的风险。张一鸣的做法是基于破坏性创新理论的一种"自我颠覆",与其被别人颠覆,不如自我颠覆,字节跳动通过持续创造新产品来跨越不连续性创新的鸿沟。

字节跳动在不同场景中的部署也动了其他互联网巨头的"奶酪",今日头条和腾讯很快陷入激烈的竞争之中,字节跳动和百度更是开启了"信息流"之争,它们不但多次提起诉讼,还在主业短兵相接。虽然字节跳动曾通过"抖商"和阿里巴巴合作卖货,不过,字节跳动现在开始以旗下营销服务品牌巨量引擎的名义全面招募生态合伙人,包括三大类型:内容服务商、电商服务商和品牌服务商,这意味着字节跳动跟阿里巴巴进入了"竞合"阶段。

动态反馈:动态能力三维度

仅拥有传统的核心竞争能力,仍然不足以形成长期的竞争优势,尤其是在 VUCA 世界中,它们甚至会阻碍企业为未来做准备,成为核心阻碍力(core rigidity)。例如,亨利·福特提高了 T 型车的制造效率,但由于忽略了不断变化的消费需求,最终失去了竞争优势。福特花了几年的时间设计了 A 型车,但与此同时,通用汽车在美国和全球市场上超越了福特。同样,诺基亚非常擅长制造采用基本操作系统的功能手机,该手机安装了非常小的屏幕,并且其操作系统只能利用互联网的一小部分功能。当 2007 年苹果推出 iPhone 手机时,苹果证明了消费者对融合电话和计算机体验的智能手机有着强烈的需求。在此之后,诺基亚因反应太慢而迅速退出最畅销手机品牌的行列。

动态能力可帮助公司监控其外部环境,以评估自身运营模式的持久性。简而言之,动态能力是现在与未来之间不确定道路上的桥梁。动态能力可以分成以下三个部分。

一是感知变化。动态能力的一个重要特性是先于竞争对手感知市场变化。在动荡的环境中,最重要的是发现变化,并了解变化对竞争的深远影响。在VUCA世界中,一个组织要想增强自身的感知能力,就需要具备强大的外围视野。这意味着组织需要具备注意到初始变化的能力,能够"四处寻找"初始变化。在人的眼睛中,视杆细胞(用于周边视觉)比视锥细胞(用于中央视觉)多10倍。但是,在组织中,情况却恰恰相反——员工通常只专注于自己的工作,而不清楚谁该负责观测环境变化。这会使企业错失市场机会。因此,及时感知变化,也就是敏捷的"敏",是动态能力的第一大支柱。

二是抓住机遇。在业务环境出现意外时,及时地感知到机会和威胁是必要的,但这不足以确保公司的成功。公司还必须通过成功地创新和实施利用外部变化的新系统,及时抓住机遇。因此,动态能力的第二大支柱,就是敏捷的"捷"。

三是组织敏捷。在处理VUCA环境时,通常组织不能逐步适应变化。它们可能需要重塑自我,甚至需要重塑它们的生态系统,以充分利用新业务模型的优势。因此,定期进行组织"更新"是动态能力的第三大支柱。

因为动态能力并不与企业特定的业务相关,所以动态能力能够覆盖整个企业,从而形成可持续的竞争优势。具有强大动态能力的公司,可以先于竞争对手感知并抓住机遇。它可以发展新业务,而不必破坏现有业务,尽管在必要时,它必须蚕食其传统收入来源。强大的动态能力甚至可以使公司通过设置标准、影响法规的制定或其他手段,来塑造周围的业务生态系统,从而不断改善运营环境,提高运营效率。

动态能力很难开发和部署,因此一旦成功,竞争对手将难以模仿。动态能力的一部分存在于组织的某些特定过程中,这些过程源于组织独特的历史、文化、经验和解决问题的技术。这种对路径的依赖,将影响公司如何面对未来的机会和威胁。

字节跳动的动态能力:一切基于数据

哪些产品应放弃,哪些产品又应继续投入资源?张一鸣的做法是根据数据来决定。用户增长团队构建了一个强大的数据监测系统，他们会花费巨资购买市面上的数据，尽可能监控所有产品，用来指导研发。抖音 CEO 张楠曾表示，字节跳动之所以涉足短视频，也是看到用户使用短视频的时间在今日头条 App 上越来越长。于是，字节跳动在 2016 年开始进入这个领域。2016 年，张一鸣决定发力短视频，抖音、火山、西瓜视频几乎同时启动。

OKR 是倡导透明、自下向上、对齐的目标管理和沟通工具，同样它还应是一把手工程。字节跳动通过用 OKR 的方式来进行目标对齐和管理，每个管理者在确定自己的 OKR 时往往都会有三个关注点：①自己部门近期的重要业务；②参考张一鸣的 OKR，看如何从自己部门的角度来支持张一鸣；③其他部门的 OKR，看如何从自己部门的角度来支持其他部门。

普通员工在制定 OKR 时也类似：根据自己部门近期的重要业务，并参考其上级领导的 OKR 和其他部门的 OKR，当然，他们也能看到张一鸣的 OKR，也可以从自己部门的视角来思考如何支持张一鸣。

字节跳动刻意淡化组织层级，降低沟通成本。在组织升级之前，字节跳动对内没有 C×O 头衔，由 14 位高管向张一鸣汇报。高管架构为 1-14-106，加上 14 位高管的副手，高管层一共 106 人。这种"球形网状"组织的内部不分层级，要求大家互相称呼姓名，包括称呼张一鸣为"一鸣"。㊀

张一鸣认为，"平等的畅所欲言的氛围非常重要，敬语是形式化的东西，它会有心理暗示……一旦使用敬语，很多想法就不能涌现出来了。大家可能倾向于先听听'权威'有什么意见，自己不先说出来。如果不从这些细节入手，会给人带来层级感，进而影响其他同事发表意见。"

在字节跳动，汇报关系十分灵活也意味着组织结构十分灵活。这家公司拒绝领地意识，能灵活地调整汇报关系，汇报关系只是汇总信息的

㊀ 龚进辉. 字节跳动架构首次曝光：张一鸣领衔 14 大将 106 位高管 [EB/OL]. (2019-04-06). https://xueqiu.com/2109210319/124612532?page=1.

一种方式，只要业务需要就可以随时调整。比如某个项目非常重要，需要市场部所有人都支持这个项目，那么这个项目的主管就是市场部的主管。

字节跳动鼓励群聊和各部门之间充分沟通，不提倡只和CEO沟通，也不提倡一对一沟通，张一鸣认为一对一沟通的效率很低。张一鸣说："如果有新加入的同事或者高管希望和我一对一沟通，我经常会说你可以抄送给我，但你首先要发给其他人，发给需要配合你的人。"

因为人和资源在这家公司会随着项目流动，所以字节跳动的项目管理是柔性的，先抽调少数人员进行"轻孵化"，前期由负责技术的人员主导，中期由负责产品的人员主导，后期则由负责运营的人员主导。

在张一鸣看来，做公司和做产品一样，本质上都是做信息管理，所以信息流动的效率是决定一切效率的基础。每逢双月他都会和大家进行名为"CEO面对面"的沟通，任何人都可以问任何问题。

除了实名制的OKR之外，字节跳动内部还有一款匿名的信息传递工具——类似BBS的"头条圈"。由于匿名，很多信息得以不受阻碍地表达出来。不仅如此，字节跳动还要求每两个星期开展一次对自己公司产品的吐槽大会，这自然会引发对竞品的赞美，这种赞美有助于自家产品的迭代优化。在这家公司的文化中，公开赞美竞品似乎并无不妥。

同时，飞书曾是字节跳动的内部协同工具，如今已被推向市场。它自身带有即时通信（IM）和日历功能，可以将会议群组中的聊天记录，一键导出成为会议纪要；任何一个新加入飞书群组的员工，都可以查看历史聊天记录，全面地了解信息；员工还可以通过订阅其他人的日历来查看各自的日程安排，节省了解信息的时间成本，精确匹配业务。字节跳动还通过鼓励员工进行群聊来实现合作和进行学习。沉淀下来的群聊信息形成了公司自身的信息知识百科，新老员工都可以查阅。

不仅如此，基于一切要有数据支撑和内部信息透明化的文化，这家公司反复强调，要对同事首先做出善意假设，假设同事的所有行为是可信赖的，所以，员工外出用车从来不需事先审批，在对外合作项目上，也不需要特别复杂的内部审批流程。高度授权和鼓励试错保证了效率。

张一鸣曾表示："字节跳动不允许部门随便出规定，如果不得不出规定，我们也希望规定非常简单，不允许有长达几页纸的、非常难执行的规定。要减少审批，甚至希望尽量不审批。"

运用动态能力创造新业务

与传统的静态竞争力不同，动态竞争力可以拓展企业的能力边界，解决企业敏捷和效率的冲突（见图6-4）。企业通过"核心能力＋数字连接＋场景部署＋动态反馈"中不同要素的组合，可以实现多种业务创新。

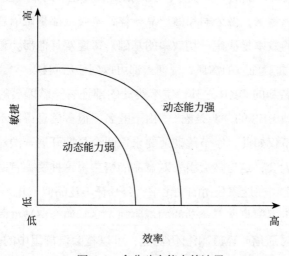

图6-4　企业动态能力的边界

例如，电商直播采用了"用户＋供应链"的组合方式。电商基础设施的模块化，使得一个团队可以不需要自建支付、物流、产品生产等环节，只需要接入一个大型平台，就可以利用产业链中成熟的商品生产厂商、物流厂商、支付厂商提供的服务支撑自己的销售业务，做到"即插即用"。电商平台也对直播电商提供了颗粒化的能力，包括供应链支持、数据分析、内容制作等。在此基础上，电商直播团队，只要专注于用户洞察，掌握用户的心态，为其推荐商品，就可以实现不错的销售业绩。

京东物流采用了"物流＋行业"的组合方式。京东物流最初作为支持京东电商平台的物流业务部门而存在。然而在2016年11月23日，京东集团推出"京东物流"的全新品牌标识，并正式宣布京东物流将以品牌化运营的方式全面对社会开放。京东物流独立后，其目标导向、发展战略、组织架构、业务重心等都发生了巨大变化。目标导向从成本中心向利润中心转变；发展战略从用户体验至上向体验为本、效率制胜、技术驱动转变；组织架构经历了从传统部门组织架构向中台战略的组织架构的转变；业务重心从对内服务向兼顾对外服务转变。

富士胶片则采用了"技术＋行业"的组合方式。在影像技术从胶片向数码过渡时期，百年企业柯达公司宣告破产，而同为胶片时代巨头的富士胶片，却取得了不俗的业绩，在印刷、数码影像、医药品、化妆品和高性能材料等多个领域有着出色的表现。在发展新业务的过程中，富士胶片的宗旨是：在现有技术积累的基础上如何创造新的技术和市场，而不是摆脱胶片业务所积累的技术去追求全新的业务转型。在预见到数码影像技术开始替代胶片技术的时候，富士胶片将战略重点放在自己传统的胶片显像业务的光学技术的优势上，并尝试将其应用到新的产业中，这个新的产业就是需要高端光学技术的医疗设备和材料产业。同时，富士胶片又利用在胶片制造过程中积累的胶原蛋白的提炼和合成技术，延伸到高端化妆品的研发制造上，并在日本市场取得了一定的市场份额。利用这种基于原有的技术积累寻找和培育新行业的方式，富士胶片重塑辉煌。

| 核心总结 |

1. 基于数字化时代的竞争在发生的深刻变化，我们提出新的竞争模式：ABCD 模型（ability-byte-context-dynamic），该模型包括以下四个要素：

（1）Ability——能力输出；

（2）Byte——数字连接；

（3）Context——场景部署；

（4）Dynamic——动态反馈。

2. 核心能力选择的四个维度：①用户价值，②利润迁徙，③竞争壁垒，④延展能力。

3. 数字连接的四个维度：①数据的规模价值，②时间价值，③连接价值，④反馈价值。通过这四个维度的价值整合，企业可以形成数据的网络效应。

4. 场景部署的核心：控制核心，连接场景。

5. 场景部署要考虑五个要素：

（1）在不同场景下的用户任务；

（2）满足用户需求的能力要求；

（3）场景部署的方式（内部提供，还是依靠外部合作伙伴）；

（4）场景化部署能否强化企业的核心能力；

（5）场景之间的协同。

6. 动态反馈的三个能力：①感知变化，②抓住机遇，③组织敏捷。

第 7 章
Chapter 7

智情企业：数字化颠覆

企业的"完美管理"往往是使龙头企业错失市场机遇，招致失败的根源。数字经济，使得企业的成本结构与传统经济时代有很大的不同。在面对行业内的龙头企业时，数字化企业利用其成本优势，通过模仿创新和"农村包围城市"两类战略，有机会在零消费市场和过度消费市场，实现对龙头企业的颠覆。

为什么最好的学校不提供最好的网络教育

发端于重点高校的网络教育

1999年，麻省理工学院的教师在考虑了如何利用互联网追求麻省理工学院的使命——推进知识和教育学生后，在2000年提出开设麻省理工学院开放课程（MIT OpenCourseWare）。开放课程不等同于麻省理工学院的传统教育，麻省理工学院不提供任何学位或证书，也不提供教师的联系方式，同时，网上课程也不同于该课程在学校正式讲授的全部内容。

但这个项目面临一系列的挑战，其最大的阻力并非来自课程的主讲者。由于授课内容涉及许多非主讲者本人拥有的知识产权，在传到网上供所有人免费浏览之前，需要向课程中所涵盖知识的版权所有者们一一确认，并获得对方的使用许可，这是一项极其耗时费力的工作。此外，将教学视频转换成在线学习素材的工作，需要大量经过严格培训的志愿者来完成。

普林斯顿大学校长威廉·G.鲍恩在《数字时代的大学——拆掉常春藤的围墙》一书中指出，开放课程的经验给了我们一个教训：做开放课程这类项目容易，但找钱支撑和维护它的运行很难。捐赠疲劳是一个无法改变的事实，所以需要一些定期的、可预测的收入来源，以保证系统的可持续性。如果在不知道谁将支付不断产生的成本前就贸然宣布免费，就真的非常危险了，因为成本是实实在在无法逃避的。⊖

然而，数字化给低端突破者带来了绝佳的契机。

可汗学院：从零开始，颠覆 K12 传统课堂

可汗学院（Khan Academy）由孟加拉裔美国人萨尔曼·可汗创立，其创立过程是一个无心插柳的故事。当年可汗的小侄女学数学遇到难题，向可汗求助。于是可汗就通过聊天软件、写字板和电话来对她进行远程辅导。为了让小女孩听得明白，可汗讲课时尽量讲得通俗易懂，小女孩一听就明白了。亲朋好友知道后，纷纷请他帮忙辅导小孩，但是可汗实在忙不过来，于是就自己录制教学视频并传到网上，结果一下子吸引了几百万父母、老师和儿童的关注。

⊖ 威廉·G.鲍恩.数字时代的大学——拆掉常春藤的围墙.北京：中信出版社，2014：84.

在《翻转课堂的可汗学院》一书中，可汗对事业的起步历程做了详细的描述："虽然'可汗学院'这个名字看上去会让人觉得规模很大，但一开始，学校的资源极为匮乏。整个学校只有一台电脑，一个价值 20 美元的屏幕录像软件和一块花了 80 美元购置的手写平板。至于那些图形和等式，我都是借助微软的一款免费画图工具完成的，而且经常画得歪歪扭扭。除了视频，我还以每月 50 美元的价格租了一个网络服务器，尝试运行一些收集来的测试软件。学校的教师、工程师团队、后台支持人员以及管理人只有一个人，就是我自己。供学校运转的资金大部分来自我的存款。"⊖

虽然资金捉襟见肘，但毕业于麻省理工学院的高才生可汗有一个坚定的信念：存在的并非合理的。传统的课堂教学模式已无法满足人们不断变化的需求，现代教育模式正处于千载难逢的变革中。他的梦想是创建一个持久的、能够推动改革的、服务于世界的学院，他希望它能延续几百年，帮助人们从根本上思考可行的教育模式。

截至 2012 年年中，可汗学院的规模越来越大，每个月会向 600 多万学生提供教育服务，这一数字比哈佛大学自 1636 年创立至今所培养的学生总数的 10 倍还要多，而且还在以每年 400% 的速度继续增长。教学视频的点击量已经超过 1.4 亿次，学生们通过可汗学院的软件已经完成了近 5 亿次测验。仅可汗个人就发布了 3000 多个教学视频，这些教学视频是完全免费的，不夹带任何商业广告。连比尔·盖茨都说，他的子女有不懂的地方，首选的也是到可汗学院去找答案。

对于可汗来说，不存在任何固有的思维模式，从零开始，尝试不同的方法并观察其有效性是可汗学院颠覆传统教育的底层逻辑。

他们采用的任何一种新的教育方法都以数据为依据，以不断改善学生的教育体验。可汗学院每天都能收集到上百万名学生的反馈数据，正是得益于此，可汗学院才能制定出更多适合个人的教学方案。

⊖ 萨尔曼·可汗. 翻转课堂的可汗学院. 杭州：浙江人民出版社，2014：18.

为了能够最大化地利用时间、最有效地帮助学生填补学习上的漏洞，可汗编写了能自动出数学题的软件。他为软件增加了一个数据库，这样就可以追踪每名学生答对或者答错了多少题、用了多长时间，甚至还能了解他们是在什么时候做的题。通过不断扩大并改善这个反馈系统，可汗学院不仅能知道学生在学什么，还能了解到他们是怎样学的，最终使为每名学生定制教学方案成为可能。

无论创造力能否被教导或者传授，它都确实可以被禁锢和束缚。可汗认为，传统的教育模式并不是为了追求卓越，而是为了减少风险、避免学生的成绩和能力出现意料之外的下降，而这样的做法不可避免地限制了优秀学生的发展。虽然可汗学院从未想过颠覆传统教育，但它却正在引领一场真正的教育革命。

Coursera：生逢其时的独角兽，野心不止于高等教育

Coursera（意为"课程时代"）是一家创办于2012年4月的在线教育公司，创始人是斯坦福大学的两名教授，该公司旨在同世界顶尖大学合作，在线提供免费的网络公开课程。Coursera的首批合作院校为斯坦福大学、密歇根大学、普林斯顿大学和宾夕法尼亚大学。项目成立后，全球共有68万名学生注册了43门课程。2019年4月，Coursera宣布完成1.03亿美元的E轮融资，估值10亿美元，跻身独角兽俱乐部。2019年10月21日，胡润研究院发布《2019胡润全球独角兽榜》，Coursera排名第264位。

Coursera初创时，美国高等教育正面临两大拷问。其一，学费越来越贵，学生负债越来越高。数据显示，从2002年至2012年的十年间，公立四年制高等教育机构的学杂费涨了66%之多。2011年的毕业生中，2/3身负贷款，人均贷款26 600美元。截至2012年末，纽约联邦储备委员会估计高校学生的贷款总额约为9660亿美元。

其二，质疑高等教育究竟值不值这个价的声浪也越来越高。质疑者

们认为，高校并没有将学生培养成有竞争力的求职者，这从数字上能够看出来，2011～2012年高校毕业生失业率约为9.4%，尽管与此同时高中生的失业率要高得多（达31.1%），但一项调查显示，57%的受访美国民众认为高等教育物非所值。

Coursera平台的课程主要分为两类，一类是独立课程，每门课程之间相互独立，构成一个完整的学习体系。另一类是专项课程，是从入门到实践的综合课程，每门专项课程包含多门子课程。用户注册独立课程时，会跳出两个选项，一个是"49美元购买课程"（获得权威认证证书，分享和展示所学的新技能），另一个是"完整课程，没有证书"（这种模式相当于提供增值服务）。目前Coursera平台上的证书已经获得多家平台和公司的认可。专项课程是Coursera平台和知名高校共同开发的从入门到实践的课程。截至目前，Coursera宣布已经与150多所大学合作，用户可以在3200节课程、310门专项课程、14个本科学位和研究生学位的课程中自行选择。

Coursera的迅猛发展，突显了其不止于高等教育市场的野心，就像新任CEO杰夫·马金卡尔达所说的："我们开始意识到，这个系统同时包括了学习者、教育工作者和雇主，而开放课程是这个功能强大的系统的一部分。终身学习已经成为现实，即使工作了，人们也必须能够继续学习。"

数字化颠覆契机：高端企业的完美管理

高端企业折戟于"完美管理"

为什么最好的学校不提供最好的网络教育？回答这个问题之前，我们需要先知道什么是所谓的"完美管理"。

1995年，43岁的克里斯坦森与约瑟夫·鲍尔一起在《哈佛商业评论》上发表论文《破坏性技术：逐浪之道》，文中，克里斯坦森提出了一个让人吃惊的观点：在这个时代，完美管理也不能拯救组织的败亡，甚

至它还是败亡之因。⊖

那些被颠覆的公司的管理层,往往遵循着完美管理的原则:进行细致的市场分析、预测市场需求、了解消费者的意愿等。克里斯坦森发现,现有企业以客户为导向,采取的往往是维持性技术,因为"它们按照主要市场中大多数用户历来重视的那些方面,来改进已定型产品的性能,某一行业中大多数技术的进步都具有维持性的特点"。

然而,随着产品的整体性能越来越强大,逐步超出了主流消费者的需要,于是市场中存在着"过分满足"的消费者,这就为进行破坏性创新的企业从市场底部入侵创造了机会。虽然其产品的主要性能可能差一些,但是便利性、可靠性、价格或其他方面却更有优势。面对入侵者,现有企业因为受现实利益和能力制约,很难掉头,最终被颠覆。

我们以美国汽车业为例,来看一下"完美管理"是如何失败的。

1973年,日本车的数量在美国仅占6.5%,1980年猛增至21.3%,直接导致汽车城底特律失业率飙升,22万人被解雇,老牌巨头克莱斯勒甚至被逼到了破产边缘。

这段美系车企在本土被日系车企打到无力还手的"黑历史"是如何发生的?

我们回到20世纪80年代初,以丰田、本田、日产为代表的日本汽车厂商首先选择进入经济型轿车市场,因为比起豪华车和越野车,经济型轿车的利润率低,进入门槛也相对较低。当时,美国三大汽车厂商在低端车领域都有大量布局,比如福特的金牛星和通用汽车的别克、潘丽尔等。设想一下,如果你是美国三大汽车厂商的CEO之一,看见日本汽车厂商进入经济型轿车市场,此时,在战略上你有两个选择。

第一个选择是,在经济型轿车领域和日本厂商进行全面竞争,打价格战、渠道战、品牌战,推出省油型车型,最终非常有可能和日本厂商在经济型轿车市场拉开差距。而第二个选择是,逐步将资源从经济型轿

⊖ Bower J L, Christensen C M. Disruptive Technology [J]. *Harvard Business Review*, 1995 (1/2).

车市场撤出，集中精力和资源打造豪华车和越野车。

根据克里斯坦森的理论，完美管理的第一原则是企业投资要讲"投资回报率"（ROI）。于是，美国厂商的"明智"选择是逐步撤出经济型轿车市场。但问题是，日本厂商占领经济型市场后并不会停下脚步。因此，从 20 世纪 90 年代起，日本厂商也逐步进入豪华车市场，丰田推出雷克萨斯，日产推出英菲尼迪。现实就是如此吊诡。此时，美国厂商依然有两个选择。

第一个选择是，在豪华车市场和日本厂商全面竞争，第二个选择是，逐步撤出豪华车市场，集中火力做当时利润率最高的车型——SUV、越野车和皮卡。而依据完美管理的第一原则，美国厂商再次选择了后者。

进入 21 世纪后，日本厂商又顺利地从豪华车市场进入 SUV、越野车和皮卡市场，丰田推出陆地巡洋舰等高端 SUV。这时候，美国厂商已无退路。当他们将中低端市场让给日本厂商后，对手凭借在中低端市场的规模优势，以及经过二三十年打造的品牌优势和渠道优势，最终以摧枯拉朽之势，在高端市场也占据了很高的市场份额。

过去 30 年，在每一个时间点上，美国厂商似乎都没有犯错，但正是"投资要讲投资回报率"，这个完美管理的第一原则，让日本厂商"有机可乘"，由低端市场向高端市场逐步突破，完成了对美国厂商的完美逆袭。

重点高校对推广网络教育犹豫不决，归根结底，也是受完美管理原则的影响。

第一，在完美管理的要求下，组织追求 KPI 的实现，如果发展非核心业务，会对核心业务造成影响，削弱核心业务目标的达成，因而会造成组织对新业务的开展缺乏动力。同理，高校的在线教育是非核心业务，在线教育的发展会影响高校核心的学历教育，所以高校也就没有动力大力推广在线教育。

第二，完美管理追求投资回报率，因此完美管理追求组织的新业务从一开始就要进入一个较大的市场，这样才能实现较高的投资回报率。

而对于高校来说，在线教育在初期只是为少部分用户服务，市场较小，因此从投资回报率的角度来看，网络教育对高校来说并不值得进入。

第三，企业家在做决策时，几乎都有风险厌恶的偏好，对于不确定性较高的项目一般都不愿意提供支持。在线教育同样有这个问题，对于高校来说，在线教育的前景并不明朗，因此高校校长不愿意支持在线教育也就不足为奇了。

第四，组织的价值网络会阻碍创新项目的出现。一个组织能够创造出产品，是因为组织把客户需求、员工以及各种资源协调起来，从而创造出产品，组织协调的这个网络就是价值网络。如果新的产品不适合这个价值网络的价值导向，就会受到这个网络中众多利益相关者的反对，从而阻碍产品创新。名校的价值网络是通过较高的选拔门槛、优秀的师资队伍以及严格的教学管理，培养出高质量的毕业生。此时名校是一种稀缺资源，因此考入名校并毕业，是一种获得社会精英身份的标志。然而，如果开展网络教育，没有了选拔门槛，没有了教学管理，名校的价值网络就会遭到破坏，会受到包括校友在内的利益相关者的反对。

因此，尽管所有人都看好并且认定发展网络教育是未来的趋势，但重点高校在网络教育方面，无异于"起了个大早，赶了个晚集"。

数字化颠覆的成本优势和市场策略

数字化的四大成本优势

在数字化时代，数字经济自身的特点，使得企业的成本结构与在传统经济时代有很大的不同。这也使数字化时代的企业在运用低端突破的战略时，具有以下四个方面的成本优势。

首先是产品成本优势。在线教育产品就像乐高玩具，天生具有模块化、可拆分的特点。传统的学位课程体系被拆分成知识模块，供学员自由挑选，降低了一下子投入一大笔支出的心理和经济负担，也满足了学员的个性化需求。

第二，复制成本优势。这一点很容易理解，在数字化时代，理论上，只要有一台电脑、一套录屏软件、一个网络服务器，人人都有机会成为下一个萨尔曼·可汗——将录制好的教学视频发布到互联网上后，引来百万人群围观。在中国学生热衷的二次元社群网站 B 站上，一位叫罗翔的法学院教授正迅速走红，他原本是中国政法大学的老师，进驻 B 站创建《罗翔说刑法》后，他的讲课视频就被众多 UP 主（指 B 站上的内容创作者）陆续剪辑并搬运到了各大平台，频频登上热门推荐位。

第三，触达成本优势。互联网的普及、网速的提高、存储成本的降低和移动设备的日渐高端化，让在线教育的门槛几乎消失了。截至 2018 年底，中国农村网民规模已经达到 2.22 亿人，农村互联网普及率达 38.4%。可汗学院曾以印度市场为例算过一笔账，每名学生每天的成本还不到 2 美分。这一成本是政府肯定能够接受并且有能力负担的，而且从现在开始，科学技术会越来越发达，而成本则会越来越低。

第四，验证成本优势。埃里克·莱斯在《精益创业》一书中提出了最小可视化产品（Minimum Viable Product，MVP）的概念。简单地说，就是指开发团队通过提供最小化可视化产品获取用户反馈，并在这个最小化可视化产品上持续快速迭代，直到产品进入一个相对稳定的阶段。在线教育产品可以充分利用 MVP 原则，在线评价、UGC 和用户口碑可以非常快地解决在线教育机构的信任问题，像可汗学院和 Coursera 这样的机构可以省下一大笔营销费用，迅速建立品牌，占领用户的心智高地，获得指数级增长。

用数字化颠覆两类市场

数字化颠覆的另一个需要解决的问题是，如何选择目标市场。我们建议重点关注以下两类市场。

第一类，零消费市场，又称空白市场。在线教育首先抓住的，是被主流商学院和主流大学所忽视的市场。比如2016年Coursera就上线了企业员工培训业务"Coursera for Business"，为企业定做培训服务，to B业务成了Coursera营业收入中增长最快的部分。

第二类，过度消费市场，又称替代市场。比如，名校商学院的学费动辄几十万元，对绝大多数人来说都是一笔不小的支出，消费者不愿意为超过其需求的服务或功能支付溢价。这时候，如果你能提供成本低的在线学习替代产品（这个市场指的是为现有的学员提供替代选择），即使配套的服务和体验不如商学院那么好，消费者也愿意为之买单。更何况，在线学习还提供了不受时间、地点约束的个性化自由，这对于教育而言无疑是一个巨大的加分项，毕竟，对于不同的个体而言，最合适的学习时间和场景都不同，硬要"一刀切"地规定所有人在同一个时间学习同一门课程，效果未必理想。

低端突破的策略：模仿 + 创新

抓住低端突破的策略核心是平衡好模仿和创新两个要素。

首先，在创新时"第一"并不能确保成功。施乐是第一家鼠标设计公司，也是第一家图形界面电脑公司。但施乐将相关的技术束之高阁，率先把鼠标和图形界面商业化的却是苹果。一项学术研究以美国的80个行业的发展历史为研究对象，从第二次世界大战结束开始，时间跨度是65年。该研究发现，在这80个行业里，市场先行者的失败率是47%，并且只有11%的市场先行者成了领导者，有近90%的行业全部是模仿者后来居上。记住一句话，"先行者一般是被更加优秀的跟随者打败的"，模仿是创新的基础和前提，要站在巨人的肩膀上。

其次，在实践中，我们在平衡模仿和创新时需要回答两个问题：什么地方该模仿，什么地方该创新？彼得·德鲁克认为，一个企业只有两种资源有价值，一种是用户，另一种是技术，或者说是企业开发新产品、新业务、新模式的能力。因此，我们给出一个模仿创新的范式：模仿技术（能力或模式），创新市场（用户体验）。

在模仿创新中的案例，大家耳熟能详的是腾讯的 QQ。QQ 最初的技术是模仿以色列的即时通信软件 ICQ，甚至 QQ 最初的名称 OICQ 都在模仿 ICQ。ICQ 在短暂的辉煌之后，很快被美国在线（AOL）收购，并逐渐停止了更新。在 QQ 最初活跃的时候，它在国内的竞争对手，是大名鼎鼎的微软公司的 MSN。但谈到对中国网民的理解，没有哪家公司会比腾讯更深刻，腾讯采取的是典型的模仿技术、创新市场的模式。MSN 输给 QQ，是因为两个产品的定位完全不一样。MSN 的定位是商务交流，QQ 的定位则是社交，定位差别决定了这两个产品的命运。QQ 当时开发了两个功能。第一个功能是表情包，MSN 认为没有必要，理由是商务交流主要是信息交流，信息交流不需要太多表情包。但从社交的角度来看，社交是情感交流，很多情感通过语言讲不清楚，表情包大大丰富了 QQ 传达信息的内涵。第二个功能是 QQ 将聊天记录存储在腾讯的服务器上。由于 MSN 将聊天记录存储在用户的本地电脑上，因此，使用 MSN 进行商务交流的人员，基本上在办公室里都需要有一台固定的电脑。QQ 的使用环境主要是网吧，而网吧一般不会为 QQ 使用者提供固定的电脑。最终，由定位差别导致的这种体验差别，造成了两个产品命运的天渊之别。

低端突破首先要盯着空白市场和替代市场，然后在抓住边缘市场的时候，要一只手做模仿（模仿先进企业的技术），另一只手抓创新（在用户体验上做创新）。这是选择在一个低端市场从边缘向中心进攻的时候，企业所能找到的最好道路。

模仿创新是帮助企业实现低端突破的有力武器，在互联网产品上，一些国际公司甚至开始借鉴中国厂商的产品，如 YouTube 推出自己的短视频功能，并取名为"Shorts"以同抖音国际版（TikTok）相竞争。在硅谷，"Copy from China"一度成为流行语。

低端突破："农村包围城市"

数字化带来的成本节约和低端市场，只是企业低端突破的第一步。

从低端突破到登堂入室，同样离不开数字化，其中的基本逻辑可以用图 7-1 来概括。

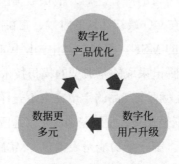

图 7-1 低端突破的数字化增长飞轮

在一家企业凭借一个简单、便利、可支付的产品形态牢牢抓住了中低端市场之后，随着市场规模的扩大，企业对于用户数据的积累越来越多，对于用户的理解也越来越精准，这会帮助企业进一步做好产品和服务的升级，推出更加多元的产品和服务，为进军中高端市场打下基础。

对在线教育来说，十多年用户数据的积累是企业未来竞争最好的砝码，它大大提升了企业在行业中的议价能力。斯坦福大学前校长约翰·汉尼斯曾这样形容教育的数字化趋势："一场海啸即将来临，但我无法准确预测它的发生方式。"由此可见，连斯坦福大学都意识到了在线教育的"威胁"。

相比之下，普林斯顿大学校长威廉·G.鲍恩的表达要直接得多。他相信，在线教育有可能在不影响教学效果的前提下降低成本，为此，"校长和教务长应该直截了当地命令院长和教学人员在保证乃至提高课程质量的前提下，减少资源耗费"。⊖

可汗学院的视频教程刚发布时，曾引来学校教师们的质疑，学生在家看视频学习，还要上学校干什么？但可汗学院用"翻转课堂"的理念

⊖ 威廉·G.鲍恩. 数字时代的大学——拆掉常春藤的围墙 [M]. 北京：中信出版社，2014：87.

成功说服了他们。只有学生在家通过视频自主学习，教师才可以集中宝贵的课堂时间来开展能够解决更多问题的互动活动，这样，学生会对课程内容有更为深入的理解，并培养了创造力。"翻转课堂"使教育者赋予学生更多的自由，促进了学生之间、师生之间的沟通。

一所学校的校长对学生的变化做出了这样的描述："我们认为可汗学院的教学方法从根本上改变了学生的性格，让那些原先对自己的学业漠不关心的学生突然开始为自己承担责任，让曾经懒散懈怠的学生变得刻苦努力。我们相信，学生性格的改变是每个班级乃至每名学生获得惊人成绩的主要原因。"[1]

2015年，Coursera推出首个在线MBA学位项目。到2018年的时候，Coursera已经和8所大学开展了学位项目合作，其中包括宾夕法尼亚大学、密歇根大学、苏黎世理工学院等。可见，低端突破成功的企业，已在一定程度上完成了"登堂入室"。

全球在线教育市场规模预计为46 000亿美元，现有的在线教育企业远未满足这一庞大的需求，企业若想借助数字化向上突破，需要形成"数字化产品优化、数字化用户升级、数据更多元"的循环。在这方面，无论可汗学院还是Coursera，都做出了很好的示范。

我们需要记住的是，数字化颠覆的本质不仅是让好的东西越来越便宜，而且更重要的是先做个便宜的东西，然后让它越来越好。

数字化颠覆的行业条件

尽管数字化低端突破具有很强的颠覆性，但这并非万能的企业战略。要成功实施数字化低端突破，需要企业所在的行业具备以下三个条件。

一是现有的主导产品和服务对于行业中的很多用户来说，价格过高、使用不方便、性能过剩，行业竞争开始逐步从性能的竞争走向便利、成

---

[1] 威廉·G.鲍恩.数字时代的大学——拆掉常春藤的围墙[M].北京：中信出版社，2014：235.

本和市场覆盖的竞争。

二是行业中的主流企业开始尝试进入低端市场，但由于完美管理的误区，收效不明显。

三是行业模块化模式出现，基础设施完备，即我们常说的"万事俱备只欠东风"。

我们以拼多多为例，来看一看企业如何利用以上三个条件把握低端突破的机遇。

2015～2018年，阿里巴巴与京东在一二线城市消费升级领域展开激烈的竞争，而此时的拼多多正在悄悄萌芽。拼多多刚起步时是一个游戏项目，后来和拼好货整合在一起。阿里巴巴和京东的消费升级之战导致的一个后果就是，淘宝的中尾部商家很难获得比较好的流量，商家的盈利能力下降，而此时崛起的拼多多，给这些中尾部商家提供了很好的流量入口，盈利空间也比较不错。

从需求侧来说，中国一线城市消费者在进行消费升级，享受品牌增长的红利，但不争的事实是消费分级也出现了，而消费分级最大的特点就是消费者需要的产品不同、渠道不同，且消费能力存在极大差异。三四线县级市场零售的落后为拼多多的诞生和崛起提供了机会。

所以，从这个维度来说，拼多多抓住的用户，既包含电商的空白市场的用户也包含替代市场的用户。替代市场的用户就是那些从京东以及阿里巴巴平台转来的消费者，由于京东跟阿里巴巴的消费升级产品对于这部分消费者来说价格过高。其次，空白市场的用户就是渠道下沉带来的用户，他们没有在电商平台上消费的经历。

引用拼多多创始人黄峥的一句话："需求侧是拉动供给侧变革的牛鼻子。通过信息的收集、全链路打通，更优质、更高效地满足现有需求是非常有意义的，大部分情况下也是值得鼓励的。这种需求变革存在大量的可能性，可以用时间和空间的统一来实现整体效率更高、成本更低。"也就是说，拼多多通过数字化的手段，提供高效低成本的供给来满足空白市场和替代市场的需求。

招商证券的研究报告显示，拼多多 2019 年在三线及以下城市的消费占比高达 73%，远远高于淘宝的 57%。同时，和天猫平台相比，拼多多的实际客单价是 50 元，天猫的是 80 元；每单的营销费用，拼多多大概是 5.9 元，天猫是 14.1 元；每单的物流费用，拼多多是 1.8 元，天猫是 14.1 元；每单的平台扣点，拼多多大概是 0.6%，而天猫大概是 2.5%；每单的进货价格，拼多多是 32.4 元，而天猫是 51.3 元。从中我们可以明显看出，拼多多利用较低的成本、较低的客单价和较低的平台扣点，在与天猫进行差异化竞争。

当行业中的主流企业开始尝试进入低端市场，但由于完美管理的误区，收效不明显时，在拼多多看来，此时正是抓住消费下沉的好时机。

关于渠道下沉，阿里巴巴和京东都曾经做过尝试。以阿里巴巴为例，阿里巴巴曾经尝试农村淘宝的代理人模式。农村淘宝代理人引导村民在淘宝上购买商品，购买的越多佣金越高。这个模式对代理人的激励作用并不大，同时也增加了阿里巴巴的成本，所以效果不明显。代理人帮助淘宝教育了用户，为淘宝带来了更多的农村流量，但是这一切都是在为自己的出局铺路。一旦用户学会并习惯了网购，代理的作用就会被瞬间削弱很多。也就是说，代理的模式并没有改变农村用户的消费观念。

而拼多多认为，对于农村电商而言，关键要解决以下三个问题：第一，需要找到一个高效的教育农村用户使用网购的方法；第二，需要找到一个高效的改变农村用户消费观念的方法；第三，农村用户普遍对品牌感知较弱，需要找到品牌外的消费决策场景。上述三个关键问题全部指向了两个字：社交。

这是因为，第一由于单个用户教育成本过高，最高效的教育农村用户使用网购的方法，一定不能是中心化的，这样成本过高，而利用其周围的好友亲戚是最高效的。第二由于短视频产品的兴起，农村用户的消费观念会受到其潜移默化的影响，但最高效的仍是"周围人"。由于农村用户从众效应极其明显，只要有人改变了消费观念，就能迅速传播给周围的人。第三农村用户对品牌的弱感知很大一部分是由于广袤的山寨市场的存在，但是农村用户的购买决策一定不单单是由价格决定的，肯定还有品牌之外的其他原因，第二点中提到的从众效应便是将品牌等购买决策参考转变为好友信用背书，这一点对于农村用户来说是极其有效的。

因此，对于农村电商用户，需要做到以下三点。

第一，从关注用户对品牌价值的认同转为关注好友信用背书。拼团需要好友参与，这种拉好友的方式向被拉好友提供了强大的信用背书，极大地促进了购买决策。

第二，创造了新的消费场景。拼团模式创造并传播了大量的购买信息，用户不需要打开 App 便能接收并查看这些商品信息，同时基于好友信用背书，消费便不再是由需求驱动的了。这种新的消费场景无疑为拼多多带来了巨大流量。

第三，具有高频、可复制、可裂变属性。拼团模式能够渗透进用户的深度社交关系网，加之拼团模式契合用户属性，传播力度极为强悍，裂变效率很高。同时一个用户发起拼团便会触达多个用户，而拼团的发起点很多，因此带来了高频属性。

当行业模块化模式出现时，拼多多便具备了崛起的条件，万事俱备只欠东风。在这里，行业模块化主要表现在四个方面：支付、物流、社交和数据。

首先是支付的普及，经过多年的发展，移动支付已经相当普及。支付宝、微信已成为手机端的两大超级入口 App，两大 App 的用户数都已经超过 10 亿人。几乎每一位智能手机用户都有上述两大 App。拼多多只需要接入支付宝和微信支付平台，就可以处理支付问题，无须独自开发支付技术。

其次是物流的完善。2015 年是电商最为活跃的一年，O2O、互联网＋、垂直细分、跨境电商，在各种眼花缭乱的模式里，农村电商也在悄悄地崛起。2015 年 7 月，国家下发相关政策文件，在全国范围内遴选 200 个示范县，每个县获得中央财政 1000 万资金支持，主要定向用于建设完善县乡村级物流体系，县域电子商务公共服务中心和村级电子商务服务站的建设改造，以及品牌和质量保障体系建设和电商培训等。在这之前，2015 年上半年农村网购用户的增速达到惊人的 40%——最关键的农村物流体系已具备，东风已来。

对于 2015 年的淘宝与京东来说，成熟的供应链体系被它们视为得天独厚的强大优势。进攻农村市场，最快的方式便是利用现有供应链体系，解决物流问题，剩下的便是解决人与渠道的问题。

再次是社交平台微信带来的用户裂变。电子商务的一大痛点就是如何在短期内快速扩大用户规模。基于熟人关系的社交是一种有效的手段，微信作为"国民级"的应用程序，为拼多多提供了底层平台。拼多多通过拼团等形式，迅速获得了裂变式增长。

最后是算法和数据的完善。拼多多的底层逻辑，是单品的运营思维加上谷歌的算法思维，也就是说对于 SKU 的销售评价运营得更加精细化。拼多多做到的不是人找货，而是货找人，这背后需要的是基础的数据和算法。这个逻辑也就是算法推动用户选择，用户选择又推动单品销售的爆款思维。爆款产品又推动了低价策略的实施。由算法驱动的爆款产品和低价策略，又提升了消费者对产品的喜爱程度，而无论消费者是否理性，消费者喜爱程度的提升，都可以更好地促进产品销售。拼多多通过社交带来的用户裂变，使其获得了更大的市场规模。规模的扩大又进一步提高了拼多多对于上游厂商、供应链以及品牌授权商的议价能力，从而可以更好地控制成本。

因此，在 2015 年 9 月，拼多多正式上线并迅速崛起也就不难理解了。万事俱备只欠东风，拼多多的崛起，依靠的是行业的高度模块化，也就是说这个行业的基础设施已经非常完备了，这给企业的低端突破提供了非常好的机会。

数字化颠覆的战略思考框架

要想通过数字化在行业当中寻求低端突破，需要先对以下五个问题进行逐一梳理。

第一，行业当中是否存在一个对产品和服务要求相对较低，但是对成本和价格更敏感，对使用要求更加便利的一个用户人群。这个用户人群，可以来自一个空白市场，或者一个替代市场。

第二，行业的强势竞争对手在进入这个低端市场后，它的利润是因此上升还是下降？如果我们的行业竞争对手，跟随我们的脚步进入整个低端市场，它的利润因此上升，那么，我们的强势竞争对手就有动力继续跟随我们的脚步，而它的渠道资源、品牌资源、技术资源的优势，往往可以轻松将我们击败，但如果它进入这个市场后，由于它的成本结构和组织结构的限制，以及它所谓的完美管理，导致它的利润下降，那么就为我们在这个市场当中创造了一个战略机遇点。

第三，能否通过数字化手段降低我们的产品成本、渠道成本和验证的成本，为这个低端市场提供成本更低、使用更便利的产品和服务。

第四，针对这个低端市场，所谓现金流的考核，意思就是说这个低端市场有没有自我造血的功能？要知道并不是所有的低端市场都能够支撑一项业务的发展，所以，这个低端市场必须具备自己造血的功能。

第五，在这个低端市场，能否通过数据的力量，打造一个数据多元、产品优化和用户升级的增长循环。

| 核心总结 |

1. 数字化颠覆契机：龙头企业的完美管理。
2. 数字化的四大成本优势：产品成本、复制成本、触达成本、验证成本。
3. 数字化颠覆的市场选择：零消费市场（又称空白市场）和过度消费市场（又称替代市场）。
4. 数字化颠覆的策略选择：模仿＋创新。
5. 数字化颠覆的本质不仅是让好的东西越来越便宜，而且更重要的是先做个便宜的东西，然后让它越来越好。

6. 尽管数字化低端突破具有很强的颠覆性，但这并非万能的企业战略。要成功实施数字化低端突破，需要企业所在的行业具备以下三个条件。

（1）现有主导产品和服务对于行业中的很多用户来说，价格过高、使用不方便、性能过剩，行业的竞争开始逐步从性能的竞争走向便利、成本和市场覆盖的竞争。

（2）行业中的主流企业开始尝试进入低端市场，但由于完美管理的误区，收效不明显。

（3）行业模块化模式出现，基础设施完备，即我们常说的"万事俱备，只欠东风"。

第 8 章
Chapter 8

智情企业：数字化升级

　　智情企业的数字化升级，是以数据为驱动的服务转型。数字化时代的服务转型，既有数据化的科学决策，也会融入情感的温度。智情企业升级的路径有两条：一是技术驱动的服务转型，二是数据驱动的个性化转型。二者结合在一起，就是实现技术领先和用户亲密，也就是智情融合。

耐特菲姆：从传统农机具制造商到一站式农业服务提供商

　　2005 年 8 月，时任耐特菲姆（Netfim，一家以色列灌溉公司）总裁兼首席执行官的埃雷兹·梅尔泽正坐在特拉维夫市的办公室里，敲定《2010 年耐特菲姆公司五年计划》。尽管公司的未来看起来一片光明，但是梅尔泽知道，为了维持耐特菲姆 2010 年在微灌市场的领导地位，公司必须首先完成三年前便已启动的重组流程。

梅尔泽于 2002 年成为耐特菲姆的 CEO 时，他接管的是一家面临资金困难、销售惨淡和供应链老化等问题，但致力于寻求全球扩张的跨国公司。经过三年的努力，在运营副总裁拉米·莱维的协助下，梅尔泽锐意改革，终于使耐特菲姆蜕变为一家全球公司，并凭借耐特菲姆精益高效的供应链，完成了在五年内使耐特菲姆成为一家估值十亿美元公司的目标。

虽然当时滴灌市场异军突起，滴灌设备利润颇丰，但是在梅尔泽看来，在数字技术日新月异的时代，企业单靠出售产品永远不能成为行业领袖，只有转型为专业技术解决方案提供商，才是公司的未来。转型后，公司将致力于为传统型和创新型灌溉项目提供整体解决方案。

巩固优势：产品、生产和工厂网络

滴灌设备的生产过程包括三个阶段：注塑、组装和挤压。第一阶段，购买原材料并注塑生产滴灌管的塑料部件。第二阶段，组装滴灌管（产品背后的"大脑"）并在滴灌管之间设置一层硅膜（硅膜硬度决定了滴灌管的流速）。第三阶段，将滴灌管按照预先确定的间距焊入聚乙烯管，其中焊接间距与将灌溉的作物间距相对应，以便实现精确灌溉。

为了在行业竞争中保持领先地位，耐特菲姆一直在研发领域投入大量精力。1983 年，公司研制出能够保证管道沿线流速维持不变的拉姆滴灌管（Ram Dripper），这打破了水压随着管道与阀门距离的增大而自行降低的定论。随后，耐特菲姆研制出以智能防堵塞机制为基础的优拉姆滴灌管（Uniram Dripper），该滴灌管在使用污水时也不会发生堵塞。无泄漏机制是公司引入的另一个成熟的产品特性，该机制能在短间距灌溉过程中保持水管处于满水状态，由此节省大量用水。

耐特菲姆产品线包含 10 种不同的滴灌管模型。不同的作物和生长条件要求不同的灌溉流速，所以这 10 种滴灌管模型采用不同的制造工艺，以便提供不同流速的产品。此外，耐特菲姆也拥有各类厚度不同的管道（当季作物采用较薄的管道，而跨季作物采用较厚、抵抗力更强的管道)。但是，由于作物种植的间距不同（这意味着聚乙烯管沿线的滴灌管需设置不同间距），耐特菲姆的 10 种基本产品已扩展为数千种 SKU（最小存货单位），其中包含了不同的管道、滴灌管和滴灌管间距组合。

多年来，耐特菲姆的所有滴灌产品均在以色列生产，由三个基布兹（以色列的一种集体社区）负责制造不同的产品。然而，在 20 世纪 90 年代，这些基布兹发现交货周期过于漫长，因而它们决定在各自的全球销售区域内修建挤压工厂。

尽管耐特菲姆以灌溉管道和滴灌管为核心产品基础，但是公司发现了增加产品供应量的机遇，也就是将产品供应延伸至从过滤器、水源到田地之间的输水管道、灌溉控制器以及其他相关组件和配件。因此，公司与以色列国内以及国外的多家供应商展开合作，向农民提供作物灌溉所需的各类产品。2000 年，耐特菲姆的产品线已经涵盖 50 000 项产品，其中 40% 为耐特菲姆自制产品，剩余产品来自外部供应商。

新的机遇：定制解决方案和共享专业技术

耐特菲姆深知，公司产品必须符合市场需求，并且所采用的滴灌理念必须满足种植户的具体要求，包括地块面积、作物类型、农民的经济承受能力、气候条件、能源及水源的便利性等。例如一位贫穷的阿富汗农民，在一小块荒地里种植番茄，没有能源可用，而且极度依赖稀缺的降雨，那么他提出的要求，必然与在雨量丰沛的意大利托斯卡纳区种植葡萄的意大利葡萄酒商的要求截然不同。

很显然，出售单一产品很难满足世界各地农民的个性化需求。为此，耐特菲姆根据不同的农业领域和种植户量身定制相应的解决方案。例如，FDS（家庭式滴灌系统）适用于没有能源和外部水源的地区的小地块。对于在欧洲、澳大利亚和其他国家拥有葡萄园的种植户，UniWine 解决方案，则适用于向葡萄藤进行高精度灌溉和施肥。

为了促进客户导向型产品研发，耐特菲姆通过双向沟通渠道来管理研发过程。耐特菲姆在各地的经销商会向田间劳作的种植户征集相关需求和想法。公司的研发团队也会通过各地经销商与农民取得联系,在新产品广泛投入市场之前,邀请农民测试这些产品的实地功效。多年的经验让耐特菲姆的农学家明白,每一种作物需要不同的灌溉条件以便实现最佳产出,并且这些灌溉条件会随着地理位置的变化而变化。因此,耐特菲姆在全球设立多个实验室,这些实验室与当地的学术研究机构合作,根据作物类型和当地气候确定实现最大产出和最佳质量所需的最优灌溉设置。

为了保证公司通过研究得来的专业技术能为农民带来效益,耐特菲姆一直向其客户强调,公司不仅出售产品,而且提供售前与售后农艺学支持以及创新型专业灌溉技术。另外,耐特菲姆成立了一所"移动式"耐特菲姆大学,主要向发展中国家的农民提供相关培训。该大学的教育计划专注于提高作物产量、优化灌溉和施肥设备的使用。

打破业务的边界:作物管理技术

农业一直以来都是低技术行业。但是,在 20 世纪 90 年代后期,许多公司开始将高新技术引入农业领域。在农业生产过程中,一直有大量的数据(如温度、湿度)未被充分利用,而且在过去由于受技术条件的限制,这些数据也很难采集。

如今的数字化时代,物联网技术的出现,传感器的尺寸、功耗大幅降低,4G、5G 等无线传输技术的成熟,使得随时随地的数据采集成为可能。为此,耐特菲姆开始研制作物管理技术(CMT)系统。首批模型包括一系列传感器,其中一些采用埋地安装,而另外一些采用架空安装。这些传感器可采集、接收各种常规数据,包括土壤含水量、盐度、肥料信息和气象信息。CMT 也使用灌溉计算机来控制灌溉与施肥频率,并编制相应的计划。CMT 所接收的数据通过无线电发送至中央控制室,中央控制室的计算机屏幕上会显示数据/图表,方便农民审核结果并进行必要的修改。最新一代的 CMT 设备能让耐特菲姆在以色列的农学家通过互联网进行数据监测,然后通过电话、邮件或在线交流等方式向农民提供相关指导。

作物管理技术市场在2005年仍处于早期发展阶段。梅尔泽计划利用耐特菲姆的全球影响力及品牌效应来扩大市场规模,并向世界各地的农民迅速推广CMT。梅尔泽将CMT视为未来农业的心脏与大脑。CMT系统能够收集并分析相关现场数据,随后向灌溉系统发送指令。当耐特菲姆在市场中处于核心地位时,市场中的所有竞争对手必须调整其产品,以便兼容CMT。在系统设计方面,耐特菲姆正在研制"Farmer's Windows"软件平台——一套为农民设计的操作系统,随着越来越多的农民开始使用IT系统作为农业生产的辅助手段,这套操作系统将渐渐融入市场。

一旦有足量的客户购买网络版CMT,耐特菲姆便能直接了解世界各地无数田地的相关信息,这也是CMT带来的额外收益。耐特菲姆的农学家可将这些数据用于研究,同时也能据此提供在线咨询服务,并促进农民之间的信息共享。举例来说,来自世界各地的农民,如果他们种植类似的作物并且作物生长条件也较为类似(例如泰国和巴西),他们便能通过耐特菲姆的门户网站分享最佳的种植方法,并在施肥配方、农药配制、灌溉计划等方面互相提供帮助。

我们从耐特菲姆的案例可以看到,数字化升级的基本思路是利用人工智能、物联网、大数据技术,打破产品和服务的边界,连接起有形的产品和无形的服务,从标准产品提供商转变为个性化服务提供商。

数据驱动的服务化转型

企业向服务转型并不是一个新的概念,早在20世纪90年代,就有企业尝试从单纯出售产品,转向提供服务。著名的例子就是IBM在2005年将其PC业务部门出售,进而专注于中间件、软件和咨询服务。如今,我们已经迈入数字化时代。与信息化不同,数字化不仅仅是将企业内部的业务流程以信息化的方式重组,而且是通过数字技术打破产品和服务的边界。数据无处不在，未来将不存在单纯的硬件产品。

因此，在数字化时代，企业向服务转型是不可逆转的产业趋势。数字化时代企业向服务转型的一个显著特征是产品和服务的融合，随着企业的产品越来越多地融入物联网技术，产品和服务正变得越来越密不可分。这样的例子在工业界已不胜枚举。例如 ABB、施耐德等公司在其工业设备中添加传感器，通过实时的数据采集和分析，推出了帮助企业优化生产、降低电力消耗的能源管理服务，实现了"设备＋服务"的转型。在收入模式上，也实现了从单纯的硬件设备销售收入，到根据服务效果共享利润的转变。

数字化时代服务转型的另一个显著特征是"智""情"的融合，也就是既有数据化的科学决策，也融入情感的温度。数字化时代，企业升级的路径有两条：一是技术驱动的服务转型，二是数据驱动的个性化转型。二者结合在一起，就是实现技术领先和用户亲密。未来将实现产品服务化、服务体验化，最终实现的是企业服务化。

数字化时代，企业如何真正拥抱服务转型？要想回答这个问题，我们先要理解未来产品都将服务化以及服务转型这二者背后的理论逻辑是什么。

数字化服务升级的逻辑

企业需要向服务转型的第一个原因是，数字化加速了产品模块化的趋势，压低了产品利润率。如今硬件产品的集成度越来越高，模块化设计成为主流。如计算机就可以分为 CPU、GPU、内存、主板、硬盘、电源等模块，计算机整机厂商更多的是组装者，智能手机的组成结构也与此类似。产品模块化的趋势，使得上游产业链出现赢家通吃的现象，形成寡头市场（如计算机 CPU 仅有英特尔、AMD 两家企业可以提供）。这种现象的出现，使得整机厂商可以选择的配件较少，其产品很难实现差异化，因此往往只能依靠规模经济实现利润增长。

企业需要向服务转型的第二个原因是，数字化打破了产品和服务的边界。物联网技术使得产品和服务不再单独存在，而是实现了相互连接，形成一体化的平台。我们以约翰迪尔（John Deere）为例，看这家有着超过180年历史的传统农机具生产商，如何运用数字技术改造传统农业，从产品销售商转变为平台提供商，使公司不但相对其他农机具制造商保持竞争优势，还能够迎接新兴的农业科技企业的竞争。

约翰迪尔最初是一家农机具制造商，以生产农用机械（拖拉机、剪草机等）设备为主。但是随着产品的标准化、模块化程度越来越高，农用机械产品的利润空间受到越来越大的挤压。

但是另一方面，农业生产和当地的气候、土壤条件等外部环境密切相关。仅仅因为气温不同，可能就会有完全不同的农业生产方式。所以，农业产业对个性化服务有极大的需求，只是在过去我们无法有效地采集数据并做分析。物联网技术的成熟，使得数据不再孤立存在，产品和数据一体化成为现实。

在2012年约翰迪尔迈出了服务转型的重要一步。公司推出了一个名为"我的约翰迪尔"的信息系统，该系统可以帮助农业生产者优化对生产数据、设备信息和农场运营的管理。

"我的约翰迪尔"平台上线的基础，是公司的农机设备开始配备各类传感器，可以采集天气、温度、湿度、土壤条件、农作物特征等信息。通过信息的大规模采集，结合约翰迪尔的产业知识积累，运用大数据分析技术，约翰迪尔可以为农民提供个性化的设备使用规划，帮助农民减少设备停机时间、节约燃油成本等。用户通过智能手机、平板电脑以及计算机等智能终端设备，可以实时连接到"我的约翰迪尔"平台，即时管理所有的信息。

2013年约翰迪尔开放了"我的约翰迪尔"平台，允许外部供应商、农产品零售商、本地农业学家以及软件开发公司连接到该平台，并发布自己的应用软件。"我的约翰迪尔"平台，对购买约翰迪尔设备的用户是免费开放的，对第三方开发者会收取一定的平台集成费用。对第三方开发者的友好态度，突显了约翰迪尔公司的战略眼光，如今随着大量设备和软件的接入，"我的约翰迪尔"平台，已成为一个连接农场设备和软件的中央平台。

"我的约翰迪尔"平台为公司带来了新的竞争优势。首先，免费集成的应用软件，为公司硬件设备增加了附加值，在公司面对低成本的竞争对手时，产品显得更具价值。其次，"我的约翰迪尔"平台的优势之一，是将所有设备连接到平台数据库中，这促使消费者通过约翰迪尔公司购买整套设备，而不是从不同的硬件供应商处采购。当软件平台获得市场控制权后，公司可以通过增值服务获得丰厚的利润，这使得企业可以降低硬件产品的利润率，使其产品更具价格优势。同时，作为农业平台的先行者，约翰迪尔成功地阻止了其他农业科技公司推出相同功能的平台，使农业科技公司成为约翰迪尔的合作伙伴，而非竞争的对手，重塑了产业关系。最后，"我的约翰迪尔"平台积累了庞大的数据资源，在大数据正越来越成为企业核心竞争力的今天，约翰迪尔可以尝试利用自身积累的海量数据，寻求新的变现渠道。

企业需要向服务转型的第三个原因是，发达国家的行业发展历史。以美国为例，1990 年美国所有的制造业服务型收入，占整个企业收入的比重约为 9%。而到 2009 年，这一数据上升至 52%。美国的制造业快速实现了服务转型。卡特彼勒、通用电气这些大家耳熟能详的产品型公司，服务业务占营业收入的比重已超过 50%。

服务转型的痛苦曲线

企业向服务转型是大势所趋，但需要注意的是，向服务转型并不是一蹴而就的事情，这一方面需要企业具有长远的战略眼光，另一方面要求企业能够承受转型早期的利润下降的压力。我们在 2008 年发表了一篇研究美国所有制造业企业服务转型的学术文章。⊖在该文章中，我们绘制了"服务转型的痛苦曲线"（见图 8-1），即美国所有制造业企业在服务

⊖ Fang E (Er), Palmatier RW, Steenkamp J-BEM. Effect of Service Transition Strategies on Firm Value. Journal of Marketing. 2008, 72(5): 1-14.

转型过程中的企业利润的变化情况。图中的横轴是服务占企业主营业务收入的比重，该指标体现了一家企业服务转型的深度和力度；图中的纵轴是托宾的 Q 比率（Tobin's Q Ratio，企业市值与重置成本的比率。该值大于 1 时，企业市值大于重置成本，该值越大，企业创造利润的能力越强）。"数字化转型的痛苦曲线"体现了企业利润与企业数字化程度的关系。

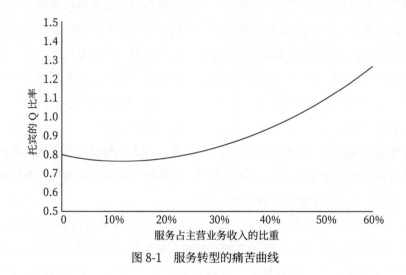

图 8-1　服务转型的痛苦曲线

从图 8-1 可以看出，企业向服务转型有两个重要的特征。

第一，长期而言，随着企业服务业务比重的逐步上升，利润也逐步攀升。

第二，企业在向服务转型的早期，利润呈下降趋势。

因此，长期而言，企业向服务转型可以有效地提升企业的利润水平，服务转型是卓有成效的战略转型方向。但是，在这个过程中，企业必须具备一定的战略定力和战略耐心，能够坚持向服务转型的战略方向。同时企业还应做好应对利润下降的预案，以防利润下跌造成企业经营困难。

在企业收入来源中服务收入的比重逐步上升后，整体利润之所以能够提升，是因为服务具有以下五个特性。

（1）服务是非标准化的，是无形的。产品是标准化的，是有形的。

无形的服务其定价原则是按需定价，因此理论上服务可以实现"千人千价"，根据每个消费者的效用定价，获得最大化的利润。有形的产品的定价原则一般是成本加成法定价，很难获得超额利润。

（2）服务可以提升用户的个性化体验，使商家对消费者需求有更深层次的把握，能够进行更为精准的营销。如今日头条、亚马逊、微信等服务型的软件产品，用户使用时间越长，积累的历史数据越多，企业就可以使用人工智能、数据挖掘等技术，根据海量的历史数据，对用户的需求进行更为精准的预测，在提升用户体验的同时，扩大销售规模，进而提高服务的利润。

（3）服务提高了用户黏性、用户逃避成本和用户的保留率。企业单纯提供产品时，其用户的迁移成本是比较低的。我们回想一下，在功能机时代，用户在更换手机的时候，可以轻易地选择别的品牌手机，因为当时的手机只是通话工具，没有个性化的数据留存。而在今天的智能手机时代，我们有大量的个性App、大量的个性化数据留存，所以我们今天在更换手机的时候，往往不会轻易地离开现有的生态体系。

（4）服务有更长的生命周期，即使前期利润较低，也可以在后期尝试提高利润，所以服务的平均利润率会更高。此外，在较长的生命周期中，服务可以提供较多的交叉销售机会，而产品往往是一次性消费，消费频次相对比较少，所以服务可以创造更多的利润。

（5）一般情况下，服务不需要投入太多的固定资产，其固定成本相对较低，这为服务创造了利润空间。而当服务的利润可以保证的时候，企业可以降低产品的利润率要求，使产品的价格更具竞争力。另外，依靠服务，企业可以扩大产品的应用边界，使其规模更为庞大。

虽然长期来看，向服务转型是正确的战略方向，但是企业也应注意到，在向服务转型初期，利润会在短期内有所降低，这是因为在服务转型初期，企业投入的成本增加。首先，由于服务转型需要打造销售团队、服务团队并进行员工培训，这些都需要投入资金，会提高企业短期内的成本。其次，企业在向服务转型后，市场有一个接受和被教育的过程，企业的销售活动会受到影响。最后，服务转型需要企业内部调整组织结构并进行磨合，这在一定程度上降低了企业的效率。

因此，在企业在向服务转型的初期，要有充分的战略耐心，能够容忍初期较低的利润率，并保持一定的战略灵活度，使企业避免因利润降低而造成经营困难。

服务转型的"三步走"战略

中欧国际工商学院的一位校友，曾和我分享过他的企业在践行服务转型时遭遇的挫折。

他的企业是国内最大的配电设施民营企业之一。在前几年，这家企业给某大型机场提供了配电设施，和它一起提供设备的还有施奈德、ABB等非常强劲的竞争对手。按行业惯例，供应商提供安装调试和一年的免费员工培训服务。在此期间机场与施奈德签订了一个长达10年的付费服务合同。当时，这家企业也想与机场签订一个类似的服务合同，但得到的回复却是："你的产品卖给我可以，但服务需要终身免费提供。"

为什么施奈德可以获得服务利润，但这家民营企业的服务却只能免费赠送？机场方面是这样回答的："谁知道10年后你们还在不在！"

这家企业遇到的问题，也是很多企业在向服务转型的过程中必然会遇到的。总结起来，企业向服务转型需要经过三个阶段（见表8-1）。

（1）基础阶段，企业在这个阶段做的是服务初始化。在基础阶段，企业服务业务的目标是"完成任务"。此时的服务是为产品"雪中送炭"，或弥补企业产品的不足，或解决产品在用户心目当中的认知问题。此时的服务是产品的附属品，与客户之间的关系是一种被动响应的交易型关系。通常只有当用户的产品需要维修、调试时，企业才开始提供服务。在这个阶段，企业对服务没有利润创造的需求，对外提供服务时，通常会收取劳务费。

（2）增值阶段，企业在这个阶段服务要实现规范化。此时企业服务的目标不再是完成任务，而是要以追求客户满意度的提高为核心。与客户之间的关系不再是简单的交易型关系,而是营销型关系,企业通过服务实现对产品的"锦上添花",提升产品的附加值,提高用户的满意度。在这个阶段,服务可以产生一定的利润,但企业的利润仍主要来源于产品。

(3)核心阶段,企业在这个阶段的主营业务变成了服务,企业成了一个真正的服务提供商。此时产品是提供服务的载体和媒介,服务融合在产品之中。企业提供的是完整的解决方案,前文提到的耐特菲姆、约翰迪尔,就是提供融合了服务和产品的综合解决方案。此时,服务真正成为企业利润创造的源泉,开始成为利润中心。

产品和服务融合的实现,离不开数字技术的支持,未来企业要做服务必须以技术为驱动,以数据为引领。没有技术和数据的支撑,服务没有土壤;没有服务,技术和数据也没有具体实施场景。

我们把服务转型总结为一句话:产品服务化是开始,服务最终将产品化。

表 8-1 企业向服务转型的三个阶段

阶段	基础阶段	增值阶段	核心阶段
服务目标	完成任务	追求客户满意度	追求客户忠诚度
服务方式	被动响应服务请求	规范服务形式	主动替客户分忧
客户关系	交易型关系	营销型关系	融合型关系
服务地位	产品的附属	产品的附属	迈向独立、利润中心

数据驱动的个性化转型

我们知道,经济学的一个重要结论是,需求决定供给。需求端的变化会逐渐推动价值链的转变。

无论在任何时代,用户始终希望能获得定制化的产品和服务,以满足自己独特的需求,彰显个性。

18世纪的伦敦萨维尔街上,就出现了专为贵族服务的高级西装定制店。20世纪90年代,戴尔推出了电脑定制业务,用户可以通过电话或者戴尔网站,定制电脑的每一个零配件规格。如今,数字化时代,用户的个性化需求更加突出，服装、汽车、SaaS 平台等产品或服务，都开始提供过去无法想象的定制化服务。这也是我们常说的第三次工业革命时代的产业特征。

那么，数字化时代的个性化，与前两次工业革命时相比有哪些不同？

我们首先来回顾前两次工业革命发生了什么。

第一次工业革命的标志是瓦特蒸汽机和珍妮纺织机。这两种产品的出现，解决了规模化的可行性问题。在瓦特蒸汽机和珍妮纺织机出现之前，我们的衣服全部是个性化手工缝制的，它的效率非常低下。蒸汽机的出现，使得能源可以被集中，大规模工厂成为可能。这解决了规模化的可行性问题。

第二次工业革命的标志是福特 T 型车，它解决了规模化的成本问题。亨利·福特将流水线引入汽车生产，将原本需要组装 3000 个部件的汽车生产工序，简化为 84 道工序。标准化的工业生产方式开始代替效率低下的手工生产方式。在手工生产汽车的时代，每装配一辆汽车要 728 个小时，而福特公司的流水线在产量最高的时期，仅用 20 多秒，就有一辆 T 型车可以下线。规模化生产带来的是成本的迅速降低。在福特 T 型车推出之前，轿车是富人的专利，每台售价在 4700 美元左右。福特将 T 型车价格降到了 300 美元以下，这使得轿车第一次成为大众的交通工具，美国也被称为"车轮上的国家"。

第二次工业革命解决了规模化的成本问题，但随之而来的是工业化时代标准化产品大行其道，人们的个性化需求远远无法满足。例如福特 T 型车虽然价格诱人，但是只有一种配置，甚至连车漆的颜色都无法选择，用户的个性无法彰显。

第三次工业革命将要解决的是需求个性化和供给标准化的矛盾问题。数字化是降低个性化成本的底层技术。在需求端，运用数字技术，企业可以比在过去任何时代都更为准确地获得用户需求。例如通过大数据分析用户以往的消费习惯，通过社交网络与用户进行更为直接的对话，以获得用户的精准需求。在供给端，数字技术可以将企业的设计、生产等流程进行精细的拆分，并重新组合，增加生产的柔性，进而降低成本。例如宝马汽车运用物联网、图像识别、边缘计算等技术，实现了在同一生产线上，根据配件的不同（如不同尺寸的车门），机械手可以快速、准确地识别配件形状，并进行准确的装配。这样一条生产线起到了过去多条生产线的作用。因此，数字技术使得需求个性化与供给标准化的矛盾有望得到解决。个性化是企业未来的方向，但是我们要在个性化前面加上三个字——大规模，"大规模个性化"是第三次工业革命所要解决的问题，也是我们企业的未来。

我们的研究表明，企业实施个性化成功的核心是解决"收益 - 成本"的二元难题⊖。这是因为，个性化在提升用户价值和企业绩效的同时，也为成本端带来了压力。虽然个性化一方面可以降低库存成本（个性化前端基本没有库存，后端库存相对较低），另一方面可以降低渠道成本（标准化生产的渠道是典型的推动模式，个性化生产的渠道是典型的拉动模式，所以个性化生产对渠道的依赖程度低于标准化生产），但是，由于个性化在运营、生产和供应链端的复杂特点，个性化对成本端还是会带来很大的压力。我们下面讨论降低个性化成本的三个核心要素：需求挖掘、数据驱动、嵌入合作。

需求挖掘，降低定制风险

需求端如何降低定制化成本，我用一个比较特殊的婚纱行业的案例来进行介绍。

相比于其他服装，婚纱的个性化在于它是完全个性化的定制服务，并且大部分婚纱是一次性消费的。

我曾经给苏州一家婚纱定制企业提供咨询服务，这家企业主要通过亚马逊等平台向欧美客户提供婚纱定制服务，从企业近 100 万份订单的

⊖ Wang Y, lee J, Fang E (Eric), Ma S. Project Customization and the Supplier Revenue-Cost Dilemmas: The Critical Roles of Supplier-Customer Coordination. Journal of Marketing. 2017,81(1):136-154.

数据来看，它的净利润率是 17%，这个数值相对而言是比较高的。

这家企业的诉求是，如何进一步提升利润率，需要改善哪些指标。通过敏感性分析，我们发现对这家企业利润影响最大的指标是"退返率"。这家企业的退返率是 7%，一旦这个数值升至 11%，企业就难以赚钱。因为婚纱行业的特殊性，返工一件的成本比做一件新的还要高。

我们深入思考一下，企业完全是按客户的要求做的个性化婚纱，为什么还会有 7% 的退返率？经过调研，我们发现事实是客户不一定知道自己需要什么，而且更糟糕的是用户往往认为自己知道自己需要什么。

发现这一关键影响因素之后，这家婚纱企业投入最多的部门是被很多企业边缘化的售前部，目前该部门有 300 名客服人员，这些客服人员在客户下订单之前至少要与用户利用数字化手段沟通六七次，第一次会问客户的尺码是多少，然后会问客户结婚的场合是什么，新郎大概要穿什么，整体主题大概是什么。这些问题，不是为了让厂商更好地了解客户需求，而是让客户自己更好地明白自己的需求。因为客户自己往往没有系统地思考过自己要什么，经常是很感性地提出一些想法，这就需要企业帮助客户准确地挖掘出他的需求。为此售前部还制定了一个堪称行业典范的售前沟通模版，其主要目的就是为了帮助客户更好地了解自己的需求。

在了解了需求之后，这家企业并不急于开始生产，而是按照客户需求对婚纱进行数字建模，生成婚纱的虚拟图像，客户再配合虚拟现实技术，可以实现虚拟试衣，同时企业还可以提供多种婚礼现场的虚拟场景，进一步增强现场感。在经过数字技术的多次模拟之后，企业再开始正式制作婚纱，这样大大减少了婚纱的退返率。

从这个案例可以看到，降低定制成本的重要原则是：通过与"客户沟通以降低定制风险"。也就是说企业的参与环节需要前置，不能等到客户发起订单时再沟通，一定要和客户一起挖掘出他的潜在需求。将参与环节前置，千万不要假设客户知道自己需要什么，这一点至关重要。乔布斯有一句名言"顾客不知道自己想要什么"。因此从战略上来说，客户参与前置，就是企业和客户一起识别出客户的潜在需求究竟是什么。

数据驱动，寻找个性中的共性

运营端怎么样降低定制成本？这里我们做一个思想上的转变，即个性化的本质是"极致的标准化"。这种极致的标准化，可以说是"分子"层面的标准化，准确地说，就是我们把标准化的过程切得越细，我们的个性化程度就越高。个性化是一个极致的标准化过程，在每一个"分子"层面都能做到标准化，我们就可以做到非常高的个性化。

乐高积木的例子，可以帮助大家理解什么是极致的标准化。我们看乐高积木，它是由几组标准化的零件组成，这些零件拆分得很细，就如同组成物质的"分子"。这些标准的零件通过不同的组合，形成了形态各异的、个性化的乐高积木产品。但从最基本的组成单位来看，乐高积木是高度标准化的，可以大批量生产。这就是我们说的"分子"层面的标准化。

数字技术，使得这种"分子"层面的标准化在其他行业成为可能。例如青岛有一家西装定制公司叫红领西服（现在改名叫酷特智能），它是如何定制西服的呢？红领西服不是采用手工缝制的传统工艺，而是将西服生产的工序拆分成非常精细的标准化流程。把一套西服的生产工序，拆成几十万套模板供用户选择。这样红领西服就和乐高积木一样，可以通过大规模标准化地生产产品"分子"，组成丰富多样的个性化产品。

如何找到产品的"分子"，是运营端面临的难题，要想解决这个难题，就要依靠数据的力量。我们一定要建立完备的产品数据库。企业每收到一个订单，都要把它分解为最基础的描述信息，如服装的订单，就要把它分解为颜色、尺码、面料、配件等。当我们运营一个做几十件衣服的手工作坊时，我们可以凭经验知道产品的共性在哪里，而当我们变成一个千万级产量的企业以后，凭经验是无法做到这一点的，这时我们就需要大数据技术来发现其中的共性。

嵌入合作，价值链协同

个性化不只是一个企业的个性化转型，而且是一个个价值链的个性化转型。在全球化与互联网时代，协同不仅是组织内部的协作，而且往往要涉及产业链上、下游组织之间的协作。一方面，通过网络协同，消费者和制造业企业共同进行产品设计与研发，满足个性化定制需求；另一方面，通过网络协同，配置原材料、资本、设备等生产资源，组织动态的生产制造，缩短产品研发周期，满足差异化市场需求。

工业 4.0 中的横向集成代表生产系统的结合，这是全产业链的集成。在以往的工厂生产中，不同产品或零部件的生产只是一个个独立过程，相互之间没有任何联系，没有进一步的逻辑控制。外部的网络协同制造使得一个工厂根据自己的生产能力和生产档期，只生产某一个产品的一部分，与外部的物流、外部工厂的生产包括销售等在内的整个产业链能够联系起来，这样一来，就实现了价值链上的横向产业融合。如此，就需要更加关注用数字化手段打通价值链的上下游，缩短链路，提高和供应商、渠道商的协同度。比如 7-11 和 Zara 都高效利用数字化手段实现门店、厂商、供应商之间的无缝协同。

Zara 的所有单品都需要先运送到西班牙总部，由分配中心则按照全球各个门店所提供的订单需求，用机器进行自动分配。Zara 的产品批次少、种类多，为了更快速地管理，公司运用了"射频识别系统"（RFID），通过无线信号识别、追踪产品，实时更新库存情况，甚至将库存和物流信息实时反馈给客户。为了减少在途运输时间，Zara 通过陆运或空运进行配送。Zara 拥有两个航空基地，凡是欧洲以外的商品全部空运，确保三天内送达店铺。

下面我们再看以鞋类销售为主的电子商务公司美捷步 (Zappos)，是如何将组织与智能化技术相连接，以智能支持的情感联结，实现用户的个性化体验，并以此进一步分析个性化的三个核心要素：需求挖掘、数据驱动、嵌入合作。

1999 年美籍华人谢家华创办了鞋类 B2C 电商网站美捷步，以创造让用户"惊叫"（WOW）的体验为使命。在短短的 10 年间，美捷步成长为全美最大的鞋类电商网店，被誉为"卖鞋的亚马逊"。在美国，每 38

个人中就有一人在美捷步上买过鞋子。

美捷步的高速成长甚至引起了电商巨擘亚马逊的关注。2009年10月，亚马逊以12亿美元的价格收购了美捷步。收购后的美捷步依然独立运营，并保持着高速增长。2019年美捷步的净销售收入达到5.68亿美元。

需求挖掘：用户会为什么"惊叫"

美捷步认为虽然电子商务是未来重要的发展趋势，但是现在大部分的电子商务企业都认为电子商务等同于"低价"。而美捷步却发现，通过卓越的服务，在电子商务市场创出独特的差异化体验，是用户在当前的电子商务市场中远远没有获得满足的需求。

亚马逊早期专注于图书、音像产品等标准化产品。对于这些产品，消费者无须进行线下体验，根据线上提供的产品描述，就可以判断是否需要购买。例如消费者购买一本图书时，通过阅读该书的简介、目录以及部分试读章节，就可以判断是否需要购买该图书，并不需要在线下进行深度的体验。因此对于这类产品，亚马逊的策略是尽可能地提升运营效率，降低运营成本，以尽可能低的价格为消费者提供产品。同时这类产品几乎不会出现太明显的质量问题，亚马逊只需要提供基本的退换货服务即可。

但是，鞋类与图书不同，鞋类的款式、尺寸、颜色很难通过一个网页传递出足够丰富的信息，线下体验部分很难被线上服务完全取代。美捷步的策略是，将线下体验部分一分为二：产品描述和导购，并用更便捷、更经济的数字化方式提供。对于产品的描述，与邮购手册或eBay等网站只提供少量的图片不同，美捷步为每一件产品提供了7～9张360°的产品高清照片，尽可能为消费者提供近似于线下购物的体验（见图8-2）。美捷步经营的鞋类超过9万个品种，任何一个线下商场都不能提供如此海量的品类。用户只需要点点鼠标，坐在舒适的家中，从数万个品类中挑选心仪的鞋子，这个时候线上的体验已经开始胜出。

图 8-2　美捷步某品牌女鞋销售页图片

资料来源：www.zappos.com。

接下来，线下购买鞋子的一个重要体验是导购员的专业服务。美国人力资源成本极高，因此美国企业大多想办法尽量缩减人员，改用自动化代替。但美捷步反其道而行之，公司在人力资源成本相对较低的拉斯维加斯，部署了超过 1000 名员工，其中大部分是客服人员，提供 24 小时的在线客服。美捷步不但对客服人员提供了专业的技术培训，还赋予客服人员远超传统线下导购的权限。例如美捷步的客服人员可以直接为用户提供退换货服务，无须经过上级批准；客服人员甚至可以帮助用户在竞争对手的在线商店上选购产品。这种体验是足以令用户尖叫的。在美捷步出现之前，你不可想象得到，在夜里 12:00，当你心血来潮想买一双新鞋子的时候，有一位客服人员在深夜还能耐心解答你的诸多问题，甚至当你对美捷步上所有的鞋子都不满意的时候，这位客服人员还可以帮你在 eBay 等平台上帮你挑选你喜欢的鞋子。

"哇！"可能每一个接受服务的人都会禁不住发出的惊呼。

但是，做到以上的环节，仍然不能完全替代线下服务。因为"鞋子合不合脚，只有穿上才知道"。在线下购买，消费者当场试穿，但通过网络购买，显然做不到这一点。美捷步针对这个痛点，采取了两个重要的举措。第一个举措是超出预期的隔夜送达。线上购物影响消费者购买体验的一个重要因素是较长的配送时间，冲淡了消费者希望获得即时满足的快感。美捷步的做法是在公司网站上承诺3～4天送达（美国快递通常的送货时间需要1周左右）。公司在美国联合包裹运送服务公司（UPS）位于肯塔基州的枢纽机场附近，建有24小时运作的仓库。与UPS进行紧密的合作，美捷步通常能够在用户下单后，隔夜将产品送达，并免除运费。⊖试想一下，你在美捷步下单之后，本以为3～4天才会到货，结果第二天就接到快递打来的送货电话，你是不是会再次惊呼："哇！"

第二个举措是提供长达365天的退货期。如何解决无法现场试穿的问题？那就让用户拿回家试穿，不满意就退款。美捷步的解决方式简单却有效。既然无法像在商场一样现场试穿。那么就让用户拿回家慢慢试穿，公司提供整整一年的退货期。用户甚至可以尝试将鞋子与所有季节的服饰进行搭配，即便是最挑剔的用户，想必也会被美捷步的服务打动。

大量的退货，是否会影响公司利润？这个问题关系到公司经营的持续性。美捷步发现，退货行为为公司的用户洞察提供了更多的维度，通过数据分析，反而实现了更为精准的销售。公司发现，利润贡献最多的用户，并非那些退货次数最少的人。而那些总是选择免费退货的用户，因为他们更倾向于在试过所有牌子和风格的鞋子之后购买，虽然他们有很高的退货率，但同时他们也会购买更多的产品。因此通过数据挖掘，美捷步针对这类用户优化了推荐算法，在用户选择时，提供了更为丰富的选择，促使用户购买更多的产品。如今在考虑了退货成本的情况下，美捷步的毛利率依然高达35%。

⊖ Michael Marks, Hau Lee, David W. Hoyt. Zappos.com: Developing a Supply Chain to Deliver WOW [Z]. *Harvard Case Solution & Analysis*. 2019-02-13.

数据驱动：亚马逊的智能服务

美捷步的"惊叫"体验，本质上是为用户提供极具个性化的服务，而能够为用户提供个性化的服务，则是建立在对用户需求的深刻洞察之上。美捷步 CEO 谢家华在一次接受采访时说："我们实际上是服务行业，只不过碰巧在卖鞋。"这种理念说明了美捷步的重心是创造"惊叫"的服务体验。

这种对用户更为深刻的洞察，数字技术在其中起到了至关重要的作用。美捷步被亚马逊收购之后，亚马逊强大的机器学习技术，就在提升用户体验方面起到了良好的作用。

在鞋类服饰市场，传统的实体零售让消费者实现身临其境的体验，而电子商务的终极目标，就是让客户觉得如同在商店一般自在，并能够安心地了解商品的用途、外观，就像他们现场试用一样安心。

对于电子商务网站而言，提供近似于线下的体验是一项艰巨的任务。美捷步是如何做到的呢？

美捷步运用了亚马逊的 AWS 云服务的综合解决方案，大幅改善了电子商务用户体验。美捷步认为，提供准确的推荐是提升购物体验的关键。美捷步隔夜送达的免费快递服务、长达 1 年的退货政策，在大大增强用户购买信心的同时，也产生了高昂的成本。并且，这些服务虽然消除了用户购买商品时的顾虑，但并未让用户拥有"个性化"的体验。

如何降低退货率，同时又不影响客户体验？这是美捷步运用机器学习技术，重点分析和解决的问题。

美捷步优化用户个性化体验，是从用户搜索商品的阶段开始的。在搜索阶段，公司通过机器学习分析用户的消费习惯，形成一套针对每一位用户的个性化建议，以提高搜寻关联性，提升用户的潜在购买需求。在优化个性化推荐的同时，美捷步还必须确保，搜索的性能不会因增加太多个性化的参数而降低，准确和快速地搜索是确保用户卓越体验的关键。美捷步的策略是，预先计算特定结果，并使用多种简单的算法模型，以平衡准确性和性能开销。

人工智能技术运用的效果是，美捷步处理的搜索请求中99%的搜索结果，可以在48毫秒以内完成。服饰退货大多是因为尺寸问题，在新的推荐算法下，美捷步大幅提升了对用户尺寸建议的准确性，大幅减少了用户的退货次数，并实现了更高的搜索点击转化率。

嵌入合作：从合弄制到供应链

服务个性化转型的最后一个环节是实现企业全价值链的个性化转型。美捷步的做法是将企业内部组织根据业务进行重新整合。2020年3月，美捷步开始全面在公司推行"合弄制"（Holacracy）。

合弄制最早在2007年，由美国Ternary软件公司的创始人Brian Robertson提出。Robertson在软件公司的工作经历让他意识到，传统公司的管理等级制度不够灵活。合弄制管理模式彻底摒弃传统公司的经理、主管等一系列职位，而将市场营销、人力资源、客户关系等具体工作职责分散到一系列工作"圈"中。

实行合弄制之后，美捷步的员工不再有具体的职位，传统职位的职能被分解为一个个"角色"，每个角色都有约定好的职责范围。员工可以自行选择自己的角色，如果员工愿意，也可以选择多种角色，并根据角色要求决定工作内容。例如某位员工原来是公司市场营销部的员工，在实行"合弄制"后，他可以继续做市场营销的事，也可以同时在此之外担任其他角色，如战略、客户关系管理等。

公司原先中的部门被不同的"圈层"取代。每个圈层具有独立的决策权。圈层之间也有相互重合的部分，如市场营销圈内的角色就包含社交媒体、广告、网络营销、品牌发展等。因为每个员工可以扮演多重角色，所以员工的工作也有可能横跨不同的圈层。

合弄制取消了经理，在每个圈层由"领导链"，负责制订本圈的目标、给员工指派角色、监督员工表现。通过这样的方式，公司在激励员工积极性的基础上，保持必要的对员工行为的约束。

由于没有经理，对圈层内部的冲突管理，美捷步采用两种机制来约束。一是"代表链"（representative link），由每个圈层自行选出的成员代表，负责将圈层里产生的问题与困惑向有更高权限的圈层汇报，以确保圈层的健康运行。二是开会。如果员工对如何开展工作产生分歧，他们可以在定期举行的"管理会议"（governance meeting）上提出，管理会议会负责明确不同角色的职责范围，制定美捷步的发展方向和目标。与此同时还有"策略会议"（tactical meetings），让员工交流彼此的工作进度，讨论出现的困难并制定下一步行动计划。所有员工都能在会议上畅所欲言。㊀

最后，合弄制还要解决安置不能胜任角色的员工这一问题。

在美捷步的管理系统中，每个圈可以自行决定是否解雇员工，但这也会产生混乱。当领导链解除员工的角色后，员工就进入了无人接管的状态。在美捷步，这种状态被称为"去海滩放空"。曾担任美捷步人力资源高级经理的 Tammy Williams 注意到了这种无归宿现象，决定接管这些无角色员工，在他们被解雇之前给予他们一次重新挖掘自身潜能的机会。在她看来，"海滩"实际上是一个"公司内部的再就业机构"。"去海滩放空"的员工可以通过写日志、参加研讨会、接受性格分析等方式找到自己适合的位置，重塑自己的角色。

完成公司内部的改造之后，外部的合作相对简单，主要是解决快速运输的问题。美捷步的做法是在美国联合包裹运送服务公司（UPS）位于肯塔基州的枢纽机场附近，建有 24 小时运作的仓库。与 UPS 进行紧密的合作，美捷步通常能够在用户下单后，隔夜将产品送达，并免除运费。这样大大优化了用户的购买体验。

我们通过美捷步的案例可以看到，个性化服务是"智"+"情"的有机结合。企业在对用户需求的理解上，能够以同理心站在用户的角度思考问题，做到情感融合。有了情感的基础，还需要智能化的手段，才能高效地满足用户需求，也就是"智"的融合。因此，个性化服务的最

㊀ 联商网. 干掉 CEO 的"合弄制"在 Zappos 是如何推行的？. [EB/OL] (2015-10-19). http://www.linkshop.com.cn/web/archives/2015/335597.shtml.

终体现就是"智情驱动"的企业。

分进合击，引爆未来

至此，我们完成了企业实现数字化颠覆和数字化升级的两条战略路径（见图 8-3）。

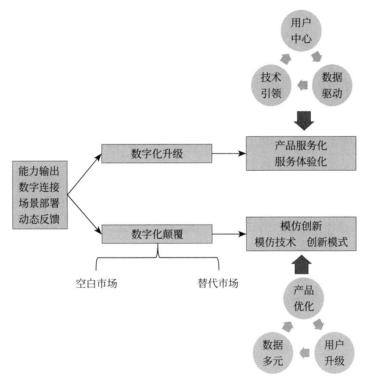

图 8-3　企业升级战略路径

企业的数字化颠覆，即企业面对空白市场或替代市场，以"产品优化、用户升级、数据多元"三个核心支柱，通过模仿技术、创新模式实现从低端市场到高端市场的颠覆。企业的数字化升级，即实现从产品向服务转型，从标准化生产向个性化生产转型。两条路径的交汇融合，最后在一个点上引爆企业的升级。在未来，企业一定会从一个标准化产品经营商，转型成为个性化服务提供商。个性化服务提供商的显著特征是：产品服务化，服务体验化。体验是一种以个性化方式与每个个体互动，形成满足特定用户任务的活动。耐特菲姆通过数字化手段为用户提供完成高效种植任务的一种无缝体验，约翰迪尔通过数字化为用户提供量身定做的农机具操控体验。体验既给用户带来了价值，也给企业带来了利润。它有五个要素：

（1）数字驱动是核心；

（2）用户任务是中心；

（3）产品技术是基础；

（4）用户体验是营销；

（5）能力输出是标志。

数字化升级并不是一个口号，企业服务能力的输出，是对其服务个性化转型效果的终极测评。

| 核心总结 |

1. 数字化推动企业向服务转型是大势所趋，但需要注意的是，向服务转型并不是一蹴而就的事情，需要企业具有长远的战略眼光，同时要求企业能够承受转型早期利润下降的压力。
2. 企业向服务转型需要经过三个阶段：基础阶段、增值阶段、核心阶段。
3. 产品和服务融合的实现，离不开数字技术的支持，未来企业要做服务必须以技术为驱动，以数据为引领。没有技术和数据的支撑，服务没有土壤；没有服务，技术和数据也没有具体实施场景。产品服务化是开始，服务最终将产品化。
4. 企业实施个性化成功的核心是解决"收益 – 成本"的二元难题，从以下三个方面入手：

（1）需求挖掘，降低定制风险；

（2）数据驱动，寻找个性中的共性；

（3）嵌入合作，价值链的协同。

5. 数字化颠覆和数字化升级战略的最终目的是"分进合击，引爆未来"。智情企业数字化升级路径是从一个标准化产品经营商，转型成为个性化服务提供商。个性化服务提供商的显著特征是：产品服务化，服务体验化。企业个性化服务能力的对外输出，是对其服务个性化转型效果的终极测评。

第四篇

组 织 篇

第 9 章
Chapter 9

数字化时代的组织模式

组织变迁的底层规律，是组织交易成本的变化。我们在本书第 1 章中，谈到企业经营的传统理论是亚当·斯密的分工理论，分工使企业提高了生产经营效率。而随着企业规模的扩大，为了更进一步提高企业的效率，就需要进一步强化企业的内部分工和外部分工。

仅用分工理论来解释企业组织的变迁，存在局限性，分工理论没有考虑企业经营中的核心摩擦力——交易成本。交易成本的概念，由诺贝尔经济学奖得主科斯在 20 世纪 60 年代提出。科斯认为，随着企业规模的扩大，企业内部的分工也逐步深化，效率会相应提升。但是随着企业规模的扩大，企业内部部门与部门之间、团队与团队之间、员工与员工之间的信息沟通和协作的成本也会随之上升，这就是交易成本的概念。而且企业在不同规模的发展阶段时，其交易成本和分工效率的提升速度是不同的，因此企业组织的变迁，本质上是企业管理内部和外部交易成本、提升经营效率的一个动态平衡的过程。

从个体时代到敏捷时代

个体时代的经典标志，是福特汽车推出 T 型车。亨利·福特说过一句大家耳熟能详的话，"顾客可以将这辆车漆成任何他想要的颜色，只要是黑色的。"亨利·福特通过标准化生产，以及高效的分工协作，将生产线切分成 13 个环节，分解简化了每一步生产动作，工人高度熟练，生产效率大大提高。手工生产时代，每装配一辆汽车需要 728 个人工时，而福特汽车的生产线最快只要 90 分钟就可以生产一辆 T 型车。

福特式管理的本质是将人变成机器。亨特·福利临终前在病床上曾经感叹，他这一生一直在思考解决的问题是，他所需要的只是一双手，可是招聘来的却是整个一个人。从这句话中我们可以看出，亨利·福特的核心思想，是将人变成机器，通过高效的分工协作，通过高效的标准化生产来提高效率。

福特汽车如此高的生产效率，又是如何通过组织进行保障的呢？

福特汽车的做法是垂直一体化。福特汽车不仅自己生产汽车轮胎，甚至连上游的橡胶原料都自己种植。原因是因为，在 20 世纪的最初 10 年，橡胶的主要产地在东南亚，当时通信和交通都极为不发达，福特汽车管理上游供应商的沟通和交互成本非常之高，对供应商是否能够按时、按质、按量，向福特汽车提供它所要的橡胶原材料，是缺乏精准控制的。在此背景下，福特汽车采取了垂直一体化战略，通过自己控制原材料生产，降低外部的交易成本。

通过福特汽车的案例，我们可以将个体时代的经典特征总结为三个特点：标准化生产、垂直一体化、雇用关系。

进入 20 世纪六七十年代后，随着交通、通信技术的发展，企业内部团队之间、企业与企业之间的交易成本实现了大幅下降。企业之间的沟通、协作变得更加容易和顺畅。这种变化，促使企业进入链条时代（供应链时代），迈克尔·波特经典的竞争理论，也是基于供应链提出。这一时代的典型特征是宝洁公司和沃尔玛的关系。宝洁公司作为品牌商，管理品牌和产品，而沃尔玛作为零售商，管理的是它的渠道和网点，两家公司紧密合作，它们的管理信息系统高度对接，形成紧密的供应链合作。所以供应链时期企业的三大核心要素分别是：核心竞争力的打造、价值链分工、合作关系。

今天，在我们进入数字化和互联网时代之后，企业之间的协作关系，发生了三个底层的趋势性变化。

第一个趋势性变化是，通过运用数字化手段和互联网技术，企业之间的交易成本快速下降。也就是说企业与企业之间、团队与团队之间的信息交流和协作互动，将会变得越来越高效。我们可以设想一下，现在运用远程协同办公软件，可以解决很多在二三十年前无法解决的远程协作问题。这带来的底层变化就是，企业和团队的组织形态将会越来越精干，企业不再需要管理一个巨无霸团队。由于企业可以与外部进行更高效的协作和互动，企业所需要的资源和能力，可以更高效地从外部获取，组织就可以更加灵活。

这里有一个经典的案例，是芬兰的一家公司叫Supercell（超级细胞）的游戏公司。这家公司只有20人左右，却推出了《部落冲突》《卡通农场》《海岛奇兵》《皇室战争》和《荒野乱斗》等一系列热门iPad游戏。Supercell的秘诀在于，它是由各个细胞组成，各个小团队的运作都非常独立。公司只衡量各个团队的结果，不设专门的管理过程，以最大化地提高效率。公司非常透明和开放，所有人共享数据。2016年，Supercell以40亿美元的价格出售。Supercell也是目前独角兽企业的一个趋势，即规模越来越小，估值越来越高。

第二个趋势性变化是，在数字化和互联网时代，如我们在第2章所阐述的，有两个基本的变化，一是市场的不确定性越来越强，二是由于市场存在圈层化的趋势，市场将逐步由浅海市场变成深井市场，即一个小品类的市场渗透会越来越深。其原因在本书第4章用户洞察部分有详细阐述，此处不再赘述。

第三个趋势性变化是，行业呈现寡头化，由于数字技术降低了企业交易成本，使得企业具备更加显著的规模经济和协同效应，大型企业赢家通吃的现象将更加显著。例如 2020 年全球搜索引擎市场，谷歌占有 92% 的市场，第二名微软 Bing 仅占 2.6% 的市场，在这两家之后的搜索引擎市场几乎可以忽略不计。同样，操作系统、社交网络、浏览器也都呈现出这样的商业规律。行业的寡头化趋势，要求企业逐步扩大边界和规模。当然企业边界不会一直扩张，因为当企业的管理成本大于外部的交易成本时，企业继续扩张就不具备经济价值。此外，如果企业规模过大，各业务板块之间进行协同时，可能要跨越较多的组织部门或层级，协同的成本会增加。同时，因企业规模扩大而导致的地理位置的扩大，也会造成协同难度的增加，最终导致企业协同效应的丧失。

在这种大背景下，组织该如何应对？

目前比较流行的观点有两类。第一类主张采用"大组织、小团队"的方式，也就是将一个企业彻底平台化，打造成若干个"特种兵团队"，一个特种兵团队应对一个不确定的市场。然而，这类看似理想的解决方案背后的问题是，企业内无数的小组织无法形成合力，难以推动整个企业的转型。

第二类是所谓的独立运营模式，主张将公司拆分为若干自负盈亏、独立运营的小型组织。这就相当于一艘大船即将搁浅，我们用摩托艇去救大船，结果往往是摩托艇出去了，却没有将大船救回来。以上是常见的两类组织变革问题。

具体到实践中，企业应如何选择自己的组织形式，我们提供了一个选择框架（见图 9-1）。我们将企业面对的环境分为两个维度：一是市场复杂度，二是内部复杂度。根据复杂度的不同，企业可选择的组织形式可以划分为四种基本类型。

第一种是独立型组织。当企业面临高度复杂的市场，以及高度复杂的内部环境时，建议企业采取独立型组织的设计模式，即设立一个独立的组织面对外部市场。在数字化时代，企业创建独立型组织与以往相比，其不同之处在于，企业可以利用数字技术对独立型组织赋能。例如海尔的小微企业，就可以利用海尔集团的物联网平台，共享海尔集团的用户、设计、供应链等资源，即便是小型创业企业，也能依靠数字技术获得集团的强大的资源支持。

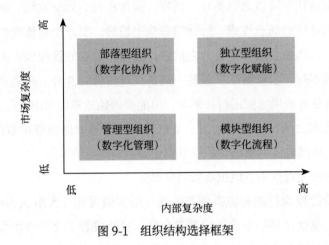

图 9-1　组织结构选择框架

第二种是部落型组织。当企业的内部环境较为简单，市场环境高度复杂时，建议企业采用部落型组织的设计模式。部落型组织的特点是，根据精益创业的原则，如 MVP（Minimum Viable Product，最小化可行产品）和验证性学习（Validated Learning），对组织的功能重新划分，按照新的功能组成不同的"部落"，再以数字技术实现横向跨部门的协作。

第三种是管理型组织。当企业的内部环境和外部市场环境都较为简单时，建议企业采用管理型组织的设计模式。管理型组织与我们常说的传统科层制组织类似，企业的重心在于执行力。该类组织运用数字技术的侧重点在于对管理手段进行数字化，如使用 ERP 系统对企业的生产流程进行管理，使用 CRM 系统对客户资源进行管理等。

第四种是模块型组织。当企业的内部环境较为复杂，面对的外部市场环境较为简单时，建议企业采用模块型组织的设计模式。模块型组织利用数字技术对组织的工作流程进行拆解。由于采用了数字技术，工作流以信息的形式存储，使得过去的链状工作流可以切割成更加细分的工作模块，不同的工作模块之间可以运用数字技术重新组合，使组织变得更为敏捷。目前很多公司采用的前、中、后台设计，就是一种模块化的形式。前台面向用户，提供个性化的解决方案，企业可以根据客户类型的不同，往往设置大量的中小团队组成前台。中台是企业数据、知识的中心，前台将需求提交给中台，中台在业务知识库中进行重新组合、创新，反馈给业务前台各业务模块，实现了快速的迭代创新。

以上四种组织类型，并没有严格的优劣之分，企业应该根据自身内、外部环境的复杂程度做出选择。在数字化时代，我们面临的外部环境更加多变，对组织的敏捷性提出了更高的要求。独立型组织和管理型组织，更多的是在传统组织的基础上进行的升级，在其他的组织管理书中有很多介绍，本书不再赘述。本篇将对部落型和模块型两类组织展开深度的探讨。

组织敏捷化：部落型组织

部落型组织是组织敏捷化过程中被广泛采用的一种组织形式。

在原始社会，人们以狩猎和采集为生。野兽可能随时在不同的地方出现，因此人们面对的是一个高度不确定的外部环境，每天都需要通过大范围搜索进行捕猎。因此，这个时候的社会组织形式是高度动态的小团队，团队行为以达成共同目标的合作为主，团队中的每个人都可能要承担多种角色，并动态地调整。在捕猎活动中，团队中的每个人都要付出全力围捕猎物，并根据团队的活动以及猎物的行为，实时改变自己的策略，以确保捕猎活动的成功。

而随着农耕文明的出现，人们摆脱了逐水草而居的状态，开始了定居的生活。在农耕社会，食物能够稳定供应，资源的富余使人群开始聚集在某一个固定的地方生活。人群的聚集，加之资源的富余，促进了劳动分工的出现，在一定的区域内开始形成一个相对稳定的市场。由于市场的确定性，人们的行为模式也开始相对稳定。此时，需要一个管理机构，规范人们的社会关系、行为准则，使人们遵照规则以相对稳定的行为模式运行，减少不必要的交易成本。这就是国家之所以出现的原因——在未来更好地应对市场的不确定性。

部落制是介于原始群居和国家城邦之间的一种组织形式。部落制盛行于游牧民族，此时的社会形式是，游牧民族的主要经济来源是畜牧业，以放牧为主，同时兼做一些打猎的工作。放牧式的产业形式，使人们在一定时间内可以生活在一个固定的草场附近，形成相对稳定的市场。但是游牧民族依然需要频繁迁徙、逐水草而居。每次迁徙又会产生新的市场和组织形式，因此游牧社会面对的不确定性介于狩猎社会和农耕社会之间，部落制以中小规模的部落为主要组织形式，各部落相对独立，当需要共同解决问题的时候，部落之间形成联盟，通过合作解决共同问题。因此，部落制适用于具有一定不确定性、同时又需要多方协作的市场环境。

人类社会的发展经历了从原始群居到部落再到国家，这三个阶段。企业的发展历程也与之类似。在原始群居阶段，内部人与人之间有分工，来共同实现价值创造。然而价值的分配，取决于弱肉强食的竞争关系，虽然内部的分工一般是男人打猎、女人织布，可是打猎的成果和织布的成果，往往取决于团队内部的竞争关系。在部落阶段，价值的创造，取决于自由的分工与协作。此时，价值的获取更多取决于规则的约束，在一个部落内部，往往由部落最受尊敬的长老来制定猎物分配的规则。

在国家阶段，价值的创造和获取，更多取决于个人的成绩和所处的社会等级。这种将人与人的关系高度等级化的组织体制，也是泰勒现代管理思想的前身。它的优势是对面对确定性较高的市场时，计划控制式的生产效率更高。因为在需求相对固定的情况下，通过分工、指令和控制可以精确地控制每个人的产量，减少损耗，实现更高的生产效率。

但是我们需要思考，在当今的商业社会当中，我们面对稳定的市场机会越来越少。我们面对的是一个不断出现高度不确定性的游牧市场，在此环境下，我们需要思考的是，如何运用部落型组织打造敏捷化的组织。部落型组织和团队型组织、国家型组织的主要区别是，体现在以下四个方面。

第一是价值创造方式不同。部落型组织通过分工＋合作的形式创造价值，在面对不确定性高，市场总量小的环境时，通过部落内部的分工与协作，迅速解决问题。在面对大型市场，需要共同行动时，部落之间根据比较优势，结成联盟，发挥资源和组织的协同作用，共同解决问题。即实现了灵活的协作，也可以解决大规模协作的需求。

第二是价值分配方式不同。部落型组织的价值分配取决于内部达成的共识原则，而不是个人所处的层级或其固化的因素，这对于工作难以精确量化的智力型团队而言，尤为重要。

第三是控制机制的不同。部落型组织既有规则的约束，也依靠团队的共识。规则约束了大的方向，确保组织不会出现重大问题；内部共识为具体细节工作留有一定的动态调整空间，起到有效激励的作用。这种机制使原始组织避免了无规则、无限制、不可管控的局面，也避免了国家型组织缺乏柔性的问题。

第四是信息反馈机制不同。团队型组织强调分工，部落组织强调分工和协作，国家型组织强调的是分工加强协作。可是从价值获取上来说，传统团队型组织，强调的是弱肉强食的竞争关系，国家型组织强调的是指令。而部落型组织强调的是规则，可以实现组织的柔性，又不会失于管控。

部落型组织的理论渊源是美国作家奥瑞·布莱福曼（Ori Brafman）在一本名为《海星式组织》的书中，提出的分布式组织的概念。他在书中把中心化组织比喻为蜘蛛，把分布式组织比喻为海星，对两者的区别做出了详细解释。他指出，蜘蛛是中心化（细胞）组织，如果把它的头切掉后（整个组织）就无法生存了。海星则是由彼此对等（无中心）的一堆细胞组成的，海星撕下的每只触手都可以成长为完整的海星。海星和蜘蛛分别代表现实世界中去中心化和中心化的两种组织。海星型组织在遇到挫折和冲突被分解时，其组织将变成更小的去中心化组织，继续发挥作用；而蜘蛛型组织在首脑被割掉之后，将无法继续运作。相比之下，海星型去中心化运作的组织将具有强大的生命力。

部落型组织与分布式组织相比，在体现去中心化的同时，我们也强调组织能够实现协同，而不要过于松散，分中有合，合中有分。

我们以荷兰国际集团（International Netherlands Groups，ING）为例，来看一家大型金融企业是如何打造敏捷组织的。

ING：打造敏捷化的部落型组织

2015 年是 ING 发展史上非常重要的一年。

彼时，这家成立于 1845 年，见证了银行业一路发展与成长的老牌金融机构，决定张开双臂拥抱数字化浪潮，对荷兰总部进行组织变革，推进敏捷式转型。

ING 前首席执行官 Nick Jue 对此表示："大象被灰狗追赶的画面，正是人们对银行的看法。人们把银行视为大而不灵活的大象，它们每天都被包括诸如金融科技公司及其他新公司在内的'灰狗'追逐。我要做的是训练我们的组织也能像灰狗一样快速、灵活。我想让我们的组织继续做大象，因为我想让它保持大象的力量，但我也希望它能够快速、灵活。"

敏捷式转型，让 ING 这笨重的金融大象在数字化时代飞速奔跑，与传统的金融机构相比，它变得更像一家迅速敏捷的科技公司。这种更扁平化、强调协作且以客户为中心的转型实践，对其他正在数字化浪潮中苦苦挣扎的传统金融机构而言，具有借鉴和参考意义。

转型正当时

对于"危机"与"变革"，ING 有着再深刻不过的理解。

由于金融危机，ING 曾在 2008 年出现经营性亏损，亏损额达 4 亿欧元，一度濒临破产，不得不进行裁员并出售非核心业务。在 2014 年，

ING还因为业务调整，出售了保险部门。但到了2016年，根据市值计算，ING已成为欧洲第四大银行。ING之所以能扭亏为盈，取得令人瞩目的成就，要归功于其在数字化驱动下的敏捷式转型。

纵观当时的背景，我们不难发现在ING推行敏捷式转型的背后，是数字化对金融行业的冲击和客户需求的深度变革。

首先，在科技高速发展的时代，银行业所面临的外来竞争者逐渐增多。银行作为主要金融产品分销渠道的优势正在减弱，取而代之的是快速崛起的金融科技企业，大数据让它们能快速构建客户画像并实现精准营销，蚕食了原本独属于银行的金融产品销售的大蛋糕。此外，在数字化时代，非金融机构也开始在金融行业大放异彩。在PayPal的帮助下，人们不用传统的信用卡或现金，就能实现快捷支付，省去了找零的麻烦，而且苹果在出售iPhone、iPad等电子产品的同时，手机中自带的Apple Pay服务也对传统的支付模式产生了巨大的冲击，银行业的利润空间正在不断被外来竞争者挤压。

其次，数字化在冲击传统金融业的同时，也在不断改变客户的期望值。从Spotify到Uber，越来越多的将"用户友好性"（User-friendly）放在第一位的App应运而生，商家通过分析客户的个人偏好和购物历史，带给客户最便捷也最精准的消费体验。根据埃森哲的数据，75%的客户承认他们更愿意与了解他们的购买历史和喜好，能够根据过去购买的产品向他们推荐新的产品，并能提供更好的购物体验的公司合作。而这一份高期望，同样被带到了金融行业。在数字化时代，客户在每一次使用银行业务及产品的过程中，都会留下大量的数据，而如何利用这些数据，为客户提供更全面、更精准、更便捷的服务，则成了银行业必须思考的课题。

在外来竞争者增多以及客户期望值转变的双重冲击下，传统银行正被迫从原本的舒适区中不断撤离，跟不上数字化节奏的银行就成了沉重的"大象"，只能面对被迅捷的"灰狗"所赶超的命运，银行的未来已不再安全。

根据埃森哲的数据，成功实施内部和外部数字化战略的银行预计将增加收入高达55%，降低成本高达30%，在成熟市场实现约15%的股本回报率。对于每家公司而言，为股东创造价值都是公司战略发展中的长期目标，为此，银行必须紧跟科技快速变迁的步伐，满足新的客户需求和期望，这包括了速度、连接性、便利性和省时性，让数字化更好地赋能于业务，增强银行的风险管控以及业务能力。

也正是因此，ING在2015年对总部进行了敏捷式转型。ING银行首席信息官Ron van Kemenade极有先见之明地意识到，对今天的银行来说，数字能力不再只是"锦上添花"的东西，而是改善客户互动和实现长期增长的必备要件。

打造敏捷式转型

在与麦肯锡顾问的对话中，Ron van Kemenade表示："一方面，数字化不是昙花一现的现象，另一方面，企业也不能奢望毕其功于（数字化）一役。数字化对整个行业有着深远影响，不断提升数字能力已经成为我们的长期目标。自从我加入ING以来，我们一直在努力提高数字化水平。对ING来说，IT技术开发已经不再是支持性职能，它需要与业务全面整合，并且成为银行战略布局的抓手。"

也正是出于这种考虑，ING在2015年对业务进行了全面整合，开始了敏捷式转型。彼时，来自荷兰ING总部市场部、产品管理部、渠道管理部及IT开发部的3000多名员工被告知，他们即将离开自己的工作岗位，其原先所在的部门将被小队的形式取代，以便通过全新的业务架构支持银行的战略布局。

重构组织

在ING的组织数字化转型的背后，是公司用敏捷式转型推动数字化进程的坚定决心。对银行业而言，成功推进数字化变革的重要基石正是对组织架构与管理理念进行革新，效仿充满现代化元素的IT企业，让原本笨重的大象能够灵活奔跑。

因此，在敏捷式转型中，ING重新搭建了由小队、分会、部落和教练构成的组织（见图9-2）。

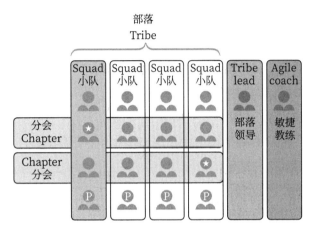

图9-2　部落型组织结构

资料来源：McKinsey Quarterly（January 2017）。

小队（Squad）是敏捷组织的最基本单元，每个小队不超过9个人，并都有一名产品所有者（Product Owner）。小队并不是固定不变的，当一项任务结束后，它就可能被解散，然后再根据新的任务重新组建具有不同专业背景的多元化团队。

部落（Tribe）是由业务相关的多个小队所构成，每个部落都会有一名负责人，协调各小队之间的任务、统一成员的认识和观念、确立任务的优先顺序，使整个项目更为顺畅，ING的部落人数在150人以内。

分会（Chapter）则由不同部落中负责相关业务的多个小队构成，每个分会也会有一名负责人，决定各成员如何更好更快地完成不同敏捷小队的工作。此外，敏捷组织还会配有敏捷教练，负责指导高效团队的建立及流程改进。

对有超过170年历史的ING而言，这绝对算得上非常大胆的举措。集团舍弃了原有的组织架构和早已成熟的任务流转体系，转而采纳非正式的网格管理结构，授权给各个小队。这种有别于传统金融机构的组织架构，让 ING 更像一家充满活力的科技企业，并且，由具有不同背景的成员组成的多元化作战小队紧密配合的做法，让 ING 在数字化之路上走得更为敏捷。

部落型组织的三个要素

部落型组织要想顺利运行，需要具备三个基本要素：向下赋权、权责到位、规则透明。向下赋权是部落型组织的基础，只有确保一线员工有足够的权限应对变化，才能确保组织的敏捷。权力必须和责任相统一，组织赋予一线员工足够的权力的同时，也需要明确其所负担的责任，这样才能确保员工正确地运用组织所赋予的权利，为客户创造价值。最后，权利责任的划分、相应的考核机制都应该透明化，这样才能确保组织在既定的规则下运行，不会产生偏差。我们仍以 ING 为例，看它如何设计这三个基本要素。

向下赋权

在 ING，由小队、分会、部落和教练构成的敏捷式组织通过向下赋权，增强了员工的参与感与主动性。麦肯锡在《客户体验：领先银行的成功之道》中表示，银行要转变领导角色，对团队充分授权，使团队能根据多变的市场环境和客户需求迅速做出决策。领导需要从"家长"变为"辅导员"。领导更像战略家、设计师、辅导者，注重培养团队自主运作的能力，并在一旁起到促进作用。

ING 的这种敏捷式转型，恰好能满足数字化时代快速迭代的客户需求，并对此做出积极响应。ING 负责商业银行客户体验业务的赫尔曼发现，在实施敏捷工作方式后，员工参与度显著提高，在他的团队中，员工参与度达到 93%。员工的反馈意见包括"我觉得我让自己变得更有用，我的工作对公司的影响更大"和"我喜欢在 ING 工作，并为塑造银行业的未来做出贡献"等。

在敏捷式转型中，领导不再是高高在上的命令发布者，而更像推动任务顺利进展的协助者，以及协调小队内部流程的辅导员。由于每个小队都有来自不同领域的专业人士，因此在面对客户的最新需求时，这些队员能迅速根据自身特长，以及他们对于一线情况的了解，用最短的时间制定出全方位解决方案，并且快速落地。

在数字化浪潮之下，面对来自金融科技和新兴行业的激烈竞争，这种出于员工主观能动性的快速应对的能力，为 ING 在瞬息万变的市场中立于不败之地打下了坚实的基础。

权责到位

数字化时代改变了客户的期望值，每个客户都希望能得到更个性化、更有针对性的服务，金融业也不例外。面对客户偏好与行为的变化，传统银行以产品为中心，日复一日地提供普遍同质化的金融产品，守着过往积累下的客户资源的老派做法，已经难以跟上时代发展的步伐。更何况随着普惠金融的推广，越来越多的新兴机构进入了金融行业，如果银行始终墨守成规，其利润空间必将被不断压缩。

德勤中国的一位副主席曾表示，银行数字化转型必须并且必然"以客户为中心"。银行必须重新定位其与客户的关系，只有真正走到客户心里的银行，才能屹立不倒。对银行而言，网上银行和 App 还只是流于形式的初阶数字化，为了更好地落实数字化战略，ING 在敏捷式转型中实施了端到端的权责划分，打造良好的客户体验。

ING 不仅专注于提升客户体验的某个"触点"，而且围绕核心客户旅程，推动敏捷、快速、端到端的数字化流程再造。由于每个小队的人员背景都极为多元化，打破了传统银行架构中不同部门间的层层壁垒，更有利于 ING 整合技术、大数据分析、设计、营销、运营等多个维度，进行客户体验提升的一体化运营。

传统机构在推进项目时，相关的工作任务由上一个部门流转给下一个部门，流转完成后，上一个部门的任务就此告一段落。在 ING，小队成员会共同制定任务目标和计划，并制定明确的权责到位制度，团队所有人员都需要对任务持续关注，并且共同为结果负责，这更有利于全方位提升客户旅程体验，在项目测试中，集合各领域人才之力，不断进行快速调试。

数据研究表明，银行只要聚焦 20～30 条核心客户旅程（例如银行开户、信用卡还款、贷款申请）的改造，就可以显著降低运营成本（覆盖 40%～50% 的成本），并大幅改善客户体验（覆盖 80%～90% 的客户行为）。

当员工不再只局限于自己面前的一亩三分地，而是权责到位，参与到敏捷团队，始终关注并跟进客户需求时，他们非但不会降低效率，反而会加快产品的推陈出新和迭代速度，让整个客户旅程体验更为顺畅。据统计，实施敏捷式转型后，ING 的产品发布周期缩短了 80%，从每年五六次大型发布变为每两三周一次小型发布。

规则透明

如果说对于员工的权责梳理，让每个产品项目更好地以客户为中心，推动了银行的数字化进程，那么在对员工的考核方面，也需要做出相应的调整，才能将这种数字化变革长期落实下去。

敏捷式转型意味着银行快速响应数字化时代的变化，做到有机、高效、快速地运转。在向下赋权的基础上，由员工凭借对专业和一线的了解，主动确定目标，并通过权责到位制度，不断更新迭代，实现人人都对结果负责。较之于陈旧的分部门绩效考核，实施敏捷式转型后，ING 在考核中融入了更多定性因素，通过将绩效考核从回顾性审查转变为实时反馈改进过程，来提高银行的绩效。

ING 取消了过往的 5 分制考核打分的方式，采用了"优秀、良好、待改进"三个更宽泛的标签对每个绩效维度进行评价，将成员在敏捷小队中的工作表现、责任心和配合度纳入考量范畴，衡量员工是否达成了每日工作的预期目标,其价值观是否与公司一致,以及是否拥有更高的奋斗目标。在此过程中,团队成员可以相互沟通,看到彼此的绩效报告,确保考核公开透明。

此外,每个部落都会向董事会提交一份季度业务审查(QBR)报告,该份审查报告统一为六页的文件,内容包括部落级别的优先事项、目标和关键成果(OKR)等。每个部落都可以查询其他部落的季度业务审查报告,这种透明公开的文化让每个部落的成功与失败一览无余。

对于处在数字化进程中的银行而言,这种开诚布公是至关重要的,因为市场需求正在不断改变,而银行的各个部落需要针对迭代后的需求做出调整,甚至重新确定目标。如果正在落实新项目的人员能够实时了解到其他部落所面临的困境,以及来自其他部落的失败经验,将会有助于对后续项目及时进行调整,避免"两次踏入同一条河流",在相同的地方反复犯错。而董事会则不会只以成败论英雄,会从多个维度考量每个部落的季度目标完成情况与努力的过程,用更为公平和人性化的考核体系,来配合数据化进程之下的敏捷式转型。

客户中心型组织

传统企业组织往往按照产品线或职能线划分的好处是效率高、协调成本相对低,但缺点是难以形成针对客户的协同效应。部落型组织的目标是按照客户来进行划分的,从而使之成为客户中心型组织。企业一直在倡导成为客户中心型组织,就是组织的架构围绕客户类型进行设计,可是在推进过程中确实困难重重,主要原因就是内部的协调和交易成本过高,各个产品和服务的职能架构需要围绕着客户来进行部署,这自然会导致部门之间在权责划分和利益上出现冲突。部落型组织的最大优势就是在组织架构上让企业可以更高效地围绕着客户来打造组织,"让听见炮火声音的人"做决策并调用公司资源。

当然,我们要提醒企业注意,向客户中心型组织转型,在初期具有一定的风险。哈佛商业评论的一项研究显示，企业在向客户中心型组织转型时，在最初的 3 年中，大多数企业会出现利润下滑的现象。一般在转型 3 年之后，企业利润才开始回升（图 9-3）。

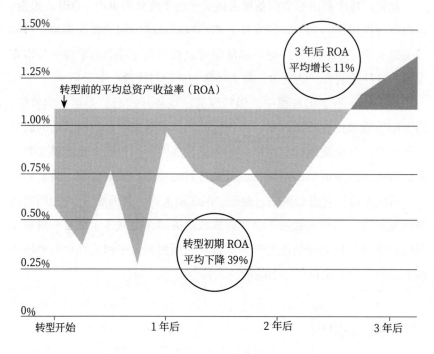

图 9-3　向客户中心型组织转型的"痛苦曲线"
资料来源：哈佛商业评论。

因此，我们建议企业在进行组织转型的时候，最高决策层要有充分的准备。企业要对经营绩效下滑有充分的思想准备和财务准备。一方面，在转型期间，董事会要给予管理层足够的信任，容忍短期绩效的下滑。另一方面，在企业转型开始前，应考虑到会出现利润下滑等问题，在财务上做好资金准备，以避免出现经营困难，或因资金不足而在转型期错失商业机会。

如何建立客户中心型组织，华为以客户为中心的铁三角组织模式（见图9-4），是该类型的典型代表。华为铁三角模式包括两个层面，一个是项目铁三角团队，另一个是系统部铁三角组织。铁三角团队是华为获取客户需求、提供产品和服务的一线组织，是铁三角模式的核心。系统部铁三角组织是为前端提供各类资源支持，发挥集团的资源优势，为项目铁三角团队的业务开展和能力培养而构建的平台。

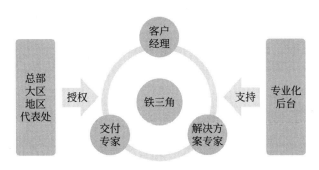

图9-4　华为的用户中心型组织

资料来源：根据公开资料整理。

在项目铁三角团队中，客户经理起着统筹规划和管理的功能，负责项目整体规划、客户平台建设、经营指标的实现、客户需求的达成和体验的优化，对团队的市场绩效负第一责任。

解决方案专家，针对客户需求进行整体产品品牌的设计打造，并为客户提供全方位一体化的解决方案。因此，解决方案专家是产品品牌和解决方案的责任主体，在项目铁三角团队中扮演方案提供者的角色。

交付专家是对客户进行整体交付和服务的第一责任人，既支持项目的前期销售工作，也要对交付和服务的经营指标、整体交付情况和客户的满意度等负责。同时，交付专家还负责构建交付和服务端的客户关系平台，以保证各项业务的成功落地。

在华为，项目铁三角团队以独立经营单元的形式运作，在公司授权的预算范围内，项目铁三角团队可以独立做出经营、资源配置以及奖金分配等重大事项的决策。华为保证项目铁三角团队有不受外部指令干预的自主权，以使铁三角模式顺利落地和高效运作。

通过华为的案例，我们可以总结出客户铁三角模式的通用模型。一个成功的采用铁三角模式的组织应该有三个团队：客户关系团队、客户方案团队、客户交付团队。

客户关系团队，负责建立并维护客户关系和实现盈利性销售。具体职能包括：建立并维护客户关系，并在此基础上有效管理客户的期望；建立财务预测模型，制定定价策略、融资策略，做好风险管控，同时制定谈判策略并主导合同谈判，以保证盈利性销售的成功并完成回款等后续收尾工作。

客户方案团队，负责提供技术和服务解决方案。具体职能包括：解决方案的整体设计、识别客户需求、引导客户接受解决方案。

客户交付团队，负责合同履行和客户满意度管理。具体职能包括：合同执行策略和相关风险的识别与管控，协调解决履行合同过程中客户的争议，以保障合同的顺利执行。

敏捷无终点

敏捷式转型让数字化以润物细无声的方式，渗透到组织的每个角落。除了荷兰总部以外，敏捷式转型被 ING 扩大到包括波兰、罗马尼亚、西班牙、比利时、法国等在内的其他国家。对于这家积极拥抱数字化的金融巨头而言，敏捷式转型没有终点，它是让传统金融企业变成高科技企业的魔术棒，也是企业在数字化时代升级转型的重要抓手，是关于企业发展与前进的永不下课的课堂。

但敏捷式转型也并非万能。在推行敏捷式转型的过程中，ING 的高管发现：并不是每个人都能适应敏捷式转型。赫尔曼表示，曾有一名经理以分会负责人的身份加入，但在一年后，却因为对在 ING 的经历不满而离职。

事实上，这名经理并非个例。虽然某个项目经理可能十分优秀，但这并不代表他就能次次都遇到完全符合心意的团队。根据不同项目的实际情况不断解散又再次重组的小队，其选择成员的理由是多样化的，包括了项目需求、团队技能搭配、初始动机等多重要素，即使是部落负责人，也无法对谁是其下属成员拥有一锤定音的话语权。

较之于传统的层级化组织架构，ING 数字化转型后的组织架构更为扁平化，而且优秀的人都可以成为小队或部落、分会的负责人，不用像过往那样论资排辈，沿着职业阶梯逐渐向上攀爬。诚然，这种对于层级权利的淡化，成为 ING 保持活力以应对数字化时代外界环境快速变化的武器，但对于原有的领导者而言，难免会有人觉得心寒。

在数字化迭代中，原有的指挥与控制的权力消失了，许多中高层管理人员根本无法习惯。ING 推行敏捷式转型后，30% 的前任高级管理人员选择了离开，其中，有人在 2015 年之前就递交了辞呈，也有人在成为分会或部落负责人不久之后就离开了，因为这对于他们而言，依然属于被降职。

敏捷式转型并不适用于所有人。如果有人不能够适应新的文化，或者不能与小队中的其他成员保持紧密合作，他就很难取得成功。对于剩余 70% 选择留下并适应公司新变化的员工，公司可以考虑给予优秀员工更高的报酬进行激励，以降低升职机会减少的负面影响。

此外，即使 ING 已有了荷兰总部敏捷式转型的先例，但在向其他分公司推广敏捷式转型的过程中，它依然需要大量的实践与磨合。如果说数字化对于组织结构的渗透，是将更多的权力从高位让渡到了基层，那么这种更为开放和对等的环境，在一定程度上也加大了摩擦和分歧发生的可能。

例如当部落的两名成员存在严重分歧，他们各执己见，都认为自己提出的方案是正确的，甚至该分歧影响了任务的进度时，该部落的负责人进行协调的难度，要远高于之前在传统金融机构中的协调难度。因为在传统金融机构中，高层领导者还可以使用强权，迫使下属屈服，但敏捷精神强调的是包容、开放与公平，决策需要团队同意，不能自上而下强加。

数字化背景下的敏捷式转型，在提高小队与部落之间的数据共享程度的同时，也对成员的自觉性提出了更高的要求，因为跨部落的数据共享，依然更多地依赖不同部落成员之间合作的自觉。

ING 的网络安全和欺诈部落的一名成员表示："在部落内部做事更容易，在部落外部做事更困难。部落中的 IT 系统，让我们可以更快地完成任务。但如果我要依赖其他部落，那就变得很困难了，因为每个部落都有各自积压的工作，并且它们的成员也会像我一样，'保护'自己的工作。"

这种跨部落的协作与共享，有赖于每名成员对敏捷式转型的理解，以及在协作与共享方面的自觉性。对于这些在实施敏捷式转型后可能碰到的问题，并没有按部就班的解决方案，而是需要 ING 在实践中不断摸索，根据不同成员的实际情况，分别与其进行谈话，让个人目标不断向提升组织敏捷度靠拢。

组织敏捷化：模块型组织

与部落型组织不同，模块型组织侧重的是，在不大幅改变现有组织的情况下，通过数字技术重构组织的流程，以流程的重新组合来实现组织的敏捷。如何实现流程的重构？我们提出了运用数字技术将企业组织能力进行拆分，实现任务模块化、流程数字化、内部市场化、考核颗粒化的思路。

数字技术实现了工作流程以数字的形式在业务系统中进行流转，因此过去无法拆分的组织能力，在数字化时代可以拆分成模块的形式存在于组织之中。例如过去房产中介的信息录入和带人看房通常是一个人来完成，而通过信息系统可以将这两个行为拆分为独立的模块，再通过内部市场化的方式，为不同业务模块的参与方提供有效的激励，就可以调动更多的资源，使组织更加敏捷。当然，实现任务模块化和内部市场化的前提是，组织已经将业务流程进行了数字化重构，并能进行更加精细的颗粒化考核，来保障内部市场化的实施。

我们以贝壳找房和步步高为例，来看数字技术是如何对组织进行上述四个方面的重构的。

任务模块化

任务模块化，是运用数字技术将过去由一个角色按顺序完成的工作，拆分成若干个模块，每个模块由不同的角色完成，或者对这些模块进行重新组合，从而使组织更具弹性的管理方式。

房产中介公司的生命线是房源和客源，而联结房源和客源的，就是经纪人。因此，经纪人可以说是房产中介公司的核心资产。但是，在绝大多数的公司里，经纪人之间的业务更多的是竞争而非合作。这是因为，在传统的经纪人管理模式下，只有最终促成交易的经纪人才能获得佣金，而参与该交易的其他经纪人在该交易中得不到任何收益。这种机制导致经纪人没有动力将自己辛苦获取的资源拿出来进行分享，更无法通过分工实现工作效率的提升。

贝壳找房的做法是，运用数字技术将工作流进行模块化拆分，再为不同的模块指派工作角色，并以相应的激励机制引导相关角色的行为模式向合作共赢转变。在数字技术出现之前，贝壳找房的做法很难实现，因为缺乏将工作流信息化的能力，从而无法将工作流模块化。在数字技术能够将工作流进行信息化并消除信息孤岛之后，贝壳找房终于实现了这一合作机制的运行，这个机制就是被称为 ACN 的经纪人合作网络。ACN 的本质是打破现有信息的孤岛化格局，将客源和房源有效地打通，盘活所有的资源，以便进行更加有效的匹配。当信息的隔板被打开后，在合作网络触发下，商机线索会以几何倍数增长。

ACN 把经纪人的工作流程进行了数字化重构，有效解决了"房""客"和"人"（经纪人）之间联动的难题。其合作架构主要包括三部分，即以房源流通、联卖为核心的"房"的合作网络、以跨店成交比管理为核心的"客"的合作网络和以信用分管理为核心的"人"的合作网络。在贝壳找房的 ACN 中，包括 10 个关键角色，其具体分工如表 9-1 所示。

表 9-1　贝壳找房 ACN 合作网络的 10 个角色

	角色	职责
房源方	房源录入人	将业主委托交易的房源录入系统
	房源维护人	熟悉业主、住宅结构、物业管理以及周边环境 在客源方带看时陪同讲解
	房源实勘人	在贝壳系统内申请并完成对委托房源拍摄照片或录制 VR
	委托备件人	获得业主委托书、身份信息、房产证信息并上传至政府指定系统
	房源钥匙保管人	征求业主同意，获得业主所出售房源的钥匙
客源方	客源推荐人	将契合的客户推荐给其他经纪人
	客源成交人	向客户推荐合适的房源并进行带看 与业主谈判、协商，促成双方签约
	客源合作人	辅助客源成交人，帮助匹配房源，在带看和交易时协助准备文件、预约等
	客源首看人	带客户首次看成交房源的经纪人
	交易/金融顾问	签约后提供相关交易服务及金融服务

资料来源：根据网络公开资料整理。

流程数字化

实现任务模块化的基础是流程的数字化。贝壳找房的做法是将 ACN 上的每一个角色之间的衔接，用数字化进行改造。

房源录入人，是第一个把房源录入系统的经纪人，也是启动整个房产交易流程的人。房源录入人，可能是房源附近一家门店的经纪人，也可能是以前把房子卖给业主而赢得业主信任的经纪人。这个角色具体是谁，有一定的随机性。房源录入人，未必正好在房源附近。他可能只是认识业主，所以无法帮助房子成交，甚至无法陪同客户看房。所以，需要一个在房源附近、熟悉小区环境、可以陪同客户看房的经纪人，这就是房源维护人。

有了房源后，需要拍照甚至录制 VR。这个角色虽然可以由房源维护人担任，但是因为拍照、录制 VR 的工作具有一定的专业性，所以最好由专业人员担任。这个角色就是房源实勘人。

另外，房产交易中有大量事务性的工作，比如获得业主签字的委托书、身份信息、房产证信息，然后上传到政府指定的系统。这些工作虽然看起来琐碎，不创造明显的价值，但又绝不能出错。因此，一个门店可以指派一位工作非常细致的员工担任这个角色，这就是委托备件人。

房源管理中，有一个角色很关键，就是房源钥匙保管人。因为业主一定是把钥匙交给他最信任的人。这个人很可能也是房源维护人，也陪同客户看房，但这个角色是独立的。

客源推荐人是第一个接触、引入客户的人。不管客户以何种形式找到客源推荐人，系统都会明确他的角色。客源推荐人未必有很强的销售能力，因此他可以将后续工作交给其他角色完成，而公司会在内部通过市场化的方式分配收益。在这种情况下，帮助客户找到满意的房子，并完成带看、成交、最终签约的人是客源成交人。当然，如果客源推荐人具备达成交易的能力，也可以兼任这个角色。这就解决了过去因缺乏经验的销售人员即便自己不能达成交易，也不愿分享信息，而导致行业蛋糕无法做大的问题。

很多时候，经纪人是小组作战的，总要有一个辅助的角色，比如负责在带看和交易的时候准备一些文件等，这个角色就是客源合作人。客源合作人通常是比较年轻的经纪人，虽然他的佣金分配比例不高，但是他可以获得向老手学习的机会。

经纪人 A 带客户看了一套房子，没看中。他又和经纪人 B 去看了几套其他房子。最后兜兜转转回来买了最开始看的那套，但成交人不是经纪人 A。那么这个经纪人 A，就是客源首看人。在过去零和博弈的情况下，如果不能达成交易，客源首看人是最吃亏的。所以 ACN 要保护客源首看人，这样才能有效预防抢单、撬单。

ACN 有统一的交易中心。客源成交人把客户带到交易大厅，然后由专人负责帮助业主、客户完成签约、贷款等交易手续，这样，一方面可以减少客源成交人的事务性工作，另一方面也可以降低交易风险。这个人就是交易/金融顾问。客源方的这 5 个角色完成了后期的交易环节。

内部市场化

为保障流程数字化在企业内部能够有效运转,各模块能够有效地重新组合、衔接,企业需要在内部建立一套市场化机制,激励员工增强协作、多劳多得。

在贝壳找房的 ACN 中,一个经纪人可能同时承担多个角色。做贡献的是角色,得利益的是人。所以,一定要把角色分清楚。这样,承担角色越多,收益也就越大。房源方 5 个角色加在一起,大约能够分到中介费的 40%。剩下 50% 左右的中介费,则分给客源方的 5 个角色。

另一个内部市场化较好的案例是我们第 2 章中提到步步高集团。我们当时有一个问题没有解答,即在智能化运营的情况下,组织要具备一定的敏捷度以支撑业务运营。但是传统的用工方式,使员工被固定一个岗位上,岗位不能与业务实现同步的动态调整。

步步高集团采用的做法是,运用数字化手段打破传统的用工方式,以内部跨岗位的协同来实现动态用工。步步高集团用数字化工具来激活组织和个体,从而实现自我驱动。首先,步步高集团建立了合伙人机制和动态用工平台。合伙人机制要求把工作目标分解到最小的业务单元,步步高集团将工作目标分解至从店长到小店长再到员工的每一层。其次,再将每个职位的过程支撑能力分解到个人,这建立在集团对工作过程的绩效能够进行准确量化的基础之上(见图 9-5)。

原来每个部门的编制都是固定的,这个部门很忙的时候,另外一个部门可能很闲。合伙人机制实现了组织的模块化,每一个员工的能力能够被准确地衡量,这个时候就可以实现动态化的管理。步步高集团通过数字技术,将业务流程完成数字化,建立了一个抢单平台,以内部市场化的方式,破除部门和职责的限制,让员工集中在一个平台上去抢单,按员工完成的每一个任务,给员工核算工资和提成,或者计算奖金。

原来的合伙人有很多的局限性,责权利不是很清晰。但是,用大数据可以对员工的绩效进行量化分析,让每一个员工做好自己的工作。通过抢单平台，步步高集团可以把高峰时人手不足的工作发布到平台上，员工可以选择去杀鱼或收银，系统会自动为其核算工资。但是，系统内有每个员工做每项工作的熟练程度的数据，根据该数据，能力高的员工优先得到相应的任务。

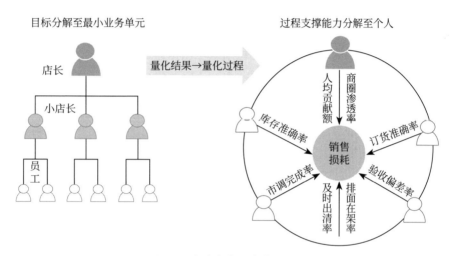

图 9-5　步步高集团合伙人机制

考核颗粒化

考核颗粒化是组织模块化的最后一环，业绩考核是使组织各项活动得以有序开展的保障。在模块化的敏捷组织中，由于各项业务流程已经高度模块化，员工在组织中会有多种角色可以选择，因此企业的绩效考核也需要做相应的调整。绩效考核指标的设计原则，应该参考经济学中边际收益的概念，即评估各模块（或流程）的参与者，在其参与的每一个环节中创造了多少价值增量。绩效考核由多个"颗粒"构成，最终形成总的绩效链条。

在贝壳找房的 ACN 机制下，ACN 的 10 个角色的设定，就运用了考核颗粒化的原则。如果你是一个新人，没有经验，签不了单，怎么办？那么你可以先当"委托备件人"或者"客源合作人"，从事务性工作开始做起。这些工作在过去可能是没有收入的，但是在模块化之后，这些工作为后续工作创造了价值增量，因此你也可以得到佣金分成，同时也获得了向前辈学习、持续成长的机会。

而在过去，新人在加入行业的第一天，就要和业内最有经验的经纪人同台竞技。这样显然不利于新人的成长，直接的结果就是新人从业时间短，仓促更换工作，或者做出一些短期行为。

步步高集团的动态用工，也将绩效考核指标进行了细化，如每个小店应该用多少人，应该用多少正式工、小时工，各部门在人手不够的时候可以发布需求，其他部门可以过来帮忙，每个任务每半小时计一次薪酬，以颗粒化的考核激发员工积极性。从表9-2可以看出，运用动态用工后，步步高集团员工的工作效率有了大幅提升。

表 9-2　步步高集团某收银岗位绩效提升情况

月份	POS 收银（单）	智能收银（单）	拣货单数（单）	POS 有效工时占比
2018 年 4 月	4609	0	0	24%
2018 年 7 月	7990	542	0	58%
2018 年 8 月	6289	2581	330	57%

区块链和组织敏捷化

组织在未来的发展，与新兴数字技术的推动作用有很大关系，尤其是区块链技术的推动作用。区块链的优势在于，它可以极大地降低企业的交易成本和委托－代理成本，进而改变了人与人之间协作的方式。

区块链的工作原理如图 9-6 所示，各参与方拥有相同的账本，当某项交易产生时，相关信息将通过 P2P 网络的方式扩散至所有的节点，每个节点使用既定算法共同验证交易和用户状态，共担风险，并且这个验证结果也会通过 P2P 网络的方式扩散到全网，一旦被验证，该交易会和其他交易被结合在总账上，形成一个新的区块数据，随后，新的区块被永久且不可改变地增加到已有区块链顶端，至此，整个交易完成。

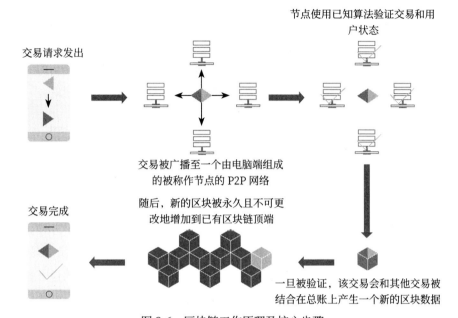

图9-6　区块链工作原理及核心步骤

资料来源：赵先德，付文慧，王良，等.供应链创新新动力[J].中欧商业评论，2007（11）.

区块链具有四个主要属性：透明性、不可篡改性、可编程性、去中心化。

区块链是不受中央机构控制的分布式账本。区块链中的每次交易会形成一个新的区块，区块包括区块头和区块，其中区块头记录当前区块的元信息，包括交易的时间、上一个区块的哈希（Hash）值、本区块的哈希值等，区块体则记录交易的具体信息。区块头之间通过哈希值建立联系，形成连续的区块，并广播到全网（见图9-7）。因此，区块链上的每次交易都需要经过全网的认证，信息全网透明，不存在中心化的管控组织。哈希算法确保了信息不会被篡改（注：51%算力攻击可以篡改区块链的信息，但现实中几乎不存在这种操作的可能性，因此，我们可以近似地认为区块链不可篡改）。

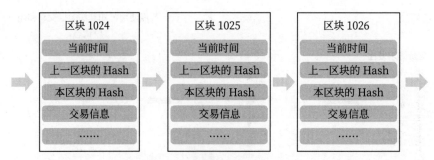

图 9-7　区块链基本原理示意图

资料来源：齐卿，司欢．2018 区块链白皮书．

区块链由"智能合约"提供动力，"智能合约"是一组自执行协议。借助智能合约的可编程性，它使注册的对等方能够自动匿名地验证交易，并决定是否可以按时间顺序将新区块附加到区块链中。区块链的这一特性，用技术验证的手段代替传统交流中的信任关系的建立，使得区块链上的交易双方，无须关注信任关系的建立。最后，凭据数据公开给所有参与者，不良行为的发生将受到共识机制的阻碍（共识机制是区块链网络中使用的容错机制，通过使区块链上的数据不可变来确保安全性）。

因此，区块链的核心价值在于共识机制和智能合约，区块链技术为组织敏捷带来了两个好处，即信任和透明性。

从交易成本的角度来看，交易成本经济学使用有限理性的假设，解决了机会主义行为可能由于信息不对称而发生，从而导致行为不确定性增加的问题。区块链通过共识机制，验证区块链共享的信息，促进链上参与者建立协作。区块链实现了让信任在团队合作中变得不再重要，降低了交易成本。

另外，实施智能合约后，组织对于团队成员的监督也变得不再必要。区块链造成的这种转变不仅实现了用透明且可审核的通用账本来定义"真相"，还通过加密和智能合约加强了各方的责任，从而进一步降低了交易成本。因此，通过控制机会主义（最小化交易成本），部落型组织的团队可以更加高效地协作。

从代理成本的角度来看，在组织内部，委托－代理问题源于团队（代理）与高管（委托人）之间的利益冲突和信息不对称。区块链可以减轻委托代理问题，委托人和代理人之间的冲突在于双方都希望自身利益最大化。通常情况下，委托人更看重组织的增长，更看重长期利益的实现；代理人希望在有限的任期内，使自身报酬最大化，更看重短期利益。这造成了委托人和代理人在激励目标上出现分歧。为了监督和限制代理人的行为，委托人以要求代理人履行合同作为手段，并通过定期召开会议（监控成本）来更好地平衡各方的利益。

有两个因素对于减少委托－代理问题的出现至关重要，即激励和问责制。首先，在委托人与代理人的关系中，委托人通常会提供激励措施，以促使其与代理人互动并减轻道德风险。其次，明确的个人问责制可以减少委托人和代理人之间的利益失调。区块链的智能合约则提供了一个新的机会，可以通过分散的方式改善利益关系。智能合约和区块链的透明度和问责制，阻碍了委托人或代理商的机会主义行为的出现。由于每笔交易都是实时可观察的，这杜绝了信息造假或信息不对称情形的产生。信息的透明，使问责制得以有效地实施，这样就可以有效地减少委托－代理问题的出现。

智能化机器决策

组织敏捷化的另一个重要方面就是数字化带来的高效的智能化决策。决策理论的创立者西蒙认为，一个企业组织机构的建立及调整不能脱离决策过程而孤立地存在，必须与决策过程有机地联系起来。他非常强调信息联系在决策中的作用。西蒙把信息联系定义为"决策前提赖以从组织的一个成员传递给另一个成员的任何过程"。

在《组织》一书中，西蒙认为，现在的关键任务不是生产、储存或分配信息，而是对信息进行过滤，并将其加工处理成组织的有效的组成部分。今天的稀有资源已不是信息，而是处理信息的能力。同时，西蒙将"决策人"作为一种独立的管理模式，指出经理人的重要职能就是做决策。他认为决策的制定包括四个主要阶段：①找出制定决策的根据，即收集情报；②找到可能的行动方案；③根据当时的情况和对未来发展的预测，从各个备择方案中选定一个方案；④对已选择的方案及其实施进行评价。

人的决策和智能化的机器决策之间的关系，可以从三个维度来思考：①决策目标，②决策的类型，③决策风险。

第一个维度是决策目标。西蒙决策理论的核心概念和根本前提是决策者的"有限理性"。决策者由于在主观上受认识能力、知识、价值观念等方面的限制，在客观上受时间、经费、情报来源等方面的限制，往往不可能做出"最理想""最优化"的决策，只能做出在当时条件下"令人满意"的决策。从这个维度来说，决策目标可以分为：最优决策（就是可以分解为量化的指标的决策，如外卖的派单，可以把目标分解成具体的时间和距离）和最满意决策（难以分解成量化指标的决策，如高管招聘就很难形成量化的指标，这取决于很多人为的因素，包括和团队的默契程度等）

第二个维度是决策类型。西蒙将决策分为程序化决策和非程序化决策。由于我们永远只有关于过去的数据，没有关于未来的数据，因此机器决策的一个主要困境是易受系统性的非连续事件的影响。程序化决策是那些常规性、反复性的例行决策，可以通过一套例行程序来处理的决策（如对员工年度表现的考评）。非程序化决策是指对那些过去尚未发生过、确切的性质和结构很复杂或者作用十分重要，而需要用现裁现做的方式加以处理的决策（如新产品项目的立项）。

第三个维度是决策风险。根据不同的风险性质，决策可以分成两类。第一类决策是指结果影响巨大、事关生死且不可逆的重大决策。这类决策就像单向门，一旦决定迈过这扇门，就没有回头路，比如企业的兼并收购问题。第二类决策是指结果影响不大、过程可逆、可灵活调整的常规决策。这类决策就像双向门，一旦决定迈过这扇门，不行的话，还可以随时退回来，比如选品策略等。

人工智能和大数据技术的不断发展，在不断提高机器的智能化水平。尤其是计算机对适合使用既定规则的决策具有人类无法企及的运算速度，能快速得出结果。如滴滴出行的路线规划，在亿万数据中规划行进路线，就不可能通过人工的方式来实现。

但是机器决策也有明显的缺点，由于过度依赖数据和规则，机器决策对于异常情况的处理十分乏力。如著名的长期资本管理公司（LTCM）就因为算法不够完善，导致公司出现巨额投资亏损而破产。

因此，企业如果不加区分，所有决策都用第一类决策的方法，就会导致公司行动迟缓、不敢冒险、不敢尝试，从而难以创新突破。如果所有决策都用第二类决策的方法，那么只要在一个关键决策上犯下致命的失误，公司可能就此不复存在。

对于在实践中企业应如何选择决策方法，我们提供了一个选择框架（见图9-8）。

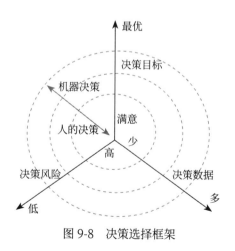

图 9-8　决策选择框架

（1）当决策目标是"最优"，且决策风险相对较低、决策数据丰富时，可以采用机器决策。在采用机器决策时，应由人来制定决策规则，并大胆授权。

（2）当决策目标是"满意"，且决策风险较高、决策数据较少时，应采用人工决策，先运用机器分析数据挖掘真相，然后由人来做出最终判断。

| 核心总结 |

1. 组织敏捷化有三个底层的趋势性变化。第一个趋势性变化是，通过数字化手段，运用互联网技术，企业之间的交易成本快速下降。第二个趋势性变化是，在数字化和互联网时代，是市场的不确定性越来越强和圈层化的趋势越来越明显，市场逐步由浅海市场变为深井市场。第三个趋势性变化是行业呈现寡头化，由于数字技术降低了企业交易成本，使得企业具备更加显著的规模经济和协同效应，大型企业赢家通吃的现象将更加显著。行业的寡头化趋势，要求企业要逐步扩大边界和规模。
2. 根据企业面对的环境的两个维度，即市场复杂度和内部复杂度，企业的组织形式可以划分为四种基本类型：管理型组织、独立型组织、模块型组织、部落型组织。
3. 部落型组织的三个要素：向下赋权、权责到位、规则透明。
4. 模块型组织的四个要素：任务模块化、流程数字化、内部市场化、考核颗粒化。
5. 企业向客户中心型组织转型，在前期具有一定的风险，需要具备足够的战略定力和耐心。铁三角组织模式，是该类型的典型代表。
6. 敏捷组织是现在和不确定的未来之间的一座桥梁，是对未来趋势的一次次验证。
7. 区块链的优势在于，它可以极大地降低企业的交易成本和"委托－代理"成本，进而改变了人与人之间协作的方式，推动组织转型为部落型组织。
8. 人的决策和智能化的机器决策之间的关系，可以从三个维度来思考：①决策目标，②决策类型，③决策风险。

第 10 章
Chapter 10

协作网络化

智情企业组织变革的核心是打造敏捷型组织，在组织内部通过部落型组织实现内部的协作网络。在企业外部，数字化智情企业应以开放式生态系统应对不确定性，通过以价值网络为基础的"控制核心，连接边缘"，实现相互赋能，打造协同效应，从而为用户创造独特的价值。

迪士尼的战略协奏曲

"要让迪士尼在中国的这一块业务 10 年到 20 年之内都无法盈利。" 2016 年 5 月，在央视节目《对话》上，万达集团董事长王健林说了这句话。然而，根据迪士尼公布的 2017 年第一季度财务报告，上海迪士尼开园仅四个月游客量就突破 400 万人次，实现营业收入 55 亿美元。在这些数字的背后，并不是迪士尼施展了什么"魔法"，而是其数字化服务系统起到了至关重要的作用。

对于以提供文化产品为主要业务的企业来说，准确把握公众的需求是获得盈利的重要方面。尤其对于海外业务占比更大的迪士尼来说，不同国家的消费者的文化需求可能完全不同，并且对于文化产品的更新需求更强。迪士尼必须不断地扩大和更新文化产品的内容，比如每一年推出大量的电影电视剧为未来可能的盈利打下坚实的基础，并根据大数据更准确地投放产品。

为了从用户的行为数据中洞悉天机，也为了能够提升游客在主题公园的游玩体验，自2013年起，迪士尼便研发了一套名为"MyMagic +"的智慧旅游服务系统。MyMagic + 系统整合了网站、手机 App 和 MagicBands 手环三个部分，是一个典型的物联网系统。

MagicBands 魔法手环中嵌有无线射频识别芯片，不断地采集游客的实时数据。基于这些数据，迪士尼不但可以更好地平衡和疏导园内客流，还能为游客提供极具个性化的服务，包括让游客可提前数月通过网站或手机 App 预订门票、酒店和制定游园行程，在乐园特定情景下提供用户所需要的信息，告知等候时间长的游客附近空闲的游乐点和餐厅打折信息等。

迪士尼乐园及度假区业务主管托马斯·斯塔格斯表示："我们希望为游客提供一种更加浸入式、更加无缝化和更加个性化的游玩体验。通过 MyMagic + 搜集的信息数据，可以让我们的员工叫出某个孩子的名字或者祝某位游客生日快乐。"

2013 年 MyMagic + 在迪士尼奥兰多的四个主题公园和 18 个酒店服务了超过 1300 万名游客，游客满意度得到了明显的提升。到上海迪士尼开园时，这一系统已经得到进一步升级，游客可以用手机 App 完全替代手环，在提供了更好的使用体验的同时，也降低了游客参与的门槛。⊖

通过 MyMagic + 采集的智能大数据，迪士尼能够在管理不同园区时，知道何时需要增加员工、餐厅应该提供何种食物、何种纪念品更受

⊖ 施杨. 迪士尼的战略协奏曲 [J]. 中欧商业评论，2020（6）

欢迎，以及到底需要多少身着卡通人物服装的员工在主题公园内循环表演。MyMagic＋不仅很好地让迪士尼通过用户大数据来审视自己提供的服务与产品，也为今后迪士尼的内容开发提供了大数据参考。

如今，MyMagic＋系统已经成为迪士尼的"数据神经中枢"。然而，早在2013年，当迪士尼决定斥资近10亿美元研发MyMagic+时，又是怎样预见自己的数字化未来的呢？

娱乐业巨头的底层逻辑

实际上，迪士尼既有巨头企业的特质，也有不断创新与变革的基因。MyMagic＋的诞生并非偶然，它是迪士尼利用最先进的数字化管理技术，在移动互联时代贯彻自己发展逻辑的一种体现。

众所周知，迪士尼的传奇始于"米老鼠"。在20世纪20年代末，美国经济正在走向崩溃。1928年5月，"米老鼠系列"第一集《疯狂的飞机》上映。紧接着，1929～1933年爆发了经济危机，不过整体低迷的美国市场，因"米老鼠"幽默呆萌的形象出现，变得有了些许活力，迪士尼与"米老鼠"也在此时得以家喻户晓。

经济危机过后，美国经济持续低迷，大量工人失业，受社会分工限制的女性更难有机会工作。在整体美国社会还未复苏的情况下，迪士尼公司也受到影响面临破产，迪士尼急需一部优秀的影视作品来振奋人心。1937年，迪士尼出品的《白雪公主和七个小矮人》横空出世，并引起空前反响。作为世界上第一部动画长片，及迪士尼公主系列IP的开山之作，《白雪公主和七个小矮人》在当时获得了800万美元票房收入。

1987年10月，"黑色星期一"股灾爆发。当日全球股市在纽约道琼斯工业平均指数带头暴跌下全面下泻，金融市场陷入巨大恐慌。迪士尼的股票也一度下跌了42%。为了挽救危局，迪士尼根据所拥有的IP形象，以及1955年建立的加州迪士尼乐园、1971年建立的奥兰多迪士尼乐园，开始铆足马力研发实景娱乐项目。值得一提的是，迪士尼与乔治·卢卡斯在"星球大战"的IP开发上进行第一次合作，推出首个"星河之旅"主题项目。

与此同时,第一家迪士尼专卖店在加州开张。1989年,迪士尼世界"迪士尼-米高梅影城"正式开幕,迪士尼乐园根据米高梅的IP内容所开发的游乐设施,吸引了大批游客。

借着以IP为卖点的线下实景娱乐项目的成功开发,迪士尼的股价在1989年中期反弹到历史最高点之后,虽在1990年迪士尼股价有所下滑,但很快在1992年初再次反弹到历史最高点。到了2000年,互联网泡沫引发的股灾对迪士尼来说冲击最为严重,其股价一度下跌了70%,直到2011年才重回高点。

2005年上任的CEO罗伯特·艾格可以说是拯救迪士尼于水火的英雄。在任职期间,他通过多次并购影视公司、储存各类IP,让迪士尼持续保持活力。2006年,迪士尼以74亿美元购买皮克斯公司,2009年,迪士尼斥资42亿美元收购惊奇漫画公司,2012年又宣布以40亿美元收购卢卡斯影业,2019年,迪士尼又以710亿美元的价格收购了21世纪福克斯公司,这些大体量的并购都为公司贡献了无数优秀的IP,使公司能够屡次转危为安。

并购之外,迪士尼通过IP授权扩大盈利范围。与此同时,艾格还将触角伸向更多的国际市场,其中重点发力的是中国市场。漫威宇宙系列在中国攫取巨大票仓,上海迪士尼乐园也成功投入运营。在2005年艾格接手迪士尼之前,公司的市值约为550亿美元,至2020年2月艾格卸任前,迪士尼公司市值最高曾一路飙升到2300亿美元。艾格在任期间,迪士尼也正式成为世界级的娱乐巨无霸公司。

迪士尼在每个危机阶段都能当机立断找到一个战略落脚点,并集中全力猛攻。无论是结合时代内容、开发多线业务、线下运营实景娱乐项目,还是远征国际市场,这些举措都使迪士尼迈上了更高的台阶。虽然迪士尼的百年发展道路并不是一帆风顺的,但每一次迪士尼都能凭借精准的战略侧重"化险为夷",这背后的玄妙之处在于迪士尼始终围绕一个核心进行战略决策。

20世纪60年代，第二代继承人罗伊·迪斯尼在一张餐巾纸上，对迪士尼公司当时及未来的业务关系进行了一次网状梳理，所涉及的业务包括电影、迪士尼乐园、特许经营、音乐、出版物等。他发现，所有线索以电影作为中心点交织成了一张网（见图10-1）。

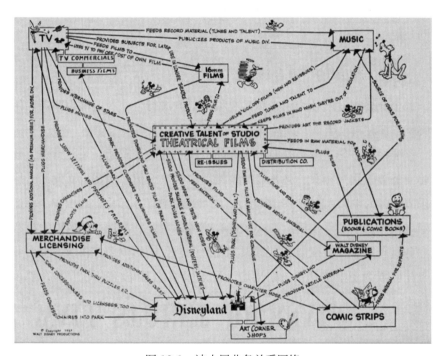

图10-1　迪士尼业务关系网络

如今，我们通过迪士尼的财务数据得知，在迪士尼的盈利占比中，特许经营排名第一，游乐园业务紧随其后。但在这些业务的背后，迪士尼最核心的盈利壁垒其实是电影。从用户的视角来看，电影才是迪士尼的"IP制造机"。

迪士尼在电影业务方面采用帝国思维模式对优质电影生产资源进行收购，以强化优质IP的生产。这也是为什么迪士尼要将皮克斯和漫威纳入电影商业版图的主要动机。当IP通过这些电影逐步生成后，就需要实行特许经营，以达成对IP的价值输出与变现的目标，而这种合作模式属于盟国思维。比如在游乐园业务方面，迪士尼只负责将 IP "赋能" 给承办方实现影响力输出，同样在音乐、出版、电视等方面亦是如此。

换句话说，迪士尼的业务逻辑中既有帝国思维，也有盟国思维。这种封闭与开放相结合的理念，像极了交响乐中的 "协奏曲"，同样也是罗伊·迪斯尼想要表达的迪士尼公司的终极发展逻辑，即 "价值网络，协同效应"。

核心与边缘的 "组合拳"

企业要想发展壮大，必然需要和第三方进行合作，但核心业务要始终牢牢抓在自己手上，以构筑核心壁垒。

要控制核心，就必须要对企业的 "核心业务" 有所认知。首先，核心业务要与用户相关，必须能持续给用户带来价值。消费者涌向迪士尼乐园是因为电影人物的 IP 影响力，而不是冲着游乐园里的过山车、海盗船或古堡这些硬件设施；其次，核心业务是企业利润迁徙的方向，核心业务具有能够通过赋能第三方来实现价值转化的影响力；再次，核心业务能够成为企业的壁垒，如果迪士尼乐园里的 IP 没有版权归属，那么最终这个优势会被大量竞争对手复制；核心业务需要具备较强的延展性，这使它能够投射在多种应用端市场、多用户群市场，反观迪士尼的 IP，就具备在不同领域展现价值影响力的能力。

迪士尼的核心业务是电影。实际上，迪士尼在百年发展的过程中也走过弯路。在迈克尔·艾斯纳担任迪士尼 CEO 期间，他通过收购 ABC 电视网、杂志、报纸、出版社、职业体育队伍、美国互联网公司等，将迪士尼的营业收入扩大到 121 亿美元。然而，从 1996 年开始，随着漫无目的并购，迪士尼的利润出现下滑。究其原因，就是迪士尼收购了一大堆与电影 IP 生产基本无关的 "边缘业务"。由于不重视核心业务能力，迪士尼的竞争力直线下降。

相比之下，罗伯特·艾格成为新 CEO 后，逐步收购了皮克斯、漫威及卢卡斯影业，通过吸纳这些创意公司来弥补迪士尼在电影 IP 创造力方面的短板。此后，随着核心业务能力的掌握与提升，迪士尼公司的股价重回高点。

可见，收购边缘业务和收购核心业务的结果截然不同。也就是说，只有通过"控制核心"，再以"连接边缘"的方式将核心业务优势进行转化，才能形成真正的价值网络。比如麦当劳购买了很多自用的店面房产，但麦当劳并不是一家房产公司，其核心业务依然是快餐。腾讯盈利最多的业务是游戏，但其核心业务是基于社交的软件，如果腾讯没有微信与QQ的导流，游戏业务也不成气候。

对于迪士尼来说，无论是游乐园业务还是周边产品授权，一切业务的基础都是迪士尼电影所塑造的米老鼠、唐老鸭等形象。没有这些IP，游乐园就没有任何特色和优势，周边产品的授权也没有客户和消费者会买单，用户将离迪士尼越来越远，其商业版图也会随之土崩瓦解。相反，核心IP价值也需要通过特许经营的方式连接相关"边缘业务"以产生协同效应。

比如过去20年中，迪士尼音乐版权收入最高的单曲，是电影《狮子王》的插曲。再比如，并非所有游乐园项目都由迪士尼自建。目前，盈利规模最大的两个游乐园，东京迪士尼乐园和上海迪士尼乐园，都是与第三方合作建造的。上海迪士尼乐园由上海市的申迪集团建设运营，迪士尼仅授权输出IP与管理经验。

实际上，在罗伊·迪斯尼的价值网络图中，核心业务与边缘业务之间的每一条连线，都代表着一个协同效应。协同效应的本质，是业务板块之间必须产生交叉火力，能够协同一体，即达到A业务支持B业务，B业务支持C业务，C业务支持A业务的目的。

在这个由迪士尼所构建的价值网络中，协同效应的优点在2020年初新冠病毒席卷全球时下，显得尤为突出。疫情的暴发以及防止其扩散的措施，影响了迪士尼的电影业务及线下游乐园业务。除了位于欧美的所有游乐园从2020年4月中旬起全部关闭外，迪士尼当年7月份之前的所有电影作品，如《花木兰》《黑寡妇》《永恒族》《奇异博士2》《雷神4》，也被迫全部更改档期，这无疑严重影响了迪士尼的票房收入与电影广告收入。

不过，虽然电影业务与线下业务陷入"冰点"，但线上流媒体业务却令迪士尼欣慰不已。2020年4月9日，迪士尼发布报告称，旗下Disney+服务在推出约五个月后，其全球付费会员已超5000万个。在2020年2月初召开第一财季财报电话会议期间披露的付费会员数量仅有2860万个，也就是说Disney+的付费会员在两个月的时间内就激增了75%，这无疑是受新冠的影响所致。

Disney+也成为美国10岁左右的付费会员最多的流媒体，因为相较于其他游玩支出，父母每月支付6.99美元就能让孩子得到相当丰富的娱乐资源。迪士尼的其他流媒体平台如Hulu的付费会员则增至3070万个，ESPN的付费会员也已增至760万个。线上流媒体付费会员数量的增长与广告收入的提高，让迪士尼仅两个月就实现了39.87亿美元的营业收入。

线上流媒体业务的崛起也促使了部分电影业务的战略转移。比如2020年4月8日迪士尼宣布，原本定于5月29日上映的《阿特米斯的奇幻历险》将取消在北美院线上映的计划，而选择直接在Disney+线上播放，成为迪士尼首部放弃院线发行而在Disney+线上播放的影片。随后，罗伯特·艾格透露，《阿特米斯的奇幻历险》不会是唯一的、受新冠疫情影响的影片，后续将会有更多影片跳过院线直接上线Disney+。

迪士尼的"数据神经"

在迪士尼的"战疫"案例中，线下用户的流失通过线上业务的用户增长得以弥补，所制作的电影在院线渠道"失灵"的情况下能够转移至线上播放并实现盈利。而在未来，对大规模线上用户的点播行为数据的搜集与分析，也会为疫情之后迪士尼对线下及电影业务进行调整提供价值参考。

在数字化时代来临之前，企业在决策时只能以用户的行为结果作为参考，但不知道用户做出该行为的原因，这相当于品牌只知道一段时间内产品的总体销售数据，却不知这些产品为什么能卖出去，也不知道消费者为什么购买。

而在价值网络中，要想知道核心业务对于边缘业务的影响是否具有协同效用，以及核心业务对消费者的消费行为究竟有多大的影响，企业就需要用更加完备的用户行为数据作为分析的参考依据。如果消费者个人行为数据的"颗粒度"更细、评估的维度更多，那么企业对用户的理解就会更加精准。

在迪士尼，线上用户在使用流媒体进行娱乐时，每个人的数据都会被记录下来。在线下，MyMagic+也会将线下用户的消费数据记录下来。迪士尼可以将不同业务板块的数据串联在一起，形成一个"神经网络"，这个神经网络以用户为中心、以数据为驱动，从每一位用户收集具有"颗粒度"的数据，实现业务数据化与数据网络化。这样，企业就能够以此为依据，为用户开发和提供更好的服务。

价值网络：加拉帕戈斯的迷思

在继续探讨价值网络之前，我们先看一个与商业不那么相关的例子——位于南太平洋上的加拉帕戈斯群岛（隶属厄瓜多尔，又称科隆群岛）。很多人可能没听说过这个群岛，但如果提到达尔文的《物种起源》，相信大家一定不会陌生，而加拉帕戈斯群岛则被称为达尔文生物进化论的诞生地。

1835年，26岁的查尔斯·达尔文跟随一艘名为"小猎犬号"的英国军舰来到了这里。他惊讶地发现，这里的动植物会为了适应自然环境而发生变化，生活在各个岛上的同一种鸟类和海龟的形态和习性都大不相同。这使达尔文认识到，自然也能对物种进行选择。于是他停留在岛上，花了一个多月的时间采集标本。随着不断的考察与思考，达尔文不再相信所谓的"上帝论"，他认为"自然选择"是造成物种多样性的原因。

这次考察给了达尔文阐述进化论的信心,并在一定程度上推动了《物种起源》的发表。

加拉帕戈斯群岛会让我们想到什么?巨龟、海鬣蜥、海雀、达尔文和进化论?

当然远不止这些。加拉帕戈斯群岛由伊莎贝拉岛、圣克鲁兹岛、圣克里斯托巴尔岛等组成,上面生活着2.8万名岛民。岛民积极参与岛上资源的可持续管理,才使得每年有大约24万名游客能饱览这里天堂般的风光。加拉帕戈斯群岛于1978年被列为世界自然遗产,1984年之后又作为生物圈保护区列入联合国教科文组织管理下的世界生物圈保护区网络。

加拉帕戈斯群岛是一个极好的范本。在岛上,人类与自然环境和谐共存,互惠互利。生物圈保护区的管理战略侧重于粮食生产,有利于当地经济发展,尊重生态系统,避免了入侵物种破坏当地的生物多样性。因为封闭式生态系统最大的缺陷是它缺乏应对风险的柔性,因此外来物种的入侵可能让加拉帕戈斯的生态系统土崩瓦解。

作为自然保护区,封闭式生态系统使加拉帕戈斯群岛保持了相对独立的生态结构,但它存在的问题亦很明显,必须小心翼翼地保护本地的生态,以防止外来物种入侵带来的生态系统崩溃。显然,面对具有高度不确定性的商业世界,封闭式生态系统是不可取的。

开放式生态系统的优势:抵御不确定性

从组织生态学的角度来看,开放的商业生态系统会经历四个阶段。第一阶段,开放式生态系统通常会利用平台效应吸引参与方的加入,快速增加参与方数量。第二阶段,由于参与方数量的快速增加,生态系统内竞争加剧,参与方为赢得竞争优势,开始尝试采取差异化的竞争战略。这使得生态系统内的多样性得到提升。到第三阶段,商业生态系统参与方开始迅速扩张,向产业链上下游分别延伸,导致参与方的关系出现新的变化。在此时的商业生态系统内,不仅有单纯的竞争关系,而且会出现产业链上下游的合作、互补型企业的合作等，各类竞合关系构成开放式商业生态系统。此时商业生态系统趋于稳定，进入第四个阶段，即稳定的健康发展阶段。

我们以阿里巴巴的商业生态系统为例，看一个开放式生态系统是如何演进的。与亚马逊、京东等强调自营的电子商务平台不同，阿里巴巴在创建之初，就秉持了开放生态系统的理念。2001年阿里巴巴将"让天下没有难做的生意"作为公司的使命，通过信息平台撮合买卖双方实现交易。因此，在阿里巴巴的平台上，各类买方和卖方构成了庞大的生态体系。

在阿里巴巴创建淘宝之初，利用双边市场的网络效应，以"免费+补贴"的策略，吸引了大批eBay用户转移到淘宝平台。这是开放式生态系统的第一个阶段。随着参与方的增加，淘宝平台上买方数量开始激增，为了避免同质化竞争，平台卖家开始寻求差异化竞争，或以价格取胜，或聚焦细分市场。随着平台上参与方的增加，阿里巴巴平台的生态多样性开始展露。一方面卖方用户类型开始增加，不再局限于平台最初建立时的几类单品，如今，在淘宝平台上，从办公用品到日用百货，从数码产品到美妆护理，从游戏动漫到运动健身，都有丰富的卖家。卖家种类和数量的丰富，也带来了产业合作。例如，淘宝推出的淘宝合作伙伴（Taobao Partner）计划，逐步开放合作，借"外脑"推动淘宝商业圈的专业化分工。IT、渠道、服务、营销、仓储物流等电子商务生态链的服务商纷纷加入了淘宝合作伙伴计划。这进一步促进了淘宝生态系统的健康发展。如图10-2所示，阿里巴巴淘宝已经形成庞大的生态系统，活跃账户数目和经营活动现金流量均保持高速增长。

在关于组织的研究中，马奇提出了"有组织的无序"的概念：越是封闭的系统，越难以承受意外事件的冲击。由于信息成本的存在，这意味着，个人或组织在收集或使用信息时，都有节约信息成本的倾向，即在自己熟悉的领域附近寻找信息，从而导致所谓的"近邻效应"和"路径依赖"。

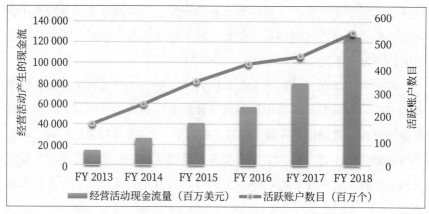

图 10-2　阿里巴巴经营活动现金流与活跃账户数目

注：FY 为 Fiscal Year 的缩写，意为会计年度。

资料来源：彭博。

而组织也因为信息成本的存在，不断调整人事和结构安排，从而产生了稳定的信息来源和加工渠道。同样的信息，经过不同组织的加工，会导致不同的结论。早在 20 世纪 70 年代，心理学家欧文·詹尼斯提出了"群体思维"（Groupthink）这一概念，用来解释美国外交政策的一系列重大失误。其基本思想是，一群思维相近的人构成相对封闭的群体，他们的信息源是重复且有限的，他们的思路互相强化，因此会走进死胡同，丧失远见。20 世纪 70 年代，美国学者韦克（K. E. Weick）提出了松散耦合系统理论（Loosely Coupled Systems），他认为组织成员之间应相互联系却又彼此保持独立的商业安排。

当然，封闭式生态系统也有其好处。如日本企业就是非常典型的封闭式生态系统，它们往往是交叉股权投资，以金融资本为纽带，将上下游牢牢绑定在一起，如丰田公司的供应商可以几十年不变。这种生态给企业带来的好处是交易成本低、协作效率高。但成也萧何，败也萧何。在 20 世纪促进日本经济腾飞的生态也将它的经济绑架了。日本独特的商业模式在 20 世纪 70 年代成为支撑日本经济的中坚力量。然而正是这种过于封闭的、以非正式规则为准绳的商业模式，使得日本企业普遍缺乏创新精神。在进入20世纪90年代以后，日本已经不能像以往一样引领世界经济的发展。

如何选择生态系统的类型？我们可以从行业稳定性进行判断。

如果一个行业在五年以后，其用户需求、技术变革、竞争格局、政府政策这四个要素不会发生太大的变化，那么企业应该打造一个偏封闭的生态系统，因为这样交易成本更低、协作效率更高。但如果我们无法预知行业未来的发展，那就要选择一个相对开放的生态系统，这样灵活性更高、柔性更强，以应对未来的不确定性。

超越帝国思维与盟国思维

众所周知，如今多数商业巨头的发展思维可以归为两类：帝国思维与盟国思维。帝国思维强调控制与封闭，而盟国思维强调合作与开放。通常认为苹果的iOS系统是帝国思维的产物。苹果有着自成一体的软硬件闭环，iOS操作系统与对应的软件只能在苹果硬件上运行。高度定制的iOS系统，使苹果可以非常严格地控制基于iOS开发的各类应用，使苹果手机有着较好的使用体验，数据安全也能得到很好的保护。谷歌旗下的安卓系统，通常被认为是盟国思维的产物。安卓是一个开放的平台，谷歌允许任何智能移动终端厂商安装安卓系统。同时，谷歌还允许安卓应用开发商自行建立应用分发商店，允许用户不经过Google Play应用商店，自行安装手机应用软件。

苹果和谷歌的商业思维的不同，在市场绩效上的影响就是，在智能手机市场，谷歌安卓系统的市场占有率遥遥领先。如图10-13所示，安卓系统的市场占有率超过70%，而iOS的市场占有率在30%左右徘徊。

操作系统市场占有率的差异，并不能反映两家公司在智能手机市场上的竞争力。如图10-4所示，由于苹果拥有完整的智能手机产业链，2019年4季度，苹果手机在智能手机市场的占有率已居于第1名的位置。另外，有数据显示，智能手机市场约70%的利润被苹果所攫取。

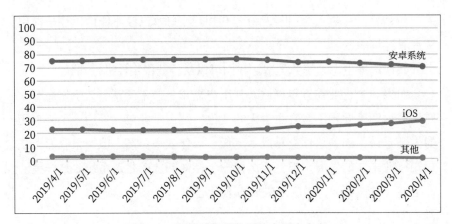

图 10-3　智能手机操作系统市场占有率

资料来源：statcounter（gs.statcounter.com）.

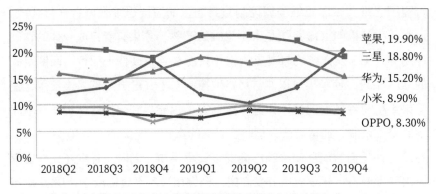

图 10-4　全球前五大智能手机市场占有率

资料来源：IDC.

因此，帝国思维和盟国思维，并不能很好地解释商业生态的现象。本书要提出的一个观点是，商业生态的本质是生态系统内各方协作的网络化，即"控制核心，连接边缘"。苹果和谷歌智能手机生态的差异，不是简单的开放与封闭的区别，而是一个动态平衡的竞争过程，是双方对"控制核心，连接边缘"的思考不同。

在 iPhone 手机推出之前，苹果的明星产品是工艺精良的 Mac 电脑和 iPod 音乐播放器。苹果的核心竞争力是硬件研发和产业链整合能力，并且苹果更擅长硬件的销售。如图 10-5 所示，在苹果的收入构成中，iPhone 手机、Mac 电脑、iPad 平板电脑的销售收入占了苹果销售收入的 80%。因此苹果的控制核心是控制手机产业链的核心，包括手机整机和手机操作系统，以销售硬件获取利润。苹果连接的边缘是 iOS 生态系统上庞大的开发者队伍。与谷歌的安卓系统平台相比，iOS 平台对开发者的分成甚至还要高一些。

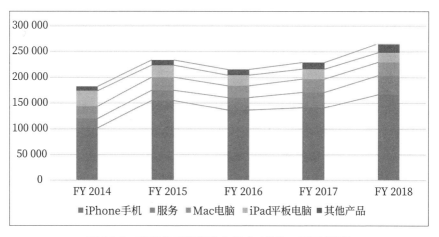

图 10-5　苹果公司销售收入构成（单位：百万美元）
资料来源：彭博。

与苹果不同，以搜索引擎起家的谷歌，其核心优势是软件和互联网服务。图 10-6 是谷歌营业收入构成，谷歌自身及其联盟的广告收入，约占总收入的 85%。谷歌的广告收入主要基于其搜索业务带来的流量。由于谷歌搜索业务在全球占有近 90% 的市场份额，公司自然可以通过搜索业务创造源源不断的广告收入。因此对于较新的安卓系统业务，是否收费对谷歌的收入整体而言影响并不大。相反，通过安卓系统为谷歌搜索业务导流，进一步提升谷歌搜索和广告业务的优势，对谷歌边际收益的影响更为显著。

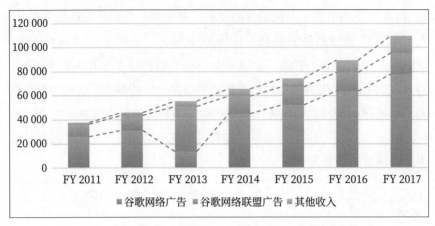

图 10-6　谷歌公司销售收入构成（单位：百万美元）

资料来源：彭博。

那么谷歌如何让开源的安卓系统为自身产品导流？谷歌采取的方法是，针对安卓手机推出 GMS 服务（Google Mobile Service）。该服务是谷歌提供的一套软件服务集合包，包括 Google Search、Gmail、Google Earth、Chrome、YouTube、Google Play 等应用。符合一定的设计标准并且安装了 GMS 应用的安卓手机，将获得谷歌的 GMS 认证，以区别于普通的安卓手机。

因此，我们可以看到，谷歌的控制核心是对流量和软件的控制，连接的边缘是广大智能手机厂商和开发者。

但是，竞争是一个动态变化的过程，竞争环境的变化，要求企业对商业模式做出相应的调整，以适应新的竞争态势。苹果和谷歌在近期也对各自的产品策略做了调整。

苹果的第一个调整，是 iPhone 手机不再坚持高价策略。苹果除了在每年 9 月推出常规的高价 iPhone 手机外，2016 年 3 月，又推出了一款平价的 iPhone SE 机型。该机型在 CPU、内存等方面的配置上与上一年的旗舰机型保持一致，但在屏幕、摄像头、电池等方面的配置低于上一年的旗舰机型，在机身设计上采用了上上代的模具，以实现较低的销售价格。2020年4月，苹果推出了iPhone SE2机型，延续了该机型一贯的性价比策略。推出平价手机，是因为苹果在3000～5000元价位的手机市场存在产品空白，而这一价位是手机销量最为集中的区间。苹果手机虽然在2019年四季度以微弱的优势超越三星成为市场占有率第一的品牌，但其领先优势并不明显。

智能手机经过十多年的发展，技术开始趋于成熟，跃变式的创新越来越少，改良式创新逐渐成为主流。根据利润迁徙定律，当产业链进入技术成熟期，利润开始向研发和服务端迁徙，整合、制作环节的利润开始下降。苹果手机也遇到同样的问题，在苹果推出iPhone X之后，手机已出现性能过剩的趋势，8000元以上的高端手机换机时间开始延长，手机复购率降低，这对以硬件销售为主的苹果造成了一定的影响。

此外，与谷歌相比，苹果最大的软肋在于缺乏像谷歌搜索那样的"杀手级"的软件服务，不能依靠订阅获得长期收入。苹果也意识到这一问题，公司在2019年推出了付费新闻订阅服务Apple News，用户只要每月支付9.99美元，就可以阅读超过300种杂志，包括《时代》《国家地理》《滚石》《名利场》《体育画报》等知名刊物。网络服务的商业逻辑与硬件不同，网络服务不追求单品（或单用户）的高利润，而是追求用户规模和市场占有率，依靠长尾市场和网络效应获得利润，这也是苹果尝试推出平价机型，扩大市场占有率的内在逻辑。

商业逻辑的转变也发生在谷歌的身上。从2018年开始，谷歌开始尝试在部分地区向手机制造商收取安卓系统的授权费，收费范围在几美元至数十美元不等。谷歌收取授权费的原因在于，其广告业务面临来自Facebook和亚马逊的强力挑战。

在当前，谷歌和Facebook合计占据美国在线广告市场57.7%的份额，与Faccbook相比，谷歌在广告业务收入上约有100亿美元的领先优势，仍然为市场第一。但令谷歌更为不安的是亚马逊的强势崛起，目前亚马逊的广告业务紧随谷歌和Facebook之后，为美国第三大在线广告平台。并且亚马逊在云计算、人工智能、自动驾驶等领域也取得了非常不错的增长，这给谷歌带来了全方位的竞争压力。

虽然并不急迫，但是谷歌必须未雨绸缪，增加新的收入来源。在人工智能等变现乏力的情况下，利用庞大的安卓生态系统寻求新的变现渠道，无疑是一个较为稳妥的方式。

形成协同效应

通过上面的讨论，我们可以发现，企业生态网络协作的本质，并非当下流行的开放式生态系统与封闭式生态系统，或帝国思维与盟国思维，而是以价值网络为基础的"控制核心，连接边缘"。

由于竞争是一个动态的过程，开放或封闭式的生态系统往往难以适应企业的全生命周期。而在"控制核心，连接边缘"中，"控制核心"强调的是企业对核心业务能力或资源的控制，无论是开放式生态系统还是封闭式生态系统，企业都必须找到自己的"核心"在哪里。"控制核心"使企业能够以动态视角始终聚焦战略重点，长期保持竞争优势。

"连接边缘"强调的是企业与生态系统内各参与方的互动关系。"连接"既可以是企业通过数字技术，以数据的无缝衔接，实现与合作伙伴的高度协同，也可以是通过控股或建立子公司的形式，直接参与管理。"连接"并不看重管理上是否存在隶属关系，而是更看重参与各方能否实现高度的协同，低成本、高效率地实现共同的绩效目标。在这种视角下，企业战略就不需要囿于轻资产还是重资产、开放还是封闭的二元选择中，企业可以专注于战略目标的实现，使得企业的战略具有更高的灵活度。

企业如何形成协同效应？

首先我们需要理解协同效应分为三个阶段（见图10-7），分别是协调、协作和协同。企业在协调阶段，需要消除企业间的信息孤岛，实现信息共享。由于协调实现了企业之间的信息无缝衔接，因此协调主要解决了生产问题，解决了产品的标准化问题，使企业可以生产出优质的产品。协作则是在协调的基础上更进一步，不但使企业的信息保持一致，而且企业的运营步调也能保持一致。例如丰田、戴尔的柔性生产，就要求供应商能够跟随企业的生产节奏，进行配合。因此，协作主要解决了产品个性化问题。协同效应的最高阶段，是企业实现共同的专属合作，目标一致，资源互补，达到 1+1>2 的效果，真正实现价值网络的协同。

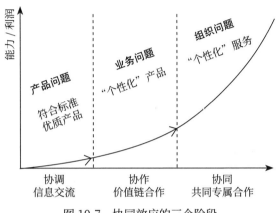

图 10-7　协同效应的三个阶段

京东和亚马逊的混合平台模式，就是协同效应的典型应用。京东最初以 3C㊀自营起家。京东 3C 产品的特点是正品、行货、平价，解决了线下电子卖场以次充好、以假充真的用户痛点。这也是京东初期高速发展的品质保证，但在京东发展到一定规模之后，自营 3C 产品的弊端就开始显现。首先，由于 3C 产品品类相对单一，且更新换代周期长，因此京东的用户黏性略显不足。其次，自营业务需要物流、仓储中心的支持，京东投入了庞大的资本建设物流中心和仓储中心，这种重资产的运营模式增加了公司的固定成本和财务负担。最后，由于产品品类单一，用户数据的颗粒度较低，因此，通过大数据精细分析用户个性就有一定的困难。

因此，增加 SKU 是京东的一个必然选择。但是 SKU 增加之后，长

㊀　3C 指计算机（Computer）、通讯（Communication）和消费电子产品（Consumer Electronics）三类电子产品的简称。

尾产品必然会增加，如果完全依靠自营，京东将很难实现规模经济，因为高额的成本难以消化。

如何化解这一矛盾？京东选择了向第三方卖家开放商城。2013年，京东开始逐渐向第三方卖家开放商城，至2019年第二季度，京东第三方卖家GMV占京东总GMV的44.5%。电商平台亚马逊也与京东采取了类似的策略，向第三方开放电商平台。2018财年，亚马逊约有20%的销售收入由第三方平台贡献（见图10-8）。

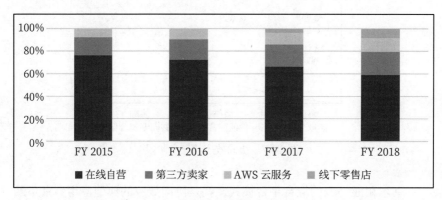

图10-8　亚马逊收入构成

资料来源：彭博。

京东和亚马逊向第三方开放电商平台，可以在四个维度上实现协同。

第一个维度是用户协同。第三方业务和公司自营业务之间，能够在用户端产生更多的协同效应。第三方业务给亚马逊、京东带来了更多的用户流量，在现有用户的基础上，第三方业务和新业务提供了更多的交叉销售、升级销售以及服务延伸的机会。

第二个维度是收入协同。丰富的第三方业务为电商平台提供了充裕的现金流。2019年，亚马逊第三方平台Market Place给亚马逊平台提供了非常可观的现金流，包括交易佣金和品牌广告收入。

第三个维度是效率协同。企业要思考第三方卖家的引入，是否能够在企业的各业务板块之间实现效率提升，进而提升整个平台的运营效率。

效率协同可以从两个方面来考虑。一是效率提升源自规模经济，即固定成本的摊薄。亚马逊、京东的物流中心、仓储中心需要投入大量的资金进行建设，当它们向第三方卖家开放以后，就实现了固定成本的摊薄。二是提高了现金流的利用率。当企业丰富了产品 SKU，产生了多元化的协同以后，就可以提高企业现金流的利用效率，也就是将资金按照不同的期限结构进行匹配，提高资金的利用效率。

第四个维度是数据协同，这也是最重要的一个维度。当越来越多的第三方卖家接入亚马逊和京东的平台，平台方可以掌握更多的用户端数据，而这些数据，可以帮助平台方更好地进行服务的延伸、个性化的推荐甚至自有品牌的打造。

协同效应的思考模型

如何在生态系统中形成协同效应，我们提出一个思考模型，包括六个维度，具体如下。

创造新的用户价值

企业在建立生态系统时往往考虑的是如何在各方之间分享价值，这是建立生态系统的一个重要准则。因为生态系统必须能够吸引众多参与方加入，以维持系统的繁荣。但同样重要的是，生态系统为最终用户所提供的产品和服务，必须能够覆盖该生态系统的所有成本，并能够产生足够的利润。而用户之所以愿意买单，则是因为该生态系统能够为客户创造新的价值，也就是实现价值增量。大型商业生态系统，可以通过创造额外的功能改进、更快的创新速度来满足用户对价值的需求。

ARM 的生态系统很好地体现了如何创造新的用户价值。尽管 ARM 在智能手机行业价值链中，只占一小部分，但 ARM 成功地吸引了三星等手机制造商加入其生态系统，因为运用 ARM 的技术授权，手机厂商可以获得基础技术（分担开发成本），并专注于构建自己的专有技术，满足用户的差异化需求，构建自己的竞争优势。使用 ARM 的手机芯片，手机厂商不会被锁定在 ARM 的专有技术上。ARM 将其策略总结为："与客户和更广泛的第三方社区合作，使通过 ARM 创建最终产品的效率高于任何其他厂商的效率。"

构建差异化的合作伙伴角色

为了在生态系统中以经济高效的方式创造客户价值，具有互补能力的合作伙伴需要保持一致。这需要生态系统中的领导企业建立一套激励机制，以吸引合作伙伴，并有效管理它们可能出现的冲突。由于任何合作伙伴都可能充当一个或多个角色，如提供解决方案的部件、运营能力、销售渠道或互补产品和服务，因此，生态系统中的合作伙伴，也可以作为领导企业的重要技术来源，或者提供市场和客户知识。

例如 ARM 不仅允许被授权方使用其技术，而且 ARM 会与被授权方一起，深入研究用户的技术路线和新的应用程序。在这种制度安排下，ARM 的合作伙伴获得了更加定制化的方案，同时帮助 ARM 也提高了销售额，并为 ARM 提供了更好的市场和用户信息，帮助 ARM 更好地设计芯片，以适应未来的市场和技术需求。

合作伙伴还可以充当生态系统的"做市商"。一方面，合作伙伴的运营经验和声誉有助于其自身的产品或技术在市场上获得认可，并刺激额外的市场需求，另一方面。合作伙伴在销售自己产品的时，可能"拉动"市场对互补产品的需求。同样，合作伙伴也可能产生"溢出"需求，如通过培训用户使用自己的产品，合作伙伴了解了新技术的潜力，有助于创造新的需求。

在理想情况下，生态系统中领导企业的目标应该是促进利基市场的发展，每个利基市场都为创造客户价值做出了不同的贡献，并在互动时产生新知识或额外需求，从而形成了良性循环。例如在 ARM 的电子生态系统中，既有芯片晶圆制造专业市场，也有电子设计自动化工具专业市场，这两个利基市场都数有十个合作伙伴。每个利基市场中的竞争，都可以通过鼓励竞争对手提高效率或推动创新，为生态系统带来好处。

因此，牵头公司的目标是建立一个生态结构，清晰地将每一个利基市场中的价值创造活动传递出来，从而形成一个完整的利基市场价值拼图。利基市场之间需要能够相互兼容，以便客户可以根据特定需求进行配置，而不会破坏生态系统无缝交付其最终产品的能力。

促进互补合作伙伴投资

合作伙伴只有在看到业务的盈利前景时，才会进行共同投资。因此，生态系统中的领导企业需要考虑如何为潜在合作伙伴和最终客户创造价值主张。谷歌地图是一个很好的例子。它对合作伙伴的建议是，谷歌地图和相关基础设施是一个创新中心，潜在的合作伙伴可以在这里创建包含谷歌功能元素的新应用程序，并将其托管在 Google World 中（Google World 在全球拥有 1.5 亿个客户）。

如果合作伙伴所创造的利基市场长期无利可图，生态系统将无法帮助它在系统内找到稳健的投资方。同样，如果领导企业侵占合作伙伴的利基市场，使其无利可图，合作伙伴的投资意愿也会受到损害。在某些情况下，技术的演变可能要求领导企业在其业务中嵌入合作伙伴的利基市场的产品，以提高交付给最终用户的价值。例如，英特尔就将合作伙伴的 Wi-Fi 芯片嵌入到自己的迅驰系统中，以使笔记本电脑可以具备无线上网功能。因此，如果领导企业开拓新的利基市场，现有的合作伙伴可能迁移到新的利基市场，以保持当前和未来潜在合作伙伴投资生态系统的意愿。

为了有效减少误导，领导企业必须找到方法，将生态系统路线图透明地传达给当前和潜在的合作伙伴，其中一些合作伙伴甚至不知道，这种路线图在帮助合作伙伴汇聚一组连贯的产品和服务方面也发挥着重要作用。没有它，整个生态系统的活动和投资可能变得分散，而且这将削弱参与者的能力和意愿。要努力使投资成为未来繁荣所必需的长期投资，同时，生态系统路线图的内容需要足够宽泛，使生态系统能够适应不断变化的环境。

制定共享的创新路线图是促进合作伙伴共同投资的有效方法。创新路线图，将使生态系统的合作伙伴摆脱不可预见的事件，使它们能够继续投资，加强生态系统。例如英特尔在其芯片产品的生态系统中，就常常采取该方法。英特尔会向合作伙伴公开 CPU 需要配备的芯片组、主板等技术路线，使合作伙伴能够与英特尔的战略保持一致，实现共同投资。

降低交易成本

相对于单个垂直一体化组织而言，生态系统的固有劣势之一是，由于存在多种关系，其中一些关系松散的组织难以管理，因此交易成本很高。如果不加以控制，所增加的交易成本可能迅速超过所创造的价值增量。

在数字化时代，生态系统中的领导企业可以通过开发和共享一套工具、协议、流程，协同参与者的活动，从而降低交易成本。降低交易成本的机制，将在很大程度上结束各方在各种关系中相互依存的性质以及每一方所面临的风险。

在生态系统中，可以设计各种适当的"接口"，这里的"接口"可以理解为必须交换的知识的质量标准，以及提高知识交流效率的规则。生态系统内部的某些交互是不对称的（A 的行为取决于其合作伙伴 B 的表现，但 B 的成功并不取决于 B 与 A 的互动）。在这种情况下，具有绩效衡量和激励作用的协议，可能提供最有效的交互组织方式。但前提是合作伙伴的责任可以精确定义，其绩效可以评估。然而，在生态系统中，很少能够详细说明所有必要的任务和责任。在这种情况下，合作伙伴各自的声誉，对于降低交易成本非常重要。

建立灵活的机构促进联合学习

很少有生态系统是静态的。生态系统与垂直的综合组织相比，其优势之一就是具有动态重组的潜力,即通过将具有不同能力和经验的合作伙伴结合起来,加速学习。因此,领导企业必须鼓励生态系统充分挖掘这一潜力,而不是通过强加一个僵化的结构来压制这种潜力。

生态系统的目标是创建可以不断重新配置的结构,即使没有领导企业的直接干预,也可以快速响应市场和技术的变化。灵活的生态系统结构,需要领导企业能够接受同合作伙伴群体的表现,以换取灵活的结构。

我们来看一下波音787的生态结构。波音公司创建了一个非常规的供应链,该供应链拥有约50个一级战略集成商。这些公司组装由第二层和第三层供应商生产的不同子系统和零件。大型飞机的设计整装,会遇到很多问题,包括从技术、供应、流程、管理等。波音787的生态结构,虽然有些类似于生态系统,但它仍然是由传统等级制度和混合体管理组成的,因为以市场为基础的分包不足以完成这项任务。波音公司使用数字技术来确保整个供应网络的透明度,更好地审查所有战略合作伙伴的战略能力,可以使生态结构在设计上更具灵活性,更好地分散风险,促进各方更好地协作。

最佳生态系统通常是高度可塑性结构的组合,领导企业应积极管理关键合作伙伴的加入标准,例如认证、培训、最低投资要求等。这和我们常见的"俱乐部"模式比较相似,要获得会员资格,申请者需要满足一定的条件,而要维持会员资格,会员需要缴纳年费,或者贡献相关的知识,否则会被俱乐部取消资格。

建立有效的价值获取机制

在围绕"开源"和基于网络生态的指数式增长的炒作中,人们可能错误地认为,一个充满活力的生态系统,能够对公司业绩产生良好的正面影响。但事实可能并非如此,2010年1月甲骨文收购太阳微公司。本以为甲骨文公司会以此为契机将Java生态建设得更好,然而甲骨文却远离了开源社区,利用Java语言为自己的股东创造利润。

控制了生态系统的整体"架构"并不足以保证能为领导企业获得足够的利润。要可靠地创造利润，领导企业需要为生态系统创造一个其他参与方创造价值所必须依赖的"组件"或"活动"。并且这种组件或活动，在市场上很难找到替代品，或者价格极其昂贵。领导企业还需要设计一种机制，能够将它创造的组件（如许可费、特许权费用等）或活动有效变现以扩大利润。

ARM 的芯片 IP 就是一个很好的例子。ARM 是向最终客户提供价值的重要贡献者。手机制造商如果改用替代方案，将产生昂贵的员工培训、工具和流程方面的成本。ARM 的芯片设计技术是专有的，要模仿它，不仅需要积累大量的知识，而且需要获得有关手机制造商和半导体制造商的技术路线图的复杂知识，而这些知识只有在与手机制造商和半导体制造商建立起密切的、高度互信的关系后才能获得，而建立这样的关系，不仅耗时久，而且成本高。此外，ARM 积累的 IP 用户越多，其产品的单位成本就越低，通过网络效应给用户带来的价值就越高。这两者都为 ARM 带来了高额的回报。ARM 通过生态系统参与者以及客户支付的专利授权费获取收益。此外，ARM 还通过对使用其知识产权的每个产品收取版税，从而从生态系统产出的整体增长中获利⊖。

数据和协同效应

企业要将价值网络织起来，还要依靠数据的力量。数据是协同效应的神经网络。

我们再回到迪士尼这张图，我们设想一个终极场景：如果一个用户一个 ID，我们就可以将迪士尼所有业务板块的行为串在一起，实现业务

⊖ Peter James WILLIAMSON, Arnoud DE MEYER. Ecosystem Advantage: How to Successfully Harness the Power of Partners [EB/OL]. https://doi.org/10.1525/cmr.2012.55.1.24.

的数据化和数据的网络化。比如，假设我们知道用一个用户带着他的孩子去了迪士尼乐园，看了迪士尼的电影，买了迪士尼的文具，那么这个数据有没有价值？

当然有。当我们知道他带孩子看了什么电影，就可以在与电影IP相关的产品出来后把产品信息推送给他，相关音乐也可以实时推送到他的手机上。当我们了解到他去了什么样的游乐园，就可以知道他喜欢什么样的电影，当有关的新电影出来时，也可以实现实时的推送。

因此，数据是将各个业务板块串在一起的神经网络，但它的核心是要以用户为中心。传统企业家的思维多是均值思维，经常思考用户数量是多少，平均客单价是多少，而数字化的好处是让我们的思考可以从均值思维进入个体思维，能够关注到每个人的具体情况。

| 核心总结 |

1. 竞争是一个动态变化的过程，竞争环境的变化，要求企业的生态网络协作需要做出相应的调整以适应新的竞争态势。
2. 企业生态网络协作的本质不是开放式生态系统与封闭式生态系统的选择，而是以价值网络为基础的"控制核心，连接边缘"。
3. 在"控制核心，连接边缘"中，"控制核心"强调的是企业对核心业务能力或资源的控制，无论是开放式生态系统还是封闭式生态系统，企业都必须找到自己的"核心"在哪里。"控制核心"使企业能够以动态视角，始终聚焦战略重点，长期保持竞争优势。
4. "连接边缘"强调的是企业与生态系统内各参与方的互动关系。"连接"可以是企业通过数字技术，以数据的无缝衔接，实现与合作伙伴的高度协同。
5. 协同效应分为三个阶段：协调、协作和协同。
6. 协同效应的六个维度：
  （1）创造新的用户价值；

（2）构建差异化的合作伙伴角色；

（3）促进互补合作伙伴投资；

（4）降低交易成本；

（5）建立灵活的机构促进联合学习；

（6）建立有效的价值获取机制。

7. 数据是协同效应的神经网络。

第五篇

业 务 篇

第 11 章
Chapter 11

智情企业三大基本业务模式

智情企业的本质是企业通过数字化和智能化回归商业的本质"利人利己，共生共赢"。本书前面的章节讨论了在数字化时代企业面对的市场变化是什么，以及在数字化时代，企业该如何制定自己的竞争战略，打造内部和外部组织。战略最终要在企业中落地，具体到企业业务的发展，"利人利己，共生共赢"的商业本质在业务端可以归纳为四个问题：

第一，我们业务部门的服务对象应该是谁？

第二，我们为服务对象所提供的差异化价值是什么？

第三，我们的盈利模式是什么？

第四，智情企业需要构建的核心能力是什么？

也就是说，企业在思考构建核心能力并将其投射到应用场景中时，需要思考这个场景中的用户和差异化价值。企业的数字化必须要有具体的落地场景，解决具体的业务问题。

我们经常讲商业的本质是"利人利己，共生共赢"。根据这个观点，任何企业的数字化转型必须达到两个目的：①给用户带来价值；②给企业带来利润。需要强调的是，企业在经营管理的过程中，思考的范围不应该只是一个点，而应该是一个体系，而且在打造体系时，企业要相信数据作为核心抓手的作用。

我们已经总结了企业的三大业务模式，即技术领先、运营卓越和用户亲密。这三大业务模式针对的是不同的商业场景，其定位也有高有低。下面，我们用三家美国零售业企业的案例，详细介绍这三大业务模式如何在实践中落地。

沃尔玛：技术领先令"大象"奔跑

曾几何时，美国的零售业被西尔斯称霸长达数十年之久，而彼时的沃尔玛只是一家名不见经传的小公司。然而，到了1990年，成立尚不足30年的沃尔玛就以326亿美元的销售额，一举超越了百年老店西尔斯，正式成为全美第一大零售巨头。时至今日，沃尔玛已经是全球最大的连锁零售商，甚至连续多年蝉联全球500强冠军。沃尔玛有一万余家超市门店，覆盖全球28个国家，每周接待顾客超过2.7亿人次，堪称零售界的超级航母。

沃尔玛的经营哲学是"天天平价"，这决定了它的服务对象主要是中低收入者，为了向这类用户提供差异化的价值，沃尔玛采取的策略是注重规模，而在规模方面，无论是商品种类还是单个超市的面积，沃尔玛都是无可争议的巨无霸。消费者在沃尔玛能以较低的价格尽可能全地采购到所需的商品，也就是沃尔玛为消费者实现了"省"和"多"（见图11-1），这是沃尔玛最具差异化之处。

由于规模巨大，沃尔玛对供应商就具备了强大的议价能力，因而其盈利模式是切分一部分原本属于供应商的利润。《商业周刊》曾提道："对于很多供应商而言，这个世界上第二糟的事情是和沃尔玛做业务，第一糟的事情则是和沃尔玛没有业务可做。"

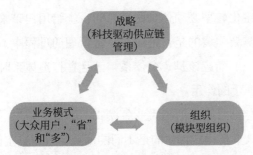

图 11-1 沃尔玛的战略、组织和业务模式

数字驱动的供应链管理

多年来，沃尔玛凭借卓越的供应链管理，形成了对上游厂商超强的议价能力。沃尔玛的供应链极其复杂，海量 SKU、极低的售价以及大量来源于供应商的利润，显然这些依靠传统的供应链管理无法实现。沃尔玛之所以能够管理如此复杂的供应链，其核心抓手是依靠数字技术，实现了端到端的数据穿透。

沃尔玛对高科技的灵敏度要比竞争对手高得多，它是全世界零售业中最早使用信息化管理的企业。作为一家净利润率只有2%～3%的零售企业，沃尔玛在信息系统上的投资却高达数十亿美元，一直扮演着信息技术应用急先锋的角色。

早在山姆·沃尔顿创业的 20 世纪 60 年代，沃尔玛就购买了第一台计算机用于日常业务，还建立了存货管理系统，并率先使用计算机跟踪存货。1973 年，沃尔玛建立了电子收款系统（POS）。1974 年，沃尔玛全面实现了单品级库存控制。1979 年，沃尔玛总部建成了第一个数据处理和通信中心，实现了计算机网络化和 24 小时连续通信。

20 世纪 80 年代是沃尔玛成为巨人的 10 年，这 10 年内它的营业收入保持了 35% 以上的年增长速度。同时，为降低经营成本，沃尔玛开始了一个以技术升级来维持"天天平价"这一核心优势的进化过程。

尤为引人关注的是，沃尔玛在 1983 年花费 2400 万美元发射了私人商用卫星，这与大众对创始人山姆·沃尔顿的"吝啬"的印象大相径庭。

彼时，全球范围内拥有卫星的国家都还少之又少，更何况私人企业。在此基础上，沃尔玛又连续投入6亿多美元，终于在1987年建成了世界上最大的民用卫星通信系统，其规模甚至超过了电信巨头美国电报电话公司。借助这套系统，沃尔玛拥有了第一个全球性的零售大数据网络，这个网络像神经中枢一样，把供应链的各个节点很好地连在了一起。

这时，沃尔玛对自己的定位已不再是零售公司，而是"以技术驱动的供应链连锁企业"。这个定位主要体现在前端商品管理和以顾客需求驱动的全息化两个方面。

前端商品管理：数据与场景的结合

在沃尔玛之前，没有哪家零售公司能够在美国的人口达10万的小镇上成功运营有大量SKU的超市。数字化带给沃尔玛的核心竞争力是：产品数据化、数据化精细管理、数据密度与实体网络密度相结合。沃尔玛挑战了美国零售业的铁律，将自己的零售店开在城镇郊区，称这种店面为Super Center，它的SKU通常为2万～3万个。传统零售的铁律告诉我们，一个拥有2万～3万个SKU的零售店，如果开在一个10万人左右的小镇，是很难盈利的，其原因在于较高的库存成本会带来极大的成本压力，进而蚕食企业的利润空间。

沃尔玛打破这一铁律的方法是采用条形码技术。沃尔玛是最早使用商品条形码和电子扫描器的零售商，条形码实现了将商品信息数据化，这样就可以全面、实时地管理商品的销售、库存信息。商品信息数据化之后，得益于其全球领先的信息系统，沃尔玛就能够随时对分布在世界各地的分店和各个产业的供应商进行产品的信息交流及数据交换。

这个系统有多么强大？具体而言，沃尔玛能够在一小时内，将全球一万多家门店里每种商品的库存、上架、销售量等全部盘点一遍。同时，只要在沃尔玛的卫星通信室里看上一会儿，就可以了解全天的销售情况，查到当天信用卡入账的总金额，以及任何区域、任何商店、任何商品的销售数量。同时，当沃尔玛的系统发现某种商品处于最低库存时，它就会向供应商发出采购提示,实现商品自动订购。通过这种高科技的运作,沃尔玛与供应商的关系进一步加强,同时大大提高了订单在采购过程中的计划性、市场预测的准确度、供应链的运转效率以及存货的周转率。

信息网络的建立让沃尔玛从零售业脱颖而出,不仅战胜了曾经的零售业巨头凯马特,也成就了它令人无法撼动的行业地位。在强大的信息系统的支撑下,沃尔玛的门店不再是表面看上去的单个门店,而是某个区域所有门店形成的网络,各种信息和管理经验在整个网络之间自由流通。

这里我们要强调一个核心的洞察:零售业的核心是对"密度"的管理。

条形码所产生的数据,起到了提高密度的作用,准确地说就是数据密度和实体密度会产生化学反应。我们设想一种极端状况,如果沃尔玛没有实体的密度,仅仅有数据,它仍然很难降低库存成本,因为每个门店仍然都有大量的库存,以应对需求的不确定性。可是如果我们假设沃尔玛的实体密度已经足够,在这种情况下,各个门店的需求波动,就可以通过物流配送中心以及智能分仓得以高效地解决,而且降低了每个门店的库存水平。

通过这个案例,我希望阐述的是,数据数字化和具体的业务场景会产生双向互动,数据数字化提高了业务场景的运营效率,与此同时,业务场景也让数字化有了更好的用武之地。

值得注意的是,沃尔玛虽然掌握了货的数据,但是还欠缺人和场景的数据。与之相比,亚马逊既有货的数据,也有人的数据,还有场景的数据(尤其是移动端带来的 LBS 数据),显然在数据维度上亚马逊具有更大优势。沃尔玛也意识到这一问题,所以我们看到沃尔玛在近几年强化用户体系建设,开始采用自营和平台化相结合的、从 PC 端走向移动端的电商模式。

以顾客需求驱动的全息化供应链管理

有人将供应链分为两种:推动式供应链和拉动式供应链。推动式供应链是以制造商为核心，产品在生产出来后从分销商逐级推向顾客，推动式供应链的特点是整个供应链上的库存较高，对需求变动的响应能力较差；拉动式供应链，也称顾客需求驱动的供应链，是以最终顾客的需求为驱动力，整个供应链的集成度较高，数据交换迅速，反应敏捷。

技术领先使沃尔玛得以建立起由顾客需求驱动的拉动式供应链，其供应链管理涵盖的范围不仅包括制造商和供应商，而且包括运输商、仓库、零售商和顾客。

得益于与供应商之间的无缝对接，沃尔玛能够加大直接采购比例，降低采购成本。比如，沃尔玛要求在交易中越过制造商的销售代理，直接向制造商订货，同时将采购价降低 2% ~ 6%，统一订购的商品送到配送中心后，配送中心根据每个分店的需求对商品就地筛选、重新打包。这种类似网络零售商"零库存"的做法使沃尔玛每年都可节省大量的仓储费用。

沃尔玛一方面"强势"压低进价，另一方面也想尽办法利用技术帮助供应商更好地安排生产、规划自己的生意。为了和数万个供应商进行及时的沟通和反馈，沃尔玛在 20 世纪 90 年代为供应商搭建了一个基于互联网的零售数据交流平台，叫作零售链（Retail Link）。这个平台能把沃尔玛采集到的各种销售数据直接传递给供应商，让它们能随时随地了解自己产品的销售情况。在这个过程中，沃尔玛对整个供应链的掌控得到了进一步加强，与供应商之间形成了稳固的利益共同体关系。

在配送中心方面，早在 20 世纪 80 年代，随着卫星网络建设的完成，沃尔玛的配送中心逐步建立起以卫星技术为基础的数据交换系统。接着，互联网浪潮来袭，沃尔玛配送中心的信息化得到了进一步发展，并实现了配送中心、供应商、运输体系及各个门店的全面、有效的连接。另外，沃尔玛在商品筛选、包装、分拣等环节实现了高度现代化的机械操作，提质增效更加明显。在沃尔玛的销售规模快速增长的同时，其存货周转天数亦明显下降，从 1986 财年的 72 天降至 2019 财年的 42 天。

在运输体系方面，自 1978 年以来，沃尔玛始终秉承自有车队和司机的理念,而不是像许多大型零售企业那样将运输业务外包给专业的运输公司。如此带来的好处便是物流的灵活性,进而持续为一线门店提供最好的物流配送服务,更好地促进商品在全球的销售。与此同时,沃尔玛还充分利用全球定位系统,对车辆随时进行全方位监控,可以精确锁定卡车及产品的位置,从而提高运行效率。

得益于信息化的全面覆盖,沃尔玛能够做到在任何时间知晓每家店存货几何,正在运输途中的货物几何,留存于配送中心的货物几何,等等,这些数据可以使物流配送中心对门店进行及时准确的补货,并且沃尔玛还能基于以往数据来预测未来市场走势。同时,在商品销售的任何环节,商品的经营状况都能被即时掌握,这就便于沃尔玛对门店库存商品进行动态管理,使商品的存储量时刻保持合理的水平,减少不必要的库存积压,节约成本。

据悉,沃尔玛为每家门店送货的频率通常是每天一次,而同时期其竞争对手凯马特是平均5天一次,塔吉特零售公司平均是每3～4天一次。沃尔玛的门店通过电脑向总部订货,平均只需两天就可到货,若货品急需,则第二天就可到货,这一速度在同行业中无人能及。同时,沃尔玛的货架总能保持充盈,并能随时掌握到货时间,其运输成本也低于竞争对手。这些都是沃尔玛的核心能力,这些能力使其在行业中保持了独特的竞争优势。

供应链各环节的全息化,要归功于技术的应用与赋能——可以说,没有数字技术与商业的完美结合,沃尔玛的高效供应链便不复存在。

灵活用工,打造模块型组织

沃尔玛的一切都围绕"省"和"快"展开,在组织方面也是如此。高效的人力资源管理体系,是沃尔玛能够持续保持竞争优势的关键所在。

在产业互联网驱动下,企业在变革用人模式,拥抱灵活用工潮,克服人力成本的上升和快速扩张中的用人痛点。与此同时,在企业信息化的趋势下,出现了钉钉等全新的企业沟通工具,以及各种面向销售、财务、人事、服务员的 SaaS 工具，让企业对员工的管理考核、员工与员工的协作变得更加容易，兼职员工也可以发挥出同样效能。因此，越来越多的餐饮、新零售、互联网类的企业，用"零工"替代全职员工，以节省企业运营成本及人力成本。

除此之外，灵活用工还能帮助企业实现灵活的人员调整。

作为全球体量最大的市场，中国是沃尔玛最大的海外市场之一。庞大的员工队伍对沃尔玛而言是一个沉重的负担。2016 年 1 月，沃尔玛宣布在全球关闭门店 269 家，涉及员工上万人。此后沃尔玛在中国的三四线城市布局，以 35% 的兼职员工配合 65% 的全职员工进行运作，⊖避开一二线城市纯电商带来的大冲击，做"轻"运作转型尝试。

2020 年新冠疫情暴发以来，沃尔玛的一些分店采用了各种灵活用工模式，灵活用工员工约占员工总数的 40%，他们承担着服务顾客的主要工作。⊜为保障灵活用工的服务质量，沃尔玛让所有员工可以了解公司的业务指标，每一件有关公司的事都必须公开。任何一家分店，都会公布该店的利润、进货、销售和减价的情况，不会将信息封闭在经理及其助理内部，而是向每个员工（包括计时工和兼职雇员）公布各种资讯，鼓励他们做出更好的成绩。

沃尔玛认为，让员工们了解其业务的进展情况，是让他们最大限度地干好本职工作的重要途径，这会使员工产生责任感和参与感，意识到自己的工作在公司中的重要性，觉得自己得到了公司的尊重和信任，因此，会努力争取做出更好的成绩。

开市客：运营卓越的"用户受托人"

开市客（Costco）比沃尔玛晚成立 20 年，现在已经是仅次于沃尔

⊖ 腾讯科技. 沃尔玛全球关闭 269 家门店，美国关闭 154 家 [EB/OL]. (2006-01-08). https://tech.qq.com/a/20160118/022348.htm.

⊜ 税筹界. 沃尔玛为什么连续七年成为全球最大公司，这种用工模式值得一提 [EB/OL]. (2020-08-17). https://www.sohu.com/a/413459207_120456254.

玛的全球第二大零售商。开市客认为零售的本质体现在两个方面。第一，零售即服务。开市客让零售真正回归到服务的本质，为用户提供产品选择服务。第二，为消费者而非品牌商服务。开市客的服务对象是中产阶级。开市客聚焦更少的目标用户（美国年收入 8 万～10 万美元的前 30% 的中产家庭），为其提供全品类的商品，这使得开市客拥有比同行更高的用户购物频次。

开市客能为中产阶级带来哪些价值？分析一家零售商能为用户提供何种价值时，可从 4 个维度来判断：多、快、好、省。

如果说沃尔玛强调的是"多"和"省"，美国的高端零售商全食（Whole Foods）强调的是"好"和"多"，那么开市客强调的就是"好"和"省"。简单来说，它给中产阶级用户带来的价值就是高性价比的商品，其业务模式如图 11-2 所示。

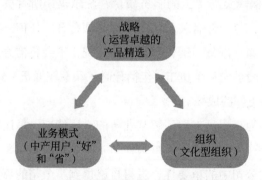

图 11-2　开市客的战略、组织和业务模式

观察开市客的净利润构成我们会发现，与其他零售商不同，开市客的主要利润并不是来自商品销售，而是来自会员费。在其 2019 财年前三季度 25.62 亿美元的净利润中，会员费收入为 23.02 亿美元，占净利润的比例近 90%。

与用户"结盟"而非"竞争"

从西尔斯连锁到梅西百货，再到沃尔玛超市，传统零售商的核心是赚取商品差价。因此零售商往往想尽办法提高销售毛利，这导致零售商和顾客之间往往是"竞争"关系。而开市客却反其道而行之，它规定所有在店销售的东西只能有1%～14%的毛利率，一旦毛利率超过14%，必须经过CEO和董事会的批准。

有钱不赚，是一种什么商业逻辑？

开市客的零售哲学是"低价高品质"，它将自己定位为用户的"受托人"，尽心尽力为消费者挑选性价比高的商品，它并不通过卖货来赚取差价，而是赚取会员服务费。

这种模式的精髓在于，各运营环节紧紧围绕着"服务消费者"而非"赚钱"，消费者要想得到低价高品质的东西，则需要付费办理会员卡后才能购买。开市客通过会员制锁定消费者心智和购买力，实现滚雪球式的增长。

为什么开市客要收取会员费？前面提到，开市客的理念是"零售即服务"，所以会员费可视为其帮助会员选择产品的"服务费"。更重要的是，收取服务费还具有其他重要作用。

首先，帮助公司筛选高净值人群。在美国，开市客会员分两种，即60美元年费的普通会员和120美元年费的高级会员。低频次的消费者，例如单身人士通常不会成为会员。在上海店同样如此，收取299元的年费后，通过"预付费"方式锁定目标购买力，形成长期客户黏性。

其次，构建竞争壁垒。消费者在开市客花钱办理会员卡后，由于付出了固定成本，做出了"无形购买承诺"，他们再去竞争对手那里购物的可能性便降低了。而且，开市客还可以利用会员想"赚回会员费"的心理，进一步刺激他们消费。

最后，打造了解用户数据的抓手。掌握会员数据，有助于降低运营成本和营销成本。这是非常关键的一环，开市客模式之所以能成功，得益于一项核心能力：选品（即选择商品）。开市客的"品类严选"可以理解为精选批发，生活方面的品类几乎全部涉及，但每个品类下只做精选品牌或型号，不追求丰富而追求合理。正如有句话所描述的，"如果开市客没有这样东西，那么你家里的就是多余的"。也就是说，开市客已经基于多年运营的大数据帮你挑选好了所有产品。所以，在"严选"的背后，实际上是一种服务。作为零售商，不仅把商品陈列在货架上，还要帮助用户做好产品过滤。

开市客的业务模式决定其数字化的核心抓手是推动运营卓越，给用户极致的高性价比。

开市客的会员策略要求它的商品保持优质低价，毛利刚好覆盖日常运营费用。问题是，开市客如何实现极致的高性价比。开市客做了四个方面的努力。

第一，降低采购成本。沃尔玛拥有超过8万个SKU，而开市客只有4000个左右，每个品类从知名品牌的SKU中精挑细选出两三种爆款。比如，大品类单品牌不多于10个SKU；小品类有1～3个品牌，每个品牌小于4个SKU。首席执行官詹姆士·辛尼格（James Sinegal）曾说："我们店里不会有市场上最便宜的太阳镜，但是会有最便宜的雷朋眼镜。"品类少，但消费者的购买非常集中，开市客单个SKU的进货量就会提高，因而开市客面对上游供应商时的议价能力很强，可以要求供应商把价格降到最低。

而且，为了将规模经济效应发挥到极致，虽然开市客商品单价低，但都是大件包装，所以顾客每次采购量并不低，进一步提高了开市客向供应商采购的频率，并加大了采购规模。

第二，贴近成本的定价策略。开市客的商品非常便宜，其尽量将价值让渡给消费者，买卖价差极小，造成了其毛利率极低。开市客2018年的毛利率仅为11.04%，而沃尔玛2018年的毛利率则达到了24.7%。在开市客内部有两条硬性规定：其一，所有商品的毛利率不超过14%，一旦高过这个数字，则必经过CEO和董事会批准；其二，一旦发现某家供应商的商品在别的地方的价格比开市客的价格还低，这家供应商的商品将永远不会再出现在开市客的货架上。这两条严格地执行下来，造就了开市客商品的低价。

第三，降低运营成本。开市客的库存周转非常快，它采用按市场需求分批生产的策略，使得库存始终保持较低水平。事实上，开市客的库存周期只有 29.5 天，远低于沃尔玛的 42 天和塔吉特的 58 天。强大的供应链支撑，使得开市客的部分产品从设计、制造、出货到在卖场进行销售可以短至一周的时间。高周转率还能够为企业带来充裕的现金流。此外，开市客是仓储式超市，30% 的商品直接由生产商送至门店，70% 的商品送至中心库，商品基本都是原包装箱陈列，几乎不需要上货整理，大包装的整包售卖，高速运转的库存，摊薄了库房费用。

数字化在这里发挥了重要的作用，由于会员数据的大量沉淀，以及只针对会员进行销售的业务特点，开市客可以进行非常精准的销售预测，进一步降低库存和运营成本。

第四，节约营销成本。开市客在美国的会员续费率超过 90%，且新会员基本靠老会员介绍，没有广告和营销支出。开市客为用户提供高性价比商品的策略为其带来了丰厚的回报。根据开市客 2019 财年三季报，其前三季度的净利润高达 25.62 亿美元。㊀

数据推动的极致会员服务

虽然开市客在成本控制方面做到了极致，但接下来的问题是，只依靠大包装、少 SKU 的零售模式，以及收取会员费的做法，并不容易建立消费者忠诚度。开市客还要解决如何经营用户、提高用户黏性的问题，此时数字技术发挥了决定性的作用。

开市客在改善用户服务和体验上也不断探索，譬如消费者使用开市客会员卡可以购买价格低廉的汽油和保险，店铺内还有大量的糖果、比萨试吃活动。同时，它还为用户打造店铺"寻宝体验"，一些隐藏的打折产品不容易被发掘，只有经常逛的深度用户才能找到。

打造自有品牌。2002 年开市客推出自有品牌科克兰（Kirkland

㊀ 方二. 读懂一夜爆红的 Costco，看这一篇就够了 [EB/OL]. (2019-09-06) https://www.sohu.com/a/339147025_177801.

Signature），该品牌旗下基本都是鸡蛋、牛奶这样的高频率消费品，这些产品一经推出，便迅速成为明星产品。很明显，开市客以用户"受托人"的心态对接上游产能，将更容易进行品质管控，再加上低廉的价格，直接锁定了大量目标用户群，既提高了用户的消费频次，又增强了它和第三方品牌的议价能力，确保采购时能享受更低的价格。如今，整个科克兰品牌的销量占到了开市客销量的 20% 之多。

选品策略。由于开市客的 SKU 品类只有 4000 个左右，所以选品就显得特别重要。在这一点上，开市客依赖数据的力量，根据会员数据、产品数据和当地市场的数据进行精准选品，平衡好功能性产品和情感性产品，给用户最好的体验。开市客的数字化选品策略取得了卓越的成效。公司 2018 年财报显示，开市客全球会员续费率高达 88%。很多零售企业和电商也采用会员制，但无法像开市客这样让用户感到物有所值。这是因为开市客真正做到了"利人利己"，它将极致的价值带给用户，以此实现企业利润的最大化。

开市客给我们的最重要的启示，是企业要真正做到以用户为中心。只有将用户放在企业的核心位置，才可以做到企业的长期收益最大化。这印证了管理大师彼得·德鲁克所说的话：企业的终极目的就是创造消费者。更重要的是，我们企业的思维需要逐步从产品思维转向服务思维。零售商只是开市客的表象，它实际上是为用户提供产品选择服务的"中介"。

企业文化的坚守

开市客能够始终提供优质的服务，依靠的不仅是模式和数据，还有深深植入每一位员工思想中的企业文化。开市客联合创始人辛尼格甚至认为："文化不是最重要的事情，它是唯一重要的事情。"

开市客的企业文化是："如果我们继续服务于顾客，让他们心满意足，这些顾客就会持续返回。"因此，开市客的各类业务都围绕为用户创造价值而展开。对于开市客来说，在员工中激发出激情、诚信、主人翁精神，激励用户并确保用户相信在开市客购物能获得最佳体验，是企业文化的核心，也是其成功的关键。

在开市客，为了用户的价值，其他可以一切从简。因为布罗特曼和辛尼格这两位创始人早早就立下两条规矩：任何一件商品的价格上调幅度不得超过14%，自有品牌科克兰的零售价不得超过其成本的15%。这是两条不可侵犯的红线，它是开市客的价值主张。

在这个变化的时代，开市客并不拒绝改变，但它核心的企业文化，一直得到了坚守。公司现任 CEO 杰利尼克说："你需要做出改变。但你不能改变的是，如何对待人、吸引人、包容人。这不能改变。"⊖

开市客对文化的坚守，也使其在变革的时代中，始终能够提供令用户满意的服务。开市客的会员似乎很享受在实体店购物的乐趣。过去会员大约是每 23 天去一次开市客，而现在他们几乎每周都会去开市客购物。

全食：用户亲密的"全薪光"超市

与"天天低价"的沃尔玛相比，全食给人的印象是"天天高价"。这家以经营有机食品为主营业务的连锁超市，甚至一度被冠以"全薪光"（Whole Paycheck）的称呼，以形容其价格之高。

全食的服务对象是那些高收入群体，即高端用户，因此其用户规模相对较小。公司提供的差异化价值是零售的"好"（优质的产品和服务）和"多"（多 SKU，尤其侧重于有机食品和生鲜）（见图 11-3）。

全食的盈利，不像沃尔玛那样来自供应链上游，而是来自下游消费者。

这种商业模式建立在一个简单而有力的假设的基础之上，即人

⊖ Neal Gabler. 零售业奇迹的好市多（Costco）是如何构建企业文化的呢？这里有一份大揭秘［EB/OL］.（2016-12-19）. https://www.huxiu.com/article/175051.html.

们愿意为那些有利于人体健康和环境保护，以及有品位的商品支付更高的价格。这也决定了全食的服务对象是高端用户，其特点是看重服务和品质，个性化需求较多。比如，全食的初代消费者是那些穿勃肯（Birkenstock）品牌的鞋子、驾驶沃尔沃汽车的高端人群，他们拒绝购买含有化学添加剂的食品。

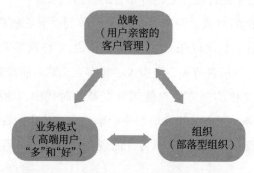

图 11-3　全食的战略、组织和业务模式

全食的核心能力是，通过数字化做好用户生命周期价值管理，挖掘每个用户的最大价值。

深度顾客关系管理

20世纪80年代早期，随着美国的食品业越来越工业化，一些重大转变开始悄然酝酿。渴望购买无化学添加剂食品的消费者群体快速增长。瞄准"有机食品+高收入人群"的全食，成为这些消费者的坚定选择，它的股价在很长一段时间里表现出惊人的涨势。

1991～2004年，全食股价上涨了30倍。2004年，英国《金融时报》评价全食为"美国成长最迅速的大型零售商"。它一度成为美国按单位面积计算利润最丰厚的食品零售商。2006年，全食每平方米收入为900美元，几乎是传统领域竞争者的两倍。㊀

㊀ 加里·哈默. 全食超市的民主管理［EB/OL］.（2010-12-17）. https://wenku.baidu.com/view/45ec931f650e52ea551898a8.html.

在全食的400多家门店中，有近200家是社区店。全食设计了有趣、独特、随意、舒适、有吸引力的商店氛围，希望商店变成社交和聚会的场所，使顾客与老朋友相聚，并结交新朋友。比如，全食在所有的门店都设有主妇厨房，其实就是顾客俱乐部，很多周围居民的饮食习惯在全食的CRM系统中都有详细的数据记录。

在商品层面，为了强化品牌壁垒，取得顾客对品牌的信任，全食制定了高于行业的标准以保证食品的质量。例如禁售含有50种以上成分的保健品，禁售含人工调味剂、人工色素、人工防腐剂、氢化脂肪的食品，要求供应商对农作物的土地情况、种植情况和动物的喂养情况、生长环境情况等进行细致说明等。高门槛的选品使得全食自然而然地培养了一批对食品质量要求较高的忠实用户群体。

优秀供应链的本土化选择，也从源头上保证了食品的新鲜度。全食提出"当地时鲜"（Local Green）策略，即在一定的半径范围内建立配套的供应链。全食在美国、英国和加拿大等门店较多的国家共运营了11个区域配送中心。由于出色的数字化供应链管理能力和当地直接采购策略，食品的周转效率大幅提高，食品新鲜度也得到了很好的保证。全食曾面临的最大挑战，成就了它最与众不同的地方——用经济、有效的数字化方式流程化地管理大量的当地时鲜产品。

得益于严格的质量控制，全食成为美国首家获得国家"有机认证"的零售商。而对于货物，全食还有一套独特的、外化可视的评级标准，将货物的品质直观地展示给消费者。全食的每个直营店都单独成立了质量管理委员会，负责对店内的所有商品进行安全监管和评估，对生鲜蔬果的生产农场、肉类品质进行评级，并贴上显眼的评级标签，以供消费者参考。

这种长期服务建立起来的深度的顾客信任，也成为亚马逊收购全食的重要驱动因素之一。电商看重高频次、高转化率，全食深耕社区意味着高频次，深度的客户关系管理则意味着高转化率。

此前，亚马逊推出"亚马逊生鲜"（Amazon Fresh）进军生鲜市场，但是这项事业上线10年不温不火、一度陷入苦战，毕竟对于蔬果、肉奶，消费者更愿意"眼见为鲜"。尽管在亚马逊购物十分便利，亚马逊却无法轻易获得同等程度的品牌信赖，这也让贝索斯坚定了进军线下的决心。

卖给亚马逊，打通会员数据

不得不说，亚马逊接手时，全食正陷于颓势，直接原因是沃尔玛、克罗格、开市客等传统的巨型零售商大举杀入有机食品市场。其中，沃尔玛在2014年与知名有机食品品牌Wild Oats合作，再次使出低价的撒手锏。

此外，一些更高端的有机食品零售商的出现，也为消费者提供了更多选择。曾经"高端质优"的全食，面对市场大批涌入的竞争者，成了一家高不成低不就的企业。

2017年，亚马逊以137亿美元收购全食，将这家有机食品零售"先驱"收入囊中。在沃尔玛不断收购电商，力图成为一家科技公司之际，亚马逊对全食的收购，也带来了线上线下相乘的效果。市场人士分析，亚马逊所看重的，一是避开激烈竞争，通过高端且相对窄众的线下连锁店切入市场；二是获取中高端用户，在提升亚马逊品牌品质的同时，通过高端用户的影响力"自上而下"渗透；三是利用全食融入社区的成功，为未来商业和生活的结合提前布局。

全食的CEO约翰·麦基将与亚马逊创始人贝索斯的会面称为"一见钟情"。亚马逊打通了自己的全球会员体系与全食的会员体系，由此获取了更多一手的线下实体商店购物数据，可以更好地通过大数据分析挖掘用户的个性化需求，为用户提供更为精准的服务和产品。而对于全食而言，将引入亚马逊引以为傲的库存管理、物流与信息系统、AI优化，有效降低供应链成本，从而弥补价格过高的劣势，同时带给顾客新的体验，提高其忠诚度。

事实上，亚马逊收购全食的背景之一是全食早在2012年就与新创企业Instacart合作，在一些全食门店，有专人负责响应Instacart的线上订单，店内还有专门用于打包在线订单商品的区域。这种合作意味着全食已经具备了数字化销售所需要的条件，包括实时的店面库存信息（即线上线下商品信息无缝接轨的管理系统）、线上支付通道，以及培养消费者养成"事先订购、店铺取货"的习惯。

对于居住在都市的消费者而言，店铺取货并不是特别辛苦的事情。每天搭乘交通工具通勤的人很多，他们可以到车站附近的全食分店里取货。全食的顾客已经了解而且习惯了这种结合网络空间与实体空间的购物体验，这些顾客的存在对于亚马逊而言想必极具价值。亚马逊的生鲜业务如果想有成本优势，就必须存储大量易腐烂的商品，这需要它在城市中有大量点状分布的仓库，只在某个区域搞个大型仓库显然是不够的。而收购全食，对于亚马逊而言，便拥有了数百个前置仓，以及无数消费者的消费习惯数据。

当亚马逊将Prime会员服务和消费者在全食的门店里的购物经历结合起来，它将能更清楚地知道同一人在线上和线下商店的购物习惯。与传统的零售商相比较，它便能更有针对性地推送广告和优惠信息。

具体而言，全食和亚马逊通过数字化落地商业场景的方式，实现了优势互补。亚马逊开始在全食的门店里售卖Echo之类的硬件设备，并在某些全食的门店里放置了快递柜。全食开始在一些门店里为亚马逊的Prime会员设置特殊折扣的标识，并提供免费送货服务。2017年第三季度，全食开始并表，为亚马逊贡献营业收入12.76亿美元。[⊖]

当然，对于全食来说，一个非常重要的问题是，如何更好地处理由数据驱动的决策和由当地团队所驱动的决策之间可能存在的冲突。

此前，全食的地区经理可以根据当地风格自行设计新店，根据当地消费偏好自行采购，自主决定库存比例，以至于"任何时候，每家店铺

⊖ 钛媒体.全食"出嫁"这一年，它和亚马逊擦出了哪些火花？[EB/OL].（2020-06-26）. https://new.qq.com/omn/20180626/20180626A1J1RM.html?pgv_ref=aio2015&ptlang=2052.

都会有 20%～50% 的商品不会与其他连锁店重复"。在全食，精练的授权型团队，被赋予零售业中空前的高度自治权。每个门店大概有 8 个团队，这些团队对门店的各个环节进行管理，包括管理海鲜食品、食品制作、收银等。这种突破性的分权管理精神贯穿于全食管理模式的每个环节。小型团队负责所有的核心经营决策，包括产品定价、商品陈列、人员招聘和促销策略。以商品选择为例，团队领导与门店经理商量之后，可以自由决定采购能吸引当地顾客的产品品种及其库存。

然而，随着亚马逊的中心化管理商品供应计划的实施，在全食各地实体店里的员工将越来越少。全食将从区域到全美，逐步实施中心化管理商品供应计划。

从前，很多优质小众品牌选择全食作为它们推出新品的第一站。然而对于全食来说，将货架空间提供给不能带来人流的小品牌，并不总是一个好的选择，而且和每个区域性的品牌打交道也是个复杂的流程。在被亚马逊收购以前，全食一直想要解决这个问题，并在 2015 年请来了塔吉特公司的唐·克拉克。在被亚马逊收购以后，全食开始实施中心化管理商品供应计划。亚马逊让全食在不同阶段做了大幅度降价举措，显然，这得益于"客单价控制"，并可能带来高转化率，反哺整个线上、线下业务体系。

部落型组织支撑企业的高速发展

随着全食越来越受到市场的青睐，它的扩张之路也一刻未止。全食 CEO 麦基认为，一个组织只依靠高层和几个外部顾问，不管他们多么聪明，当面对那些充分利用组织成员智力资本并且分享知识的竞争者时都会处于劣势。因此，全食致力于建立一个能让所有人有机会释放潜力的组织。它所选择的模式就是部落型组织。

全食建立部落型组织的第一步是缩小组织单元。全食的最高决策层是包括麦基在内的 5 人团队，这个团队每次讨论都能碰撞出新的灵感。麦基相信，小部落群体可以让创造力发挥出 "1+1>2" 的效果，所以决定将公司的最小组织单元调整为由员工组成的"自主团队"。每个全食门店有 8～10 个自主团队，果蔬、肉类、海鲜、收银等都是独立的单元。团队之间相互交叉（门店内各团队的领导者也是门店领导团队的成员），并一直向上延伸到公司高层的管理团队。

为了发挥小团队的敏捷作用，就需要赋予它们相应的权力，全食尝试弱化领导控制，让团队具有更多的自主性。团队被赋予了集体决策的权力，例如团队可以自主决定订购什么、如何定价以及如何促销。这样，团队在获取当地顾客反馈后，便可以在第一时间快速"对症下药"。

全食认为，只有员工之间互相信任，团队才能协作得更好。所以从进入团队开始，新员工就是团队紧密协作的一分子。同时，全食也鼓励良性竞争。公司的管理信息系统会披露各个团队的业绩，鼓励团队竞争向上。最后，全食还倡导信息的完全透明。在全食，员工之间的薪酬水平完全透明，高度的自治权和强烈的责任感让大家在责权统一的同时又能够自我驱动。在这种分权的扁平组织中，公司能够快速感受到市场变化并及时响应，信息传递的效率也大大提升。

如何挑选你的业务模式

从美国零售业的三个案例，我们可以看到，在数字化时代，企业三大业务模式的侧重点不同。如表 11-1 所示，技术领先的代表沃尔玛，通过数据化技术进行精细的供应链管理，极大地提高了供应链的效率，以及产业链上各企业之间的协同效率，重新制定了产业链上的利润分配格局。

运营卓越的代表开市客，通过数字技术实现了卓越的会员运营，企业的利润来源，从传统的商品销售差价，变成服务顾客的会员费，改变了传统的企业与顾客的关系。

全食是用户亲密型的代表，通过数字化手段实施用户忠诚计划，以高品质的产品获得更多的消费者剩余，从而提升单品利润。尽管全食的规模较小，但依然能获得不错的利润。

表 11-1　三家美国零售企业的不同战略选择

企业	战略	组织	业务模式			
			服务对象	提供价值	盈利模式	核心能力
沃尔玛	技术领先的供应链管理	模块型组织	大众用户	品类多，价格低（单店8万个SKU）	销售量大，赚取批发零售价差，供应链优化	技术领先的供应链管理：数据化精细管理
开市客	运营卓越的产品精选	文化型组织	中端用户	重视性价比，精选每个品类（单店仅4000个SKU）；自有品牌高质、低价吸引用户	低毛利、低价格，主要通过会员费盈利	运营卓越的产品精选：会员黏性高，销售预测准确，采购成本低
全食	用户亲密的客户关系管理	部落型组织	高端用户	个性化需求（大量SKU），品质，服务	规模小、高客单价，用户价值的深度挖掘	数据驱动和用户亲密的客户关系管理

从以上案例可以看出，数字技术在供应链管理、卓越运营能力、客户关系管理等每一个关键环节都可以带来颠覆式的变革，进而创造符合企业自身优势的业务模式。

企业在思考将核心能力投射到商业场景中时，需要思考这个场景中的用户和差异化价值。企业的数字化必须要有具体的落地场景，解决具体的业务问题。在数字化竞争中，我们谈到场景化部署，需要企业重视两个问题。

（1）企业选择的业务场景的业务模式，要和企业的核心能力、长期战略匹配。如沃尔玛的核心能力是强大的供应链管理，它选择的业务场景就是强大的供应链，通过海量SKU和极致的效率，满足用户海量采购和低价实惠的需求，而没有盲目地向高端用户选购场景扩张。

（2）场景化部署，必须思考具体场景下的业务模式，让数字化真正做到"利人利己，共生共赢"。此时，企业要具备系统化的思维模式，不要简单地思考如何运用数字化单方面获利，而要实现多方的共生共赢。上述案例中的沃尔玛，因在早期通过大量采购压缩供应商的利润空间，而受到非议。而在全供应链上运用了数字技术之后，沃尔玛也在帮助供应商优化生产、降低库存方面做出了努力，在一定程度上实现了共生共赢。

| 核心总结 |

1. 企业的数字化和智能化必须和企业的具体业务模式对接，不能够解决业务问题的数字化和智能化是"空谈"。
2. "利人利己，共生共赢"的商业本质在业务端可以归纳为 4 个问题：
   第一，我们业务部门的服务对象应该是谁？
   第二，我们为服务对象所提供的差异化价值是什么？
   第三，我们的盈利模式是什么？
   第四，智情企业需要构建的核心能力是什么？
3. 智情企业业务模式有三大类：①技术领先、②运营卓越、③用户亲密。
4. 业务模式是战略落地的具体要素，也是打造组织的核心目的。战略、组织、业务模式是企业增长的"铁三角"。
5. 业务模式是场景化部署落地的抓手，企业必须思考具体场景下的业务模式，而且在思考时应具备系统化的思维模式。

第六篇

能　力　篇

第 12 章
Chapter 12

技 术 能 力

智情企业的技术能力提升,首先需要从过去封闭式的 R&D 研发模式中走出来,以开放式创新连接(Connect)外部资源,实现更高效的创新。其次,企业的创新要通过实验(Experiment),实现了从发现相关性到发现因果性的转变,识别正确的改进方向,同时,通过实验让产品开发实现用户参与的前置,真正地做到以用户为中心,实现更好的迭代和风险管理,也就是实现 C&E。

超级高铁公司的开放式创新

超级高铁公司(Hyperloop Transportation Technologies, HTT),是一家美国科技公司。该公司的目标是建造基于真空隧道技术的"超级高铁",以解决目前公共交通普遍存在的拥挤、超载、低速、环境污染等问题。"超级高铁"是一种管道运输系统，它可以将乘客或货物装在胶囊形车厢内运输，最高时速超过1000公里/小时，这一速度已经超过普通民航900公里/小时的时速。如果超级高铁建成，就有望在全球范围内迎来便宜、便捷的长途旅行时代，并为航空运输提供低碳排放的替代方案。

HTT虽然没有像马斯克的超级高铁那样享有较高的媒体曝光率，但在超级高铁的实质性推进方面，取得了不错的成绩。2018年4月，HTT宣布其在法国的工厂将开始建造一条测试轨道。同年7月，HTT宣布与中国贵州省铜仁市政府组建一家合资企业，建造一条10公里长的超级高铁轨道。

HTT能够运作如此复杂的科技创新项目，与公司独特的开放式创新管理密切相关。目前该公司的正式员工不到12人。HTT的工作，几乎全部由分布在世界各地的800多名兼职专家来完成。HHT分享公司的股票期权，以换取兼职专家的工作时间。有50 000多人，在各种社交媒体和网站上为HTT发布业务机会，寻找合作伙伴。有趣的是，这800多名兼职专家，不是简单的业务外包方，而是会紧密参与HTT的核心战略活动，如业务拓展、研发、营销、人力资源管理、现场可行性分析，甚至会参与公司收购等环节。

截至2017年12月，HTT的兼职专家大约有800人，其中一些人以个人身份独立工作，而另一些人则与44家行业领先的公司合作。所有人的合作报酬都以股票期权的形式支付。

这些外部贡献者是HTT的核心，他们都与公司签署了一份协议，承诺每周至少工作10个小时。这些贡献者来自各个学科，包括来自工程、项目管理、业务发展、人力资源、社交媒体、营销、法务、财务、政府关系等。虽然外部贡献者只有800人，但约有300人随时准备参与到日常的工作中，包括开展提案准备、满足客户要求、研发、营销和管理等工作。由于贡献来自世界各地，他们常常通过社交媒体与HTT建

立联系，贡献新的想法、知识，以及发现商业机会等。[○]

HTT代表了未来数字化时代开放式创新的组织形式。

未来企业如何整合内外部资源，进行开放式创新？

数字化带来前所未有的"连接效应"，企业如何抓住这一趋势，实现技术升级？

开放式创新的模式

开放式创新能够在数字化时代出现，源于以下三个原因。

第一个原因：在数字化时代，技术的不确定性增加，行业的边界开始模糊。

在充满高度不确定性的环境中，技术开放模式已经发生了变化。经典的理论建议组织应该创建有机的、适应性强的、松耦合的结构，并且具有敏捷性，以此期望组织管理者通过快速地将组织迭代为新的组织形式来应对不断变化的环境突发事件。企业需要不断地搜索技术和市场以发现可以成功商业化的东西。任何新的知识都不仅仅是提供新的机会，还可以提供有关如何与其他现有知识连接的能力。此外，在如此高度不确定的环境中进行组织设计，需要进行广泛的外部探索，以便发现所有的相关问题，并利用开放式创新来完善组织。

外部市场的不确定性可能使任何企业的先验知识陷入困境甚至适得其反。因为我们的研究发现，首先，当一个企业的研发完全依赖内部资源时，会产生两个负面影响，第一个负面影响是所谓的认知懈怠，第二

○ ANN MAJCHRZAK, TERRI L. GRIFFITH, DAVID K. REETZ, OLIVER ALEXY. CATALYST ORGANIZATIONS AS A NEW ORGANIZATION DESIGN FOR INNOVATION: THE CASE OF HYPERLOOP TRANSPORTATION TECHNOLOGIES [J]. Academy of Management Discoveries 2018, 4(4): 472-496.

个负面影响是结构僵化。[1]认知懈怠指的是当一个企业完全依赖内部资源进行研发时，往往产生所谓的近邻搜索，也就是，企业的研发人员往往在自己所熟悉的领域，或者与自己的专业相近的领域搜索相关的信息，获得相关的灵感，而这对于他们跳出盒子来思考，打破固定的、既定的思维方式，当然是不利的。结构僵化是指当一个企业依仗于既有的、固化的流程来进行研发的时候，企业会陷入这个流程所形成的框架的禁锢和束缚，这对于研发人员打破这个框架去拥抱外部资源，去更好地、更灵活地增加对于外部市场不确定性的掌控当然是不利的。

第二个原因：企业所需的大量知识存在于组织之外。

随着数字化的发展，尤其是自由职业和众包平台的出现，大量更好的资源积聚在企业的边界之外。比如，美国最大的制药企业之一辉瑞所占有的医药行业的研发资源，也仅仅占全美的2%，也就是说98%的医药行业的研发资源是在辉瑞的企业边界之外。在这样一个社会分工越来越细密，人们更多地追逐自由和不受固定企业约束的大背景下，优秀的人才越来越不需要一家固定的公司，而公司却越来越需要他们的知识，这就需要我们思考，如何将外部优秀人才的知识引入企业内部？

第三个原因：数字连接大幅降低了信息交易成本。

数字化大幅降低了企业内部和外部进行信息交流、沟通、协作的成本。这种交易成本的大幅下降，可以让我们更高效地通过各种方式，比如论坛与社区，更好地进行内部与外部的知识交流，这是协作的桥梁。将外部资源更好地引入企业内部，减少知识成本，不仅使组织能够更广泛地探索创新，而且还能使越来越多的外部贡献者参与进来，提供几乎无成本的外部知识供应为公司所用。比如，通过数字化和互联网，一个芬兰的工程师可以参与到腾讯的游戏开发进程，一个意大利的业余研究

---

[1] Fang E (Er), Lee J, Palmatier R, Han S. Han S. If It Takes a Village to Foster Innovation, Success Depends on the Neighbors: The Effects of Global and Ego Networks on New Product Launches. Journal of Marketing Research. 2016,53(3): 319-337.

者可以解决困扰宝洁多年的研发难题。

从内部创新走向开放创新

传统的企业技术创新是 R&D（Research and Development），即企业通过加强基础研究或应用研究，开发出创新性的技术，从而具备技术领先的优势。需要注意的是，在 R&D 模式下，企业的研发路径，通常遵循技术发展的路线，而非以用户和市场需求为导向。例如，在很长一段时间内，英特尔的 CPU 都是严格地按照技术发展的路线推进研发工作，研发流程严格按照摩尔定律推进，即 Tick-Tock 战略，CPU 制程升级和架构升级交替进行，核心思想就是提升 CPU 的集成度。在后 PC 时代，这一战略帮助英特尔建立了巨大的竞争优势，英特尔凭借酷睿系列 CPU 性能上的压倒性优势，将老对手 AMD 远远甩开。

然而到了移动互联时代，这一战略却难以奏效。智能移动终端对 CPU 功耗要求较高，英特尔的 CPU 与高通相比，虽然在性能上遥遥领先，但同样，功耗也远高于高通的骁龙系列。尽管英特尔多次尝试推出低功耗的 CPU，但在 Tick-Tock 战略指导下，基于对高功耗电脑 CPU 的修修补补，始终无法与专门为移动终端设计的高通 CPU 相抗衡。例如高通 CPU 通常采取 1 个主内核加若干协处理内核的架构，这样的设计，使 CPU 在处理非密集型运算时，只需要几个架构简单的协处理内核工作即可，大大降低了功耗。而英特尔的 CPU 采用的是功能相同的多内核设计，每个内核都具备完整的运算能力，显然这种架构的功耗要比高通的 CPU 更高。因此，尽管英特尔在制程上做了大量优化，但功耗问题难以解决，最终英特尔被迫放弃了移动终端的产品线。

从英特尔的案例可以看到，遵循技术发展路线的研发工作，虽然仍然是企业保持竞争优势的重要手段（英特尔的 CPU 在 PC 和高端服务器领域，依然处于绝对优势地位），但面对快速变化的市场，企业应更关注外部需求的变化，以及引入外部的优势资源，帮助企业更好地进行开发，做到"非我所有，但为我所用"。

开放式创新在实践中表现为四种模式，见图 12-1。开放式创新包括四个要素，即资源来自外部还是内部；竞合方式是社区型的协作，还是通过竞赛进行选拔。我们可以将其归为四种类型，即①内部社区、②内部竞赛、③外部社区和④外部竞赛。

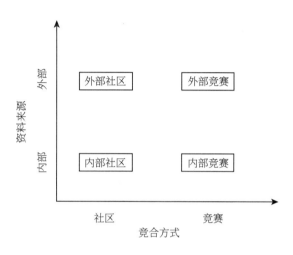

图 12-1　开放式创新的四种模式

内部社区

内部社区模式，通常重在加强企业内部资源的协作，促进知识共享，从而帮助企业实现创新。内部社区模式通常适合较为庞大的企业集团使用，集团各分子公司或业务部门，在各自的专业领域拥有深厚的技术积累，企业各部门通过内部知识共享，往往可以获得比外部获取或自主研发更为领先的专业技术。我们以西门子 TechnoWeb 2.0 为例，来看看内部社区如何帮助企业实现技术创新。

西门子是全球电子电气工程领域的领先企业，在全球拥有 40 多万名员工，超过 170 个研发中心，公司业务几乎涵盖电气工程的全部领域，在各业务领域都拥有深厚的专业知识储备。因此，西门子的很多技术创新无须借助外部力量，通过有效转化各专业业务部门的内隐知识，就可以实现多方面的创新。

1998 年，西门子奥地利分公司的软件研发部门引入了 TechnoWeb 1.0，旨在促进 IT 人员的知识共享。在取得成功后，西门子将 TechnoWeb 1.0 的升级版 2.0 在全公司范围内推广。该社区致力于围绕核心技术的知识交流，TechnoWeb 2.0 使员工能够自我组织成自定义主题网络（迄今为止主体已超过 1300 个）并参与集体问题解决。㊀

该系统的关键功能是发起紧急请求，以帮助员工解决重要且时间紧迫的问题。内部线上社区，使员工可以不受地域和部门的限制，实现跨越组织和专业孤岛的协作，推动公司的创新成果的产生。TechnoWeb 2.0 是一个企业内部的类似 Google 那样可以寻求内部专家帮助，避免"重复造轮子"的工具。TechnoWeb 2.0 是一个功能全面的社交网站，允许用户创建个人资料页面，其中包括他们的照片和个人信息，并能公开参与活动。

TechnoWeb 2.0 的一个具有代表性的成功案例是，一位来自医疗保健部门的同事在研发一款能够更温和地为患者实施检查的工具。为完成该工具，需要 RFID 领域的专业知识，而 RFID 的研发工作并不属于医疗部门，为此他在 TechnoWeb 2.0 中找到了 RFID 的主题，并发布了他的需求。在几天内，他找到了小组内合适的联系人，并将 RFID 运用在新的检查工具中。

通过对西门子 TechnoWeb 2.0 的内部社区式创新的研究，我们认为内部社区成功运作需要满足"127"原则，即企业内部社交媒体式的社区，要有足够的用户数量和活跃度，具体内容，需要企业中至少有 10% 的员工创建网络并进行维护；20% 的员工加入网络，并发布信息，撰写内容；剩下 70% 的员工不必在网络上建立账户，只需运用网络寻求帮助即可。

㊀ Susan Mörl, Michael Heiss and Alexander Richter, Siemens: Knowledge Networking with TechnoWeb 2.0 [EB/OL]. http://citeseerx.ist.psu.edu/viewdoc/download?doi=10.1.1.458.1280&rep=rep1&type=pdf.

内部竞赛

内部竞赛是一种强调在公司内部，通过竞赛选拔优秀创意的创新活动。一般而言，内部竞赛更适合专业化程度较高、产品可以快速迭代开发的公司使用，公司通过内部竞赛可以发掘新的创意或技术人才。内部竞赛的目的，不是创造完美的产品，而是寻找具有潜在价值的创意以及最小化可行产品，之后再通过公司层面的资源支持，快速迭代产品模型，从而在市场赢得差异化的竞争优势。

因此，内部竞赛往往被互联网公司所推崇。Facebook 的黑客马拉松，是内部竞赛的典型代表。作为世界上最成功的互联网公司之一，创新牢牢地印在 Facebook 的文化 DNA 之中。与西门子强调打破部门界限，实现友好协同的创新不同，Facebook 的内部创新充满了激烈的挑战。以黑客文化著称的 Facebook，每隔几个月就会举办一次黑客马拉松活动。该活动通常在 24 小时到几天之间不停地运行，来自不同团队和地区的公司员工齐聚一堂，集思广益，构建他们认为能真正改善 Facebook 用户体验的一些东西。

Facebook 黑客马拉松从不限制参赛者创意的发挥，在这里只有一条规则——不能从事与自己日常工作相关的内容。在黑客马拉松快要结束时，所有团队都有机会进行演示。然后，各参赛队伍对他们认为最好的想法进行投票。最具创意的团队将有机会直接面对 Facebook 的最高决策团队，包括扎克伯格、公司首席产品官、CTO 和工程副总裁。

黑客马拉松允许在日常业务中不会产生互动的团队组成新的参赛队伍。活动还允许参赛成员访问 Facebook 内部庞大的资源和基础架构，来实际构建软件产品。在过去的黑客马拉松中的许多产品，如 Facebook Chat、Safety Check 和 Facebook Groups，已经发展成 Facebook 平台的一些非常重要的功能。

Facebook 的产品更新速度，是其竞争优势的重要壁垒——Facebook 网络版本几乎每天都有更新，Facebook Mobile 则几乎保持每周更新的频率。这源于黑客马拉松所带来的高速的产品研发和迭代能力：一旦公司发现新的创意，就可以快速形成 MVP 产品并推向市场，占据先发优势，其后再通过快速迭代完善产品功能和体验，继续巩固市场优势。

外部社区

外部社区是开放式创新的典型代表，企业通过连接外部资源（用户、供应商等利益相关者），实现共同创新。

外部社区通常的做法是连接用户，通过听取用户的反馈，发现潜在的创新机会。

总部位于西雅图的咖啡巨头星巴克，如今拥有近 3 万家门店。2019 年星巴克市值一度超过 1000 亿美元。在普遍认为是夕阳产业的咖啡行业，星巴克为何能取得如此高速的增长？

这与其坚持开放式创新密切相关。2008 年，在星巴克创始人舒尔茨的推动下，星巴克开放式创新平台"我的星巴克创意"（My Starbucks Idea）上线，鼓励用户和粉丝分享他们的想法和建议，帮助公司把他们心爱的产品做得更好。

在投入运营的最初五年里，该平台收到了超过 15 万个想法，公司采纳了数百条创意。所有客户必须做的是创建一个主题，写上他们的建议，并在网上提交，供其他人评论。如果这个建议聚集了足够的"蒸汽"（星巴克的一种投票标记，类似社交网络的点"赞"），或者星巴克的管理者认为这个建议有趣、可行，那么它就可以被公司采纳。

这种用户驱动的开放式创新非常受欢迎。它不仅为星巴克创造了许多明星产品，如杏仁奶拿铁等，还有助于提高客户忠诚度。

星巴克开放式创新平台的成功，有两个经验可供借鉴。一是公司有效地管理了负面评论，星巴克员工会定期筛选网上的想法和评论，防止平台成为嘲弄企业的工具。二是公司制定了明确的线上社区指南，以帮助管理在线交流。这不仅为用户提供了一个更安全的环境来分享他们的想法，还减少了星巴克员工管理网站的工作量。

除了用户驱动的创新外，还有一类更为激进的外部社区创新。公司只建立核心的网络架构，一切内容的产生和协作，均由外部使用者自发完成。其中的佼佼者就是被微软以 75 亿美元收购的源代码托管平台——GitHub。

GitHub 是一个开源平台，有数百万个开发者和爱好者在上面下载、评论和修改别人的代码。GitHub 就像一个大型的代码库，它允许程序员将项目代码提交到平台上，并且允许其他人为这个项目贡献代码。通过 GitHub，大量的开发者可以共同完善同一个项目，这使 GitHub 成了开源软件不可或缺的技术平台。

GitHub 有两大核心特色。首先，它是一个开发者提高技能的交流平台。GitHub 提供了一个给用户提升技能与交流的空间，它允许开发者能够通过一个共享界面来实现合作，用户可分享自己的代码并为别人所用，也可以和全世界其他的开发者一起共同完善代码，通过这样的形式，全球的各大开发者可以从中交流、借鉴经验，并快速提升技能。

其次，GitHub 运用先进的技术手段，解决了世界各地的开发者互相协作过程中的版本控制难题。开源代码库为每个新的代码版本都建立存储库，用户可以只为每个版本建立分支，分支可以让相同的代码库保持多个版本。此外，用户还可以对代码库的版本进行整理。如果用户使用后发现，在现有版本中加入某个特征会更好，用户就可以用整合指令来整合分支。总之，GitHub 改变了人们的编程方式。它不仅让编程变得更简单，还改变了软件开发者对编程的看法。

外部竞赛

外部竞赛是最后一种开放式创新的方式。对于企业而言，采取外部竞赛有助于从外部专业组织获得在其领域更为精深的知识和经验，跨界的知识，往往可以为企业带来意想不到的洞见。

美国国家航空航天局（NASA）可谓拥有世界上最好的科学家，因此当 2013 年 NASA 宣布通过一场公开竞赛来解决国际空间站（ISS）的问题时，似乎还有些出人意料。国际空间站由太阳能提供动力，而太阳能则由空间站的太阳能电池板捕获。为确保空间站尽可能多地获取能源是一件非常复杂的事情。将太阳能电池板固定在电站上的细长杆称为 Longerons。每当一部分 Longerons 完全处于太阳照射之下时，其他处于阴影下的 Longerons 就会弯曲并最终断裂。因此，国际空间站计划将平台定位在特定轨道上以减少阴影的产生，但是这种操作减少了空间站可收集太阳能的总功率。Longeron 挑战的目标是开发一种算法，寻找一条轨道，以便使国际空间站在避免 Longerons 出现裂纹的同时，尽可能多地收集太阳能。

与 NASA 科学家相比，外部人士能够拿出更优秀的方案吗？在 NASA 自己的科学家中有很多人对此持怀疑态度。活动开展几个月后，来自不同背景的 459 名参赛者提交了 2185 个解决方案。并且，这些方案中几乎有一半的表现要优于 NASA 科学家设计的内部解决方案。

奈飞针对影视作品征集推荐算法也是一个很好的例子。奈飞举办这个比赛的目的是，发现更好的推荐算法来向用户推荐影视作品。奈飞为能够将推荐算法准确率提升 10% 的获胜团队，提供了 100 万美元的大奖。2009 年推荐算法的冠军将推荐算法的准确率提升了 10.5%。奈飞的推荐系统也在不断融合新的算法，实现更精准的营销。

外部竞赛，适合外部团队拥有强大的专业知识的情形。例如 NASA 的科学家虽然在与航空航天相关的知识领域拥有外部组织无法比拟的优势，但人工智能、大数据分析技术往往掌握在其他公司手中。并且数字化带来的一个优势是，大数据分析团队，无须掌握客户所在专业领域的知识。只要客户拥有海量的历史数据，就可以运用机器学习技术，通过监督训练，让计算机自动调整算法，拟合出最优的运算结果。这种算法的调整，正是外部数据分析团队的优势。

因此，在数字化时代，我们将看到越来越多的企业，会采用外部数据团队 + 本公司行业知识解读的创新模式。

开放式创新的管理

开放式创新,并不意味着放弃管理。相反,由于传统的管控式管理无法在开放式创新中应用,我们需要为松散的开放式创新建立新的管理机制。开放式创新的管理可以分为四个维度:①清晰定义问题,②建立数字化知识网络,③优化团队结构,④平衡奖励机制。

清晰定义问题

企业需要清晰定义问题。布德罗(Kevin Boudreau)和卡里姆·拉哈尼(Karim Lakhani)对开放式创新进行了广泛的研究,他们发现,当将问题清晰地分解为可管理的部分,并推广到使多个行业和专业领域的创新者都可以理解时,解决方案的质量会有明显改善。InnoCentive公司的副总裁兼首席创新官乔恩·弗雷德里克森(Jon Fredrickson)谈到定义问题的重要性时说,"帮助公司开展开放式创新项目的公司"表示:"与客户面对的最困难挑战之一就是清晰定义问题。他们可以告诉我们他们想要什么,但是我们经常必须回到最初的原则上,分解实现他们想要东西的一系列明确问题,这是实现成功的开放式创新的基本前提。"

建立知识网络

在进行开放式创新项目管理时,企业需要关注其连接的外部知识网络结构,在宽度和深度上保持平衡。我们的研究发现,建立数字化知识管理系统,运用广泛的网络连接,采用不同的外部知识,多元化广泛的知识基础,可以帮助项目人员跟踪和了解技术的发展,使项目的运作更顺畅,也更容易吸收外部知识,并与现有知识进行整合。但是过于广泛的连接也增加了协调的负担。随着对项目所涉及的不同技术的投入的增加,需要在小组内部加强协调。这种协调的努力会随外部项目数量的增多而呈指数增长。这就需要企业建立内部的数字化知识管理系统,以帮助降低协调成本,并且让团队可以实时准确掌握外部资源的知识图谱。

另外，企业需要定期观察行业技术的"知识图谱"并将其与"关键知识"建立深度连接，也就是在各个专业领域进行深度连接。这种深度连接可以防止知识发展被他人控制，确保以"较少的消息传输、更短的时间、更低的成本"获取相应的知识。但是，如果在某个领域陷得太深，将不利于跳出"盒子"思考问题。这就需要我们不但要"埋头干活"，还要适时"抬头看路"。

优化团队结构

开放式创新的团队，需要设置团队协调人，来负责外部知识的协调与反馈。我们的研究发现，团队协调人往往承担不同的职能，以协调和吸收外部知识，满足项目发展的要求，这个桥梁作用对于保证项目的时间节奏和信息的准确传递至关重要。同时，要构建具有多元化背景的团队。多元化团队的思维碰撞可以减少与网络深度和知识深度相关的认知惯性，从而减轻对新知识创造率的负面影响。不同的观点和学习角色多样性的更大动机，可以突破与网络深度和知识深度相关的认知惯性，从而提高新知识的创造率。研究表明，让团队成员接触不同的文化和信息，更可能激发团队成员产生新的想法，并会激励团队成员对他们所接触过的不同观点和想法进行合并、吸收。

因此，相比于强调背景一致的团队策略，背景多元化的团队策略更可能让团队成员接触到更多的知识和信息。在背景多元化程度高的团队中，参与者会通过与不同背景参与者间的社会联结，获得更多的新知识和信息，促进彼此间的知识分享和交流，进而推动团队创新。当然，这个背景多元化是建立在目标一致的大前提下，否则，团队背景的多元化可能抑制团队和个体创新。依据相似吸引理论，个体会对与自己具有相似特征的人持积极态度，认为他是"我们"中的一员，而对与自己具有不相似特征的人持有负面评价，认为他是"他们"中的一员。由此产生的内部矛盾可能影响团队氛围，让参与者不愿意参与到团队创新的相关活动中（包括分享自身经验、彼此交流信息等）。

平衡奖励机制

对开放式创新的奖励，可以分为两大基本类型。一是社会声誉奖励，包括声誉奖励、社会奖励和游戏奖励；二是经济奖励。

声誉奖励一般是在创新平台中进行评级，累积声誉，对用户的奖励通常包括向其颁发徽章、认可其在平台中的地位等。社会奖励通常是指企业为创新参与者提供社交互动的推动力，如让创新参与者有机会展示自己的技能、参加社群活动、管理专门的论坛等。

游戏奖励是社会声誉奖励中一种较为有效的方式。企业可以为创新参与者设计成就徽章、级别、排行榜。通过游戏化的设计，激发创新参与者的热情。游戏奖励一般可以包括设计社交元素，如闯关的故事情节、社群排行榜等，还可以通过提供虚拟空间和虚拟商品（常见的包括论坛币等），激活创新参与者的活动。

经济奖励也是开放式创新中不可或缺的部分。一般竞赛型的开放式创新，会提供物质奖励。然而研究表明，经济奖励等外部奖励措施会降低创新参与者的内在动机。此外，虽然外部奖励可能带来短期收益，但从长远来看，也可能降低创新参与者的参与度。一项针对 Amazon Mechanical Turk 协作论坛的研究显示，支付更高的报酬，会吸引了更多的创新参与者，并提高完成工作的数量，但工作的质量并未显著提高。此外，也有研究也表明，在赏金模式下，创新参与者可能更倾向于欺骗系统，以便获得更多的奖励。

因此，我们建议将经济奖励与社会声誉奖励结合起来，利用少量的经济奖励作为最初的激励因素，然后利用其他形式的奖励，例如社会声誉奖励，以打造让创新参与者能持续参与的平台系统。

数字化实验：从 R&D 到 C&E

与 R&D 相比，C&E（Connect and Experiment）最主要的特点

是通过与利益相关者的联结,将外部知识吸收到企业内部来。在提供产品和服务的过程中,企业需要更好地应用数字技术,通过数字化实验获得参与方的反馈。

自成立之初,在线住宿预订网站 Bookings,就以"预订的力量"一直致力于优化客户体验。首席产品官 David Vismans 解释说:"如果要成功,就需要提供出色的客户体验。开发产品时,这必须是您的唯一重点。每当他们与您的网站联系时,您的网站都需要比竞争对手的更令人满意,他们才会回来。"为了弄清客户的满意程度,网站开发人员不断测试各种想法,以通过受控的在线实验和定性研究来改善产品体验。最简单的受控实验就是 A/B 测试(比较 A(对照组)与 B(控制组)的测试结果)。对产品的修改,可能是增加一项新功能(如对 Booking 的页面设计新的布局),或是对后端进行修改(调整算法等),都可以通过 A/B 测试发现改进的方向。

数字化缩短了反馈的周期,过去往往需要等几周的时间才能得到反馈,现在几分钟后就可以看见结果。数字化反馈的流程可以用图 12-2 来表示。数据产生洞察,洞察指导调整产品策略,产品策略的落地实施产生新的数据,从而形成一个持续的动态优化过程。因此,借助数字技术,实验可以对用户进行更加精准的识别,实验的重要性在数字化时代更为凸显。

图 12-2　数字化反馈

数字化实验的本质和模式

实验要达到的目的有两个:一是实现从发现相关性到发现因果性的转变,识别正确的改进方向;二是让产品开发实现用户参与的前置,真正地做到以用户为中心,实现更好的迭代和风险管理。

实验实现了从发现相关性到发现因果性的转变,使企业正确认识到因果关系的重要性。一些管理者认为因果关系不重要，只需确立相关关系，就可以进行产品迭代，这是一个很大的误区。下面的例子很好地说明了这一点，并揭示出实验缺少对照组的弊端。雅虎曾进行一项研究，评估雅虎网站上展示的广告能否增加对相关品牌名称或关键词的搜索次数。实验团队观察到的数据显示，广告使相应的搜索次数增加了871%～1198%。但雅虎又进行了对照实验，发现相应的搜索次数仅增加了5.4%。如果没有进行对照实验，雅虎可能认为广告效用巨大，而不会意识到，搜索次数的增加，实际上是由收集数据期间其他变量的改变所致。显然，观察研究无法确证因果关系。这在医药行业是常识——美国食品药品管理局规定，企业必须进行随机临床试验，以证明其药品安全有效。

在实验中引入过多变量，将不利于厘清和分析测试结果，会增大判断因果性的难度。在理想情况下，实验应足够简洁，使因果关系清晰可辨。实验设计过于复杂的另一个弊端是，漏洞产生的概率会增加。如果一项新功能导致测试被迫中断的概率是10%，那么同时引入七项新功能产生致命漏洞的概率就超过了50%。假如确定A是B的原因，却不清楚为什么，你应该去探究背后的因果链吗？答案是肯定的。

公元1500年到1800年，约有200万名航海者死于坏血病。今天我们知道，坏血病是由膳食中缺乏维生素C引起的，而水手在长期航行中水果供应不足，很容易患这种病。1747年，英国皇家海军的詹姆斯·林德博士（Dr.James Lind）决定加入一次航行，测试6种可能的治疗方法。他提供的"解药"包括桔子、柠檬和醋等。结果表明，柑橘类水果能预防坏血病，但没人知道原因。林德误认为水果中的酸是有效成分，因此把果汁加热浓缩以便长期保存，而这恰恰破坏了维生素C。直到50年后，未经加热的柠檬汁纳入每日配给，皇家海军才终于消灭了坏血病。如果当时林德用加热和未加热的柠檬汁进行对照试验，这个发现或许能早些到来，拯救更多生命。当然，并非一定要知道"为什么"或"如何"，才能从"什么"中受益。当涉及用户行为时尤其如此，因为行为动机可能很难定义。

A/B 测试实验流程

一个有效的 A/B 测试实验流程包括四个步骤。

第一步，建立假设（Hypothesis Development）。在制定 A/B 测试计划之前，需要进行沉淀数据的定量分析，以及进行用户访谈等定性研究，通过记录研究观察结果并创建假设，使之更接近需要改进的业务目标。

第二步，建立通用的实验平台（Experimental Platform），当同时在线的实验比较多时，可以由平台自动分配流量，无须人工沟通，并且实验结束时流量立即回收，以提高管理效率。这能帮助公司降低分析成本，加快算法迭代效应，使整个系统的算法优化工作能够快速往前推进。

第三步，设计标准流程（Standard Process），使用 A/B 测试工具，同时测试多个版本，以使 A/B 测试有足够的时间来产生有用的数据，获得真实用户的反馈。

第四步，根据反馈结果进行优化（Feedback and Optimization）。通过 A/B 测试，企业在取得了用户的反馈数据后，就可以开始根据反馈结果进行优化并采取行动。如果一种变化在统计上优于另一种变化，企业就可以选择更优秀的方案开展行动。如果两种变化在统计上都没有更好的表现，那么企业应将此次测试标记为不确定。在这种情况下，企业应继续使用原始版本，或者规划新的 A/B 测试。当然，企业刚刚完成的 A/B 测试可能帮助企业找到新的改进策略。但企业应意识到，可能还有改进的空间，应开始计划下一轮的 A/B 测试。

以今日头条为例，它是如何做到为全球亿万用户推荐个性化内容的？这与其高效的推荐算法，以及实时进行的 A/B 测试密不可分。今日头条的推荐系统，实际上是拟合一个用户对内容满意度的函数，这个函数需要输入三个维度的变量，分别是内容、用户特征和环境特征。这三个维度的变量，包括四种特征。

第一类是相关性特征，用以评估内容的属性和与用户是否匹配。显性的匹配包括关键词匹配、分类匹配、来源匹配、主题匹配等。第二类是环境特征，包括地理位置、时间等。第三类是热度特征。包括全局热度、分类热度，主题热度，以及关键词热度等。第四类是协同特征，它可以在部分程度上解决推荐算法"越推越窄"的问题。协同特征并非考虑单一用户的行为变化，而是通过用户行为分析不同用户间的相似性，比如点击相似、兴趣分类相似、主题相似、兴趣词相似，甚至向量相似，从而扩展模型的探索能力。

与上述推荐算法密切配合的，是今日头条的 A/B 测试系统。首先今日头条会在离线状态下做好用户分类，然后线上分配实验流量，将用户贴上标签，分给实验组。实验过程中用户动作会被搜集，基本上是准实时的，每小时都可以看到。在这个系统中，工程师只需要设置流量需求、实验时间、定义特殊过滤条件，自定义实验组 ID，系统就可以自动生成实验数据对比、数据置信度、实验结论总结以及实验优化建议。当然，基于人工智能算法的线上平台，存在一定的黑箱问题，因此数据指标和用户体验可能存在一定的差异，很多指标不能完全量化。因此，很多改进仍然要通过人工分析来完成，而重大的改进则需要人工进行二次确认。

| 核心总结 |

1. 智情企业技术领先模式：连接和实验 (C&E)。
2. 连接的本质是开放式创新。开放式创新包括四个要素，即资源来自外部还是内部，竞合方式是社区型的协作还是通过竞赛进行选拔。开放式创新可以分为四种类型：①内部社区，②内部竞赛，③外部社区，④外部竞赛。
3. 开放式创新的管理可以分为四个维度：①清晰定义问题，②建立数字化知识网络，③优化团队结构，④平衡奖励机制。
4. 数据产生洞察，洞察指导调整产品策略，产品策略的落地实施产生新的数据，从而形成一个持续的动态优化过程。因此，借助数字技术，实验可以对用户进行更加精准的识别，实验的重要性在数字化时代更为凸显。

5. 实验要达到的目的有两个。一是实现从发现相关性到发现因果性的转变，识别正确的改进方向。二是，让产品开发实现用户参与的前置，真正地做到以用户为中心，实现更好的迭代和风险管理。

6. 一个有效的A/B测试实验流程包括四个步骤：第一步，建立假设（Hypothesis Development）；第二步，建立通用的实验平台（Experimental Platform）；第三步，设计标准流程（Standard Process）；第四步，根据反馈结果进行优化（Optimization and Feedback）。

第 13 章
Chapter 13

运营卓越

运营卓越是数字化时代的三大基本业务模式之一,其核心是运用数字技术,通过智能生产提升运营效率。在数字化时代,运营效率提升的本质是应对少量、多批次条件下的不确定性。这体现在价值链的两个方面:一是生产能力的柔性反应能力,二是供应链的敏捷和精准的反应能力。

生产的柔性反应能力

生产的柔性要求,是一种在客户要求的时间内"只生产客户所需数量及品种的产品"的生产管理体系。生产的柔性能力,着眼于生产成本的最小化,也就是消除生产过程中的各类浪费。其中包括由市场的波动导致的生产品种切换的浪费、产能不足的浪费和产能过剩的浪费,而这些浪费都是因为刚性生产引起的。因此,柔性生产成为减少这些浪费的精益生产工具。柔性生产的目标，一是致力于实现品种切换成本为零，二是实现可调整的产能，使之和市场需求产能相一致。

柔性生产的本质是解决专有资产和通用资产的冲突。专有资产执行单一（专业）任务，效率高，但是适应性差。通用资产适应性强，但是在执行单一（专业）任务时的效率较低。市场的不确定性提高了企业专有资产的成本，可是市场的个性化需求，又需要企业通过利用专有资产来提高效率。

因此，市场的不确定性和个性化需求，导致了企业部署专有资产和通用资产的矛盾，在传统经济时代，这个矛盾几乎难以解决，企业往往只能在两种资产之间寻求平衡。

但是到了数字化时代，随着技术的模块化以及企业能力的"颗粒化"，企业实现柔性生产成为可能。柔性生产是通过网络化和数字化，在不影响效率的前提下，提高资产的适应范围，缩短反应时间，降低转换任务的成本。

和福特时代的生产提倡使用专用机器不同，柔性生产可以通过使用通用设备来实现。通用设备之所以能够提高应对少量、多批次条件下的不确定性的能力，是因为数字技术带来的两个变革。第一个变革是通用设备的数字化。也就是说，通用设备可以遵循规模经济的模式进行规模化生产，但当设备面向具体的应用场景时，数字化控制又是个性化的。这种软硬件的分离和耦合，使硬件变得通用化，也就是资产具备了通用性，而任务则变得可编程，使得在面对个性化和各种不确定性的时候，范围经济成为一种可能。

第二个变革是数据网络化，实现了端到端的集成，让工艺流程从"串行"转变为"并行"。端到端的集成是指贯穿整个价值链的工程化信息系统的集成，能够保障大规模个性化定制的实施。端到端集成以价值链为导向，实现端到端的生产流程，实现信息世界和物理世界的有效整合。端到端集成充分利用了互联网的特性，从工艺流程的角度来审视智能制造，这主要体现在从串行到并行的转变上。这样一来，企业可以一边设计和研发,一边采购原材料零部件,一边组织生产制造,一边开展市场营销,从而降低了运营成本,提升了生产效率,缩短了产品生产周期,也降低了能源消耗。

这两大变革是运营智能化和运营效率提升的关键。

我们下面以两个生产型企业的案例,来看一下在具体实践中,企业是如何通过柔性生产实现运营卓越的。

菲尼克斯(中国):数字化工厂的柔性生产

德国菲尼克斯电气集团成立于1923年,拥有6万多种产品,为能源、过程工业、汽车制造、风电、通信、轨道交通、水处理、机械制造、工业电子、楼宇自动化等行业提供器件、系统和解决方案。

菲尼克斯电气以数字化赋能运营体系,提升工厂综合运营效率,打造企业核心竞争力,涉及企业运营的营销、研发、供应链、制造和服务等全价值链的各个环节。菲尼克斯(中国)的智能工厂生产1万多种产品,采用的是典型的多品种小批量生产模式。

面对市场日益增加的个性化定制以及快速交付的要求,如何通过数字化赋能提高制造运营系统的快速响应、个性化定制及风险控制能力,以更小的资源消耗和环境影响,缩短产品的研发周期,提升供应链的竞争力,以更优质的产品质量、更快的交付速度和具有竞争力的产品成本,提供更优质服务,是菲尼克斯智能工厂建设的目标。

通用设备数据化

菲尼克斯(中国)的智能工厂的智能化,首先体现在系统各类设备的数据化上。菲尼克斯(中国)的智能工厂的系统架构分为设备层、控制层、执行层(车间层)、管理层及协同层。系统将收集到的客户信息与管理层的ERP和产品核心数据管理系统进行信息交互,ERP与执行层的MES之间进行信息交互,同时MES与工艺设计、执行与管理系统也存在信息交互，MES将生产订单等信息（包括生产资源、制造设备、模具、检测工具等）传递给基础层，同时基础层又会将收集到的信息反馈到MES与工艺设计、执行与管理系统中。

智能工厂通信系统采用了最新的工业以太网、工业无线技术、机器人技术、AGV技术等，与信息系统的数据库直接进行数据交互，可根据生产工艺的要求实现各单元之间的协调控制，同时各单元系统还可独立运行并实施控制。

数据网络化

菲尼克斯（中国）的智能工厂，拥有超过200台核心生产设备，均通过远程控制软件进行联网，设备联网率达到100%。智能工厂的系统采用开放实时以太网的一网到底结构，从底层I/O现场层到设备之间连接的控制层，再到管理层MES、ERP等全部采用基于PROFINET的实时工业传输技术，实现了以太网，包括线缆和光纤传输、无线传输技术。菲尼克斯和产业合作伙伴利驰合作，在2018年打造了企业数字化协同平台D-Hub，将报价软件、设计软件、数字厂牌、数字线束、数字母排等软件系统与数字供应链结为一体，让电气企业各部门人员均能在一个平台上协同工作。

菲尼克斯（中国）的智能工厂数字化的工作方式，实现了数据格式、数据接口、数据视图的统一，为客户提供共享报价、设计与产品交付，使供应链流程都集成在D-Hub上。目前D-Hub已采用多种模板，建立了以3D元件为核心的覆盖配电和自动化等行业的1000多个品牌、12万多个3D模型、2.5亿多个电气及自动化元件数据库。

运营智能化

菲尼克斯（中国）的智能工厂从三个方面入手，实现了柔性生产。

一是智能柔性产线工艺规划与调度系统的应用。柔性自动化生产线采用了智能柔性产线工艺规划与调度系统，该系统可以实现智能柔性产线中的智能设备、运动控制单元、智能物料运送单元的系统集成,实现产线/车间整体任务调度及智能柔性产线的工艺规划设计。该系统提供用于服务端、客户端和网页服务端的公共组件和代码,并基于工厂或车间实际规划要求进行个性化的二次应用开发。

二是模具技术的应用。柔性自动化生产线采用高速模具解决方案,使生产效率得到极大的提升,满足了大批量生产的需求。通过设计制造高精密模具,可以确保模具型腔表面的平面度和粗糙度符合要求;通过开发快速换型模具,将换型时间由之前的 2 小时缩短至 10 分钟,极大地提高了注塑生产的效率。

三是物料配送的自动化。智能工厂的自动化生产线设备采用 RFID 技术,实现产品的实时监控和数据处理。成品物流则通过核心 ERP 系统下达业务指令,在仓库管理系统的调度下,完成物品的包装输送及出库业务,实现对收发货业务、库存业务的自动分析和建议,为调整物料策略提供决策依据。

智能工厂实施效果

菲尼克斯(中国)的智能工厂运营效率的显著提升,主要表现在以下方面。

(1)产品研发周期缩短 30%,以应对日益增多的订制化、个性化客户需求;

(2)工厂运营成本降低 22%;

(3)生产效率提高 20%;

(4)快速换型时间缩短 50%;

(5)产品不良率降低 10.8%;

(6)库存水平降低 21%;

(7)单位面积产出提高 24%;

(8)能源利用率提高 8.3%。

与菲尼克斯(中国)的智能工厂异曲同工的案例是,海尔集团沈阳冰箱厂通过物联网技术，通过布设在门体、U 壳等各模块和总装线之间的数百个 RFID 和数千个传感器，实现各模块生产与总装线互联。在接收消费者个性化需求订单预定后，各模块按照消费者个性化需求生产出相应部件，在总装线混线装配中，根据订单及与生产出的各部件关联的消费者信息进行零误差装配，在使生产周期缩短 50% 的同时，也让消费者体验到了从"购买者"到"参与者"的角色转变。

菲尼克斯（中国）的智能工厂，运用数字技术打通了生产和运营的各个环节，用通用资产实现了柔性生产。

ZARA：供应链的敏捷和精准的反应能力

2020 年的春天，一场突如其来的疫情打乱了所有人的计划。阴霾之下，原本热闹的商业旺季荡然无存，企业在计算着账上的流动资金与危机的应对安排，人们也都在思考着自己的工作将会发生什么变化。这一次，每一个人都实实在在地经历了一次不确定时代下的黑天鹅事件。在不确定时代，产品如何更好更快地针对市场需求变化进行迭代，也是企业需要面对的新常态。春江水暖鸭先知。实际上，要做到快速的市场反应，有两种方法：一是"以静制动"，以不变应万变；二是观察趋势，快速适应。

在服饰行业，服饰品牌巨头 ZARA 选择的是"观察趋势，快速适应"，将自己的产品定性为"快速消费品"。阿曼西奥·奥尔特加于 1975 年创立了 ZARA，目的是更好地了解时尚商品的国际市场。当消费者路过 ZARA 的门店时，常常会为它最新的时尚元素而吸引。作为一家时装品牌，ZARA 的出货速度和对最新时尚潮流的反应是其获取竞争优势的关键，《纽约时报》称之为"思维敏捷的超音速"。

快速、量少、款多是 ZARA 的产品特点。即 SKU 多且迭代速度快，但每款数量有限。ZARA 有着敏锐的市场洞察，仅需 10～14 天就可以完成一套新款服饰从设计到上架的全部流程并输送至全球 96 个国家的 2200 多家门店。ZARA 强大的分销网络使该公司能够在 24 小时内将商品送到欧洲的商店，在 40 小时内送到美国和亚洲的商店。火箭级别的上架速度将 ZARA 从一个时尚品零售商转变为一个快速时尚的行业典范。

然而，世界上没有完美无缺的商业形态。虽然 ZARA 在款式与速度上绝对占优，但这样一来，供应成本却非常高。如何打造一套即快速又高效的供应链体系以降低成本，成为 ZARA 商业模式闭环中至关重要的一环。

一切基于"计算"的供应链

ZARA 每年生产约 4.5 亿件商品，能提供约 11 100 种不同款式的服装，而普通服装企业通常只能提供 2000 到 4000 种款式。同时，ZARA 的财报显示，其净利润达到了 10%，并且保持着每年两位数的增长率。在平均利润率只有 2% 的服装行业，这不得不说是一个极速发展的神话。ZARA 是如何做到"快"而不"乱"的？在如此庞大的体量下，它又是如何提升供应链效率的呢？

要解答上述问题，就不得不提 ZARA 的业务战略和运营流程之间的相互协同。ZARA 的总体战略是通过垂直整合实现多样化增长，其拥有自己的供应链，并在快速上市方面展开竞争。为了提升生产速度，ZARA 大多数产品在西班牙本土的自有工厂进行生产，并确保自己的工厂储备 85% 的产能用于季节性调整，内部生产允许灵活地调整新产品的数量、频次和品种，复杂面料采购、裁剪和缝纫设施也都靠近位于西班牙的设计总部。

同时，ZARA 的设计理念直接来源于市场，包括消费者、关键意见领袖（KOL）甚至自己的竞争对手。ZARA 有 50% 的服装都是在每季中期设计和制造的，以便在潮流还未退潮时就上架当季的新产品。

值得一提的是，ZARA 的工厂靠近西班牙的分销总部，这使 ZARA 可以实行"少次多量"的发货。如果设计师为了追逐最新潮流而仓促设计导致产品的款式卖得不好，也不会造成大量库存积压及损失，便于快速尝试新的风格。同时，也会人为造成产品短缺的现象，以促使消费者购买。

ZARA的这种商业策略使公司得以全价销售更多的商品，总成本可以被最小化。与竞争对手相比，ZARA的降价商品也大幅减少。ZARA的服装价格占全价的85%，而行业平均水平是60%～70%。未售出商品占其库存的比例不到10%，而行业平均水平为17%～20%。

乔治敦大学麦克唐纳商学院教授卡斯拉·费道斯（Kasra Ferdows）曾在彭博社发表文章指出："大多数公司都充斥着为降低成本而做出的聪明的愚蠢决策。"而ZARA却很清楚供应链与运营之间相互协同的重要性。这也是ZARA能够承担额外的劳动力和运输成本，以适应和满足客户需求变化的原因。

除此以外，ZARA以精益的库存管理优化了供应链效率。在ZARA的仓库里很难找到多余的存货或滞销的库存。ZARA通过建立库存优化模型，确定在每周两次发货时交付给每个零售门店的产品数量。交付的库存也受到严格限制，确保每个商店只收到所需要的产品。这有助于ZARA树立独特的品牌形象，同时避免积压不受欢迎的产品。

打破"牛鞭效应"的魔咒

从表面上看，ZARA的成功似乎源于对供应链的精益运营。但在这背后，"ZARA式"供应链之所以能够得以真正落地实现，其根本原因在于ZARA打破了供应链中最致命的一个问题——"牛鞭效应"。

20世纪90年代初，宝洁公司在对帮宝适进行考察时发现，其零售商的库存是相对稳定的，波动并不大，但分销商、批发商往往会根据历史销量及最新市场动态进行预测，而且通常会把预测的订货量再进行人为放大，这样一级一级地放大，结果到生产商时，产品需求会发生很大的波动。这种信息扭曲的放大作用在图形显示上很像一条甩起的赶牛鞭，因此被称作"牛鞭效应"（图13-1）。

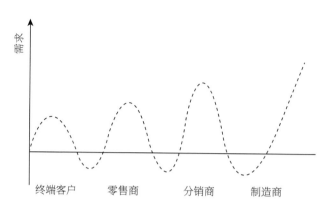

图 13-1 "牛鞭效应"带来的信息扭曲

从客户体验的维度来看，客户的需求总是多变的，难以准确预测。在当前的市场环境中，产品的生命周期也越来越短，顾客需求和购买行为的历史数据的作用越来越有限。激烈的同质化竞争也导致了需求预测的难度加大。也许我们能预估整体市场对某一品类商品的需求，但是对单一品牌单一SKU的需求就难以预测了。

另外，按照客户订单履约交付的产品的数量、质量、价格和时间的不确定性，也要求企业持有一定的库存。同时，从上游生产、采购和运输的维度来看，需要有一定的提前期来进行订单处理、产品生产和物流运输，产品补货到位之前也需要持有库存。最具挑战性的是，由于终端需求信息不透明和提前期等原因，需求在向供应链上游传达的过程中，会出现逐级放大的现象。

例如分销商不了解终端客户的需求，只能根据下游零售商对他的采购订单来进行需求预测和备货，同时分销商对上游采购也需要有提前期，因而分销商对上游采购需求的波动性要比终端需求的波动性更大，进而给供应链整体带来更大的库存冗余和资源浪费。

在"ZARA式"供应链中，信息流转是否准确同样至关重要。比如，终端商店如何将准确的顾客需求告知总部的设计师？供应链各环节的协同流转又如何无缝衔接？每个店面的库存量与销售需求又如何准确传递至供应链中的相应环节？在 ZARA 看来，能够解决这些问题并克服"牛鞭效应"的秘诀，就在于数字技术的运用。

"数字化"驱动的供应链

ZARA 供应链在信息共享和利用方面表现卓越，这才使得 ZARA 的供应链拥有惊人的速度，令其快速收集市场信息、快速决策、控制库存并快速生产、快速配送的运作模式得以实现。

基于数据，预测需求

除了依赖历史的需求、销售数据和传统的市场研究方法之外，企业还可以通过客户的线上、线下的客户行为和数据画像，在算法的帮助下提升对客户需求的预测能力。各大电商平台和相关的大数据公司都会有相应的数据服务，另外建立属于自己的私域客户，增加与客户的互动，也有利于企业洞察需求。

在 ZARA 的案例中，为了减少供应链信息流转的环节，将有价值的需求数据汇聚成为可以用来进行决策的"大数据"，数字技术成为 ZARA 供应链的核心。虽然 ZARA 卖的是不断改变的产品，但信息的流转路径却因数字化而变得非常简单。在数据上传的过程中，有些地方很有弹性，但有些不能改变，以此杜绝"牛鞭效应"的发生。例如门店经理可以将消费者的需求实时上传，并决定要订的款式与数量，但是绝对不能更改价格。

ZARA 在全球的各门店通过信息系统返回销售和库存信息后，总部将分析畅销滞销产品的款式、花色、尺码等特征，供完善已有款式或设计新款服装时参考。根据这些数据，总部的时装设计师团队分类别、款式及风格进行改版设计，重新组合成新的产品主题系列。ZARA 公司总部有一个 260 人的由设计专家、市场分析专家和买手组成的专业团队，共同探讨将来可能流行的服装款式、花色、面料等，并讨论大致的成本和零售价格等问题，并迅速达成共识。

然后，由设计师快速手工绘出服装的样式，再进一步讨论修改。接下来，设计师在 CAD 上进行细化和完善，保证款式、面料纹路、花色等搭配得更好，并要给出详细的尺寸和相应的技术要求。最后，团队进一步讨论、确定成本和零售价，决定是否投产。一般而言，在设计出来的款式中，最终能够投产的比例约为三分之一。

价值共享，信息共通

有了对客户需求的洞察之后，将有价值的需求信息共享给供应链的各个节点，以减少信息的不对称性，如此便能有效减弱"牛鞭效应"。实际上，要顺利地让信息共通，需做到标准化和阶段化，并且有焦点。

ZARA 的数字化转型的原则是："对于你必须做的，要做得最多；对于你可以做的，要做得最少。"例如，店面必须储存业绩数据，并且传回总部。因此，统一使用一套标准的 POS 系统，并且将数据传回总部，就是很重要的功能。除此之外，必须抗拒想扩充其他功能的诱惑以便提升标准化效率。

比如在信息收集过程中，ZARA 的信息系统更强调服装信息的标准化，为新产品设计和生产提供决策支持。对于一个典型的服装零售商来讲，不同产品的有效信息通常需要经过几周的时间，才能被添加到它们的产品设计和批准程序中。但是在 ZARA 的仓库中，产品信息都是通用的、标准化的，这使得 ZARA 能快速、准确地准备设计，对裁剪环节给出清晰的生产指令。

ZARA 在供应链上，借助自主开发的信息系统对产品信息和库存信息进行管理，控制原材料的库存，并为产品设计提供决策信息。卓越的产品信息和库存管理系统，使得 ZARA 的团队能够管理数以千计的布料、各种规格的装饰品、设计清单和库存商品。ZARA 的设计团队也能通过这个系统提供的信息，用现有的库存来设计一款服装，而不必去订购原料再等待它的到来。

网络协调，机制联动

当数据共融共通后，只有整个供应链网络实现协调，数据的价值和利益才能真正实现。在供应链中最强有力的一方，应该努力实现整个网络的协调。但需要注意的是，即使价值信息能够完全共享，但由于各个节点的预测方法和备货策略存在差异，依然会存在一定的"牛鞭效应"。

为了杜绝这种情况的发生，在打造供应链时，ZARA 不借助外部合作伙伴进行设计、仓储、分销和物流，而是自己全包全揽，完全掌控整个供应链，以此实现各个环节的联动协调，消除由需求预测更新、限量供应和短缺博弈等产生的牛鞭效应。

比如总部在拿到各专卖店的真实销售、库存和订单数据后，就会马上分析判断各种产品是畅销还是滞销。如果滞销，则取消原定的生产计划。这样，ZARA 就可以把预测风险控制在最低水平。如果有产品超过三周的时间还没销售出去，就会被送到所在国某专卖店进行集中处理。在一个销售季节结束后，ZARA 最多有不超过 18% 的服装不太符合消费者口味，而行业平均水平约为 35%。

如果产品畅销且总部有现存的面料，工厂则迅速通过高效的供应链体系追加生产、快速补货，以抓住销售机会；如果产品畅销但没有面料，则会停产。一般畅销品最多也就补货两次，这样做，一方面可以减少同质化产品的产生，满足市场时尚化、个性化的需求；另一方面可以制造一些人为的"断货"，促使顾客购买。ZARA 完全打破了传统服装品牌惯用的运作模式，通过数字化系统流转的真实数据，消除"牛鞭效应"，走出了一条完全不同的破坏式创新之路。

稳步管理，提前期短

提前期可以拆分为两部分——订单处理和采购决策阶段的"信息提前期"和产品生产运输的"订货提前期"。通过供应链各节点的互联互通，如移动终端网络、电子数据交换（EDI）、供应商管理系统（SMR）等，以及数据支撑的智能采购决策，可以极大地缩短信息提前期。智能制造和智慧物流的发展以及彼此间的衔接，将会有效压缩订货提前期。

2017 年，ZARA 曾宣布将在美国的 80 家门店引入机器人，来提高消费者"线上订单、线下取货"的效率。同时，在各门店推广上线 AR 购物 App "ZARA AR"，这款 App 不仅有购物功能，还有社交功能，并能记录门店重点客户对于产品款式的偏好与喜爱程度，并将数据直接传送至供应链网络实现"智能取货"。

与此同时，ZARA以快速送货到商店为基础，保持着一种稳步的、可预测的、快速的节奏。每一家ZARA门店都通过数字化预约系统每周在特定的日期发送两份订单，卡车在特定的时间离开，货物在特定的时间到店。服装在到达目的地时已经贴上标签并定价，这意味着它们马上就可以销售了。

值得一提的是，ZARA对时间点的管理非常严格。为了保证能够集中批量按订单生产，从而减少生产转换的时间并降低成本，各个专卖店必须在规定时间前下达订单，如果错过了最晚的下订单时间就只有等到下一次了，因为它将影响供应链上游多个环节。这种通过数字化系统提升的流转节奏，使得参与供应链的每个员工（包括从设计到采购、生产、分销和零售等每个环节的员工），都知道时间线以及他们的活动如何影响到其他职能，ZARA的顾客也知道什么时候去商店买新衣服。

在今天这个以顾客为中心的消费者时代，顾客的眼光越来越挑剔，企业之间的竞争也越来越激烈，唯一能够获得竞争优势的办法就是时刻关注客户的所需所想，并通过持续性的互动来提升客户的满意度和忠诚度。这为供应链的实施带来了两大挑战：如何面对多变的顾客需求和市场环境？如何协调供应链中的各环节以做出全局最优的决策？ZARA的答案是通过数字化转型，强化供应链的数字化能力。

ZARA以品牌运作为核心，依靠数字技术规避"牛鞭效应"的发生；以消费者为中心，缩短前置时间，在供应链的各环节"挤压"时间并消除可能的瓶颈，减少或取消那些不能带来增值的环节；小批量多品种以营造"稀缺"；最后依靠数字化管理平台，实现跨部门沟通、协同、快速响应以满足市场需求，让ZARA的供应链"转"得更快，从而提升品牌价值和竞争力。

如何打造你的运营卓越模式

从菲尼克斯中国智能工厂和ZARA的案例我们可以看到，数字化时代的运营效率提升，在数字技术的全方位应用下，具有以下两个特点。

一是打破了通用资产无法实现柔性生产的困局。数字技术带来的业务能力的颗粒化，使得数据实现了端到端的穿透，在这种情况下，企业的生产流程可以做到极细的拆分。由于用数据流代替了部分物流的传输，企业的设计、研发、生产等环节在一定程度上可以实现并行操作，针对不同的个性化需求，企业仍然可以挖掘其中的共性成分，并通过并行生产实现规模经济。这是菲尼克斯（中国）的智能工厂带给我们的启示。

二是打破"牛鞭效应"。在过去，由于缺乏统一的信息处理机制，从最终零售端到一二级经销商，再到企业，需求不断放大，导致企业生产波动大、库存成本高。而当企业运用数字技术，让供应链上的每个参与方都能够快速、准确、完整地获取整个产业的需求、供给信息，而企业能够根据需求信息快速组织生产并及时送达的时候，零售商和经销售就没有必要保持过高的"安全库存"。这就可以让企业的生产能力得到解放，同时更精准地掌握消费者的需求。这是 ZARA 带给我们的启示。

无论如何，数字化时代都已经到来，在实践中，已经有企业成功运用数字技术提升了运营效率。你的企业如何实现柔性生产？希望本章能够为你带来启示。

| 核心总结 |

1. 运营卓越是数字化时代的三大基本业务模式之一，其核心是运用数字技术，通过智能生产提升运营效率。在数字化时代，运营效率的提升本质是应对少量、多批次条件下的不确定性。这体现在价值链的两个方面：一是生产能力的柔性反应能力，二是供应链的敏捷和精准的反应能力。
2. 柔性生产的本质是解决专有资产和通用资产的冲突。柔性生产可以通过使用通用设备来实现。通用设备之所以能够提高应对少量、多批次条件下的不确定性的能力，是因为数字技术带来了两个变革：第一个

变革是通用设备的数字化。也就是说，通用设备可以遵循规模经济，进行规模化生产，但当设备面向具体的应用场景时，数字化控制又是个性化的。这种软硬件的分离和耦合，使硬件变得通用化，也就是资产具备了通用性，而任务则变得可编程，使得在面对个性化和各种不确定性的时候，范围经济成为一种可能。第二个变革是数据网络化，实现了端到端的集成，让工艺流程从"串行"转变为"并行"。

3. 供应链的敏捷是打破"牛鞭效应"的魔咒，要点是：

（1）基于数据，预测需求；

（2）价值共享，信息共通；

（3）网络协调，机制联动；

（4）稳步管理，提前期短。

第 14 章
Chapter 14

用户亲密

用户亲密是数字化企业增长能力中的最后一个组成部分。

企业提升用户亲密能力,可以通过图 14-1 所示的框架来实现。企业与用户之间应形成价值创造和价值获取的良性循环。一方面,企业通过提供个性化的产品与服务为用户创造价值。另一方面,企业通过产品和服务的差异化,获取和保留高价值用户,然后再通过精细化用户挖掘获取价值,即用户为企业提供了颗粒度更为精细的用户数据。这样。就形成了一个不断递进的良性循环。

在前面,我们已经介绍了图 14-1 中的大部分内容。本章我们将重点讨论三个方面的内容:高价值用户获取、精细化用户挖掘、差异化用户保留。

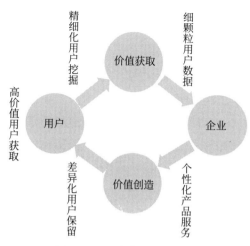

图 14-1　用户亲密能力框架

高价值用户获取

在用户圈层化、用户选择多样化以及数字化驱动下,在精准用户识别与触达的背景下,企业有必要也有可能获取高价值的用户。用户的圈层化,使高价值用户得以聚集,如果企业能用数字技术更加精准地识别用户的价值,并实现精准的触达,就可以通过从少数高价值用户切入,以裂变式的方式迅速占领市场。

数字化时代的用户获取将聚焦于有效的市场推广策略。企业需要摒弃主流的"撒胡椒面"的全面进攻方式,因为大规模的促销和广告在数字化时代收效甚微。在实践中,我们每天接触到的商业信息多达1500条,每天看到的品牌也超过700个。在铺天盖地的信息中,企业很难引起用户的注意并让用户保持忠诚。

因此,针对未来的市场竞争,我们提出了"星星之火,可以燎原"的营销战略:即先在主流市场中找到一个小众市场,然后在这个目标市场上"点第一把火",也就是把所有力量投入到这个市场,以"燎原之势渗入",然后进行"诺曼底登陆",推广新产品。

"星星之火"：找到自己的诺曼底，重炮轰击

我们先回顾一下众所周知的诺曼底登陆。

诺曼底登陆的代号是"霸王行动"（Operation Overlord），是第二次世界大战中盟军在欧洲西线战场发起的一场大规模攻势——近300万士兵渡过英吉利海峡前往法国诺曼底。诺曼底战役是到目前为止规模最大的一次海上登陆作战，诺曼底登陆使第二次世界大战的局势发生了根本性的改变。1944年6月6日早6时30分，以英美两国军队为主力的盟军先头部队总计17.6万人，从英国跨越英吉利海峡，抢滩登陆诺曼底，攻下了犹他、奥马哈、金滩、朱诺和剑滩五处海滩。此后，288万盟军如潮水般涌入法国，势如破竹，成功开辟了欧洲大陆的第二战场。诺曼底登陆在盟军8月19日渡过塞纳-马恩省河后结束。

如果将企业的营销活动看作占领新的市场，那么企业引爆产品的那一步就是企业的诺曼底登陆。

这里要回答一个问题，英美盟军为什么选择在诺曼底登陆呢？

这是因为诺曼底所具有的特点，能够最大限度地保障盟军成功登陆，否则盟军可能面临全军覆没的危险。对于企业来说也是如此，因此企业将能够成功登陆的市场称为"诺曼底市场"。这样市场有三个主要特点。

一是相对熟悉。诺曼底离英国很近，英美盟军对这里的地形地貌比较熟悉，比较容易登陆。而对于企业来说，可以利用过去的渠道关系、政府关系或者过去的用户，选择一个比较熟悉的市场"登陆"，也就是要选择手可以够得到、资源可以辐射过去的市场。

二是接受程度较高。德国在诺曼底的防卫比较薄弱，而且当时又处于低潮期，海底障碍物显露出来了，水温条件也适合。类似地，诺曼底市场上的用户，对企业的产品应该具有较强的接收能力，教育难度相对较低，而且竞争对手在这个市场上的防守比较薄弱。

三是渗透能力较强。诺曼底离巴黎也比较近，盟军在登陆成功后，就可以按预定计划进入内陆主战场。因此，企业的诺曼底市场必须能够

带动主流市场，对主流市场有渗透力和影响力。诺曼底市场的用户对主流用户的影响力要强，能够充分带动主流用户。

我们看一个外卖的案例，来加深对诺曼底登陆的理解。

对于现在如火如荼的外卖市场而言，高校大学生市场就是它的诺曼底市场。

2008年的某个晚上，在上海交通大学的宿舍里，饿了么创始人张旭豪和几个室友玩电脑游戏，一直玩到午夜12点。几个小伙子饿了，却点不到外卖，遂起了自己做外卖生意的念头，经过一夜长谈他们设计了自己的外卖模式。随后，他们毛遂自荐，从校园周边饭店做起，承揽送餐业务。他们在宿舍里装了一部热线电话，由两个人当接线员和调度员，并外聘十来个送餐员。只要学生打进电话，便可一次获知几家饭店的菜单，完成订单。接着，送餐员去饭店取餐，送到寝室后再收钱。为了推广业务，他们还自己制作了订餐小册子，里面有饭店的菜品和价格等信息，在学校里四处派发。印在订餐小册子里的每家餐厅都是要付费的，从而能抵消小册子的制作费，甚至还有盈余。几个月下来，每天从午间干到午夜，张旭豪能接150～200份单子，每单抽成15%，慢慢地他在学校里也有了一些名气。

饿了么在张旭豪的带领下，在10的时间里，在全国覆盖了600多个城市，拥有加盟餐厅200多万家，让人望而生畏。不仅如此，阿里巴巴在2018年以95亿美元收购饿了么，将其融入阿里巴巴强大的体系之中，使其实现了质的飞跃。

由于学生用户群体集中且消费频次高，高校周边的商家资源也相对集中，再加上饿了么创始团队对学生熟悉的优势，从难度上看，这是一个最容易突破的市场。大学生通常容易接受新鲜事物，对外卖服务存在刚性需求，教育成本相对较低，所以饿了么自然主打高校市场，这也就是饿了么的"高校战略"，而且大学生在毕业和进入社会后，会快速带动更广泛的市场。

"燎原之势"：口碑传播和营销裂变

"星星之火"使企业实现了产品"从 0 到 1"打入新的市场。在此之后，企业需要运用用户口碑传播和营销裂变的策略，以"燎原之势"实现产品"从 1 到 N"的裂变。

口碑传播

菲利普·科特勒将 21 世纪的口碑传播定义为：由生产者以外的个人通过明示或暗示的方法，不经过第三方处理、加工，传递关于某一特定或某一种类的产品、品牌、厂商、销售者的信息，以及能够使人联想到上述对象的任何组织或个人的信息，从而导致受众获得信息、改变态度，甚至影响受众的购买行为的一种双向互动传播行为。

在互联网中，口碑传播是最强的影响用户的方式，同时，互联网和数字化也加快了口碑传播的速度。具体而言，口碑传播具有以下特点。

首先，口碑传播的总体成本相对低。用户口碑由用户自发产生，不需要企业投入额外的营销资源。其次，口碑传播带来的是指数增长，而销售带来的是线性增长。口碑传播会引发"用户裂变"，造成"忽如一夜春风来，千树万树梨花开"的效果。第三，口碑使用户获取更加精准。因为口碑传播具有圈层化的特征，物以类聚人以群分，某人的传播对象，往往是与其处于同一阶层的人，借此企业容易定位高价值用户。老用户的口碑传播带来的用户价值高，并可以定向锁定。同样，高价值用户带来的新客户往往也具有高价值。根据我们做过的行业研究，通过口碑传播和推荐渠道来的用户价值最高。最后，口碑传播是一种建立信任关系的有效手段。因为口碑传播是人与人之间，特别是熟人之间的传播，这种传播更容易让企业和用户建立信任关系。

谁来裂变

口碑传播首先要解决的问题就是由谁来进行裂变。是明星大 V，还是产品专家、行业资深用户或身边人？

在回答这个问题之前，先要明白，任何交易在发生时都要解决三个问题：第一，信息不对称的问题，也就是要让买家知道你是谁；第二，交易过程中的信任问题；第三，需求的触发，不仅要让用户知道你、相信你，还要买你的产品。

如果是一个新品牌，用户需要了解更多的信息，这时候就要选择明星大V来实现信息的触达。如果品牌已为人所知，那就需要解决信任问题，这时就应该找产品专家和资深用户背书、代言。而绝大多数需求触发，则是被身边人解决的。

我们以直播电商为例，看它是如何推动用户裂变的。首先，直播解决了信息不对称的问题，主播起到了连接用户和产品的作用，从过去的"人找货"转变为"货找人"。其次，直播电商的意义是主播用自己的人物设定赋予产品个性化，并且利用自己的公信力为产品背书，这就解决了信任问题。最后，在其他场景中，用户通常是要通过若干环节的影响，如广告知晓、性能比对、口碑验证等，才能够进行决策，需求链较长，但主播以自己的人物设定为支点，以"严选"为依托，直接摆摊种草，用户不用在货架上找货，上述环节同时完成，缩短了需求链。同时，在"买它""上链接"的持续轰炸中，在限时折扣、送赠品的诱惑之下，用户的需求被激发出来，从而快速实现交易。

如何裂变

如何裂变的底层问题就是人为什么会传播口碑？人传播口碑的动机无非就是"趋之以利、动之以情"。

如何趋之以利？

趋之以利就是要用报酬、奖励等经济刺激的方式来鼓励用户进行口碑传播，比如企业常用的分享得优惠券、银行推荐用户送礼物等。

那么关键问题是，是否应该给老用户利益呢？如果要给，又该如何给？

有一个研究美国幼儿园的实验，可以给我们一点启示。在美国，孩子上幼儿园，家长一般8:30送，17:00接，如果接孩子晚了，家长一般会跟老师说抱歉。研究者认为，老师多陪孩子应该得到报酬，于是他和幼儿园合作做了下面这个实验。他让一些家长故意晚接孩子，这样老师要等大概 20 分钟，一部分家长会为此给老师 10 美元，而有些家长不给。在美国，幼儿园老师每小时的工资是 30 美元左右。

那么，哪些老师更愿意等？实验的结果是，得到钱的老师更不愿意等。所以，从这个实验可以看出，人的行为一方面是经济动机，另一方面是社会动机，也就是感觉到自己在帮助人。如果给了钱，性质就变了，就从帮助变成了交易，社会动机就没有了。接着，他又做了第二个实验，把报酬提升到 50 美元。结果，收到 50 美元的老师就愿意等了。

从这个实验，我们可以得出一个结论：报酬一定要给，而且要给到位！所以，要给用户经济刺激，就必须对用户有触动。

但是，企业的资源毕竟有限，不可能全面撒网，我们要把资源投入到最具价值的用户身上。这样的用户包括三类：一是高经济价值用户，即能够给企业带来最大收益和利润回报的用户；二是高传播价值用户，即触达面广、传播力强的用户；三是高知识价值用户，也就是对产品非常熟悉的用户，他们可以为产品背书。

如何动之以情？

"动之以情"就是要让用户心甘情愿地主动传播，用"情"的力量促使用户进行传播。什么"情"会激发用户的传播呢？我们需要知道人主动传播的原因。在《疯传》这本书中，乔纳·伯杰提出，人主动进行传播的因素主要有以下六个。

第一，社交货币。大部分人是比较看重形象的，因此人们通常会共享那些能让我们显得更优秀的事情。所以，我们需要洞悉人们的内心深处的想法，构建出他们渴望的形象。

第二，诱因。诱因会导致产品和思想被疯狂传播。我们可以用一些刺激物瞬间激发人们的记忆，让他们想到相关的内容，这样就可以提醒公众想到我们的产品和思想。因此，考虑一下情境。怎样的线索能让人们时常想起我们的产品或思想？怎样做才能增加产品和思想的传递媒介并让人们经常想起？通常来说，深刻的记忆和风口浪尖的体验会让人们乐于传播。

第三，情绪。当人们关注某件事情时，很可能向朋友分享这些事情。通常，有感染力的内容往往能够激发人们的即时情绪，有些情绪性事件能够激起人们的分享欲望。所以，我们应该更多地关注人们的感情。当人们提起我们的产品、思想和行为时，这些能唤起他们的情绪吗？我们怎样做才能点燃人们的情绪火焰？

第四，公共性。当人们看到别人在使用我们的产品时通常会考虑这种产品是否符合自己的需要。因此，我们需要设计一些具备公共性的产品和思想。通常，社会正能量的事情对身边人具有价值，也最具有公共性。因此，我们需要构建可视的、正面的事物，形成一种行为渗透力和影响力，让人们在购买产品之后能够不断回味，以激活人们愉快的记忆与联想。

第五，实用价值。如果某个事物有用，人们会情不自禁地共享。人与人之间本来就有互相帮助的倾向，只要我们向顾客证明，我们的产品或思想能够为他们节省时间或钱财，他们就会大力宣传我们的产品或理念。

第六，产品的传播要有故事性。这个世界最有传播力量的是故事，故事本身有传播道德和启示的作用。当人们在津津有味地讲故事的时候，也就传播了我们的产品和思想。因此，我们应该围绕自己的员工或用户讲故事。

在2018年青岛上合组织峰会召开期间，顺丰快递的快递员在坚持步行送快递的信息，在各大社交媒体中占据了霸屏，持续转发，同时给予了高度的评价。为什么？因为这个信息符合了用户主动传播的几个特点。首先，这件事情发生在全球瞩目的上合组织峰会召开期间，是具有热度的信息；其次，传播这条信息显示出了社会正能量，能够激发人们的情绪；第二，在青岛人民为发送快递发愁的时候，这条信息具有一定的实用性，解决了人们收发快递的需求；第四，这条信息是一个以快递小哥为主角的故事，从故事里看到了顺丰快递小哥的专业、执着与辛劳。在具备这四个要素的情况下，这样的信息注定会被广为传播。

精细化用户挖掘

精细化用户挖掘，要做到全渠道、全场景。我们以孩子王为案例，看企业如何进行精细化用户挖掘。

孩子王：击穿"单客经济"

从 2009 年成立以来，孩子王就在母婴行业里持续探索，从线下大店到数字化全渠道，从会员制到构建单客经济产业生态，实现了高速成长。2018 年孩子王销售规模已突破百亿，目前会员超过 3300 万名，并构建了完整的 C 端和 B 端产品，收入增长连续十年复合增长超过 100%，成为母婴行业名副其实的增长黑客。⊖在 2019 年 12 月 18 日"孩子王十周年盛典暨 2019 中国母婴童行业领袖峰会"上，孩子王联合创始人兼 CEO 徐伟宏总结说，孩子王持续增长的核心就是紧抓行业变化，长期坚持以用户为中心。正是如此，才让孩子王能够持续进行前瞻性布局，一路快速增长。孩子王 10 年增长的关键就是基于会员体系的以用户为中心的经营理念、构建线上与线下融合的全渠道体系、从产品销售商转变为全方位服务商、打造数字化赋能的管理体系以及追求单客价值和用户生命价值的考核方法，从而实现了"产品+会员+服务+生态"齐爆发。

孩子王的案例完美地诠释了精细化用户挖掘策略的具体运用。下面，我们就从思维、策略、管理和考核四个方面来介绍一下精细化用户挖掘。

思维：从销售产品到精细化用户挖掘

用户经营首先要树立正确的用户思维。互联网的本质一定是用户思维，未来商业的逻辑就是与顾客建立关系，让顾客产生信任，让顾客产生信赖，让顾客产生情感。要和顾客建立"强关系"，而不仅仅是浅显的

⊖ 亿邦动力. 构建 10 年增长曲线 孩子王如何完成新 10 年产业互联目标［EB/OL］.（2019-12-21）http://www.ebrun.com/20191221/365865.shtml.

买卖关系。通过会员制可以实现用户经营，挖掘用户生命周期价值。

孩子王过去 10 年之所以能持续增长，靠的就是以用户为核心，紧抓行业变化，让团队和合作伙伴协力推动平台发展。由于目前人口红利不在，获客成本变高，必须从之前追求流量经济、规模经济的方式转变为精细化用户挖掘的方法，在每一个客户身上追求"单客产值"。因为单客产值越高，获客成本越低。母婴市场是一个万亿级市场，中国放宽计划生育后每年新生儿会过 2000 万名，这块蛋糕没人吃得完，孩子王提出了"单客经济"，也就是深挖单客价值，这就意味着它要走上精细化用户挖掘的道路。

会员 ARPU 值（Average Revenue Per User，指单客平均收入，它是衡量会员质量的重要指标）自然就成为孩子王最重要的一个考核指标。单客经营的载体必然是会员制，孩子王实行会员制也是一个不断探索的过程，前两年已经进化到付费会员阶段，推出孩子王"黑金 Plus"会员，现在分为 199 元 / 年的成长卡和 399 元 / 年的孕享卡。现在的付费会员数量接近 100 万个，孩子王的付费会员在订单量、购物频次、ARPU 值上都大大高于普通会员。

会员体系是用户与平台的桥梁。通过等级、成长、积分等辅助措施，吸引用户加入并不断与平台进行沟通，实现用户与平台双赢。会员体系一直被视为维系消费者与企业之间密切关系的纽带。会员体系沉淀了用户数据，助力挖掘用户生命周期价值。

策略：渠道多元化 + 产品服务化

在以用户为中心的理念下，企业需要用渠道和服务粘住用户，经营用户的主要策略就是渠道多元化和产品服务化。

线上和线下渠道的融合，为用户打造了立体无缝的购物场景，促进了决策的便利化。

孩子王很早就注意到了用户购物习惯趋于线上化的特点，为了全渠道精准、及时地服务用户，在 2015 年公司全力进行了全渠道数字化建设，最大化地享受到了红利。之后，孩子王更是持续进行了全域生态数字化布局，对所有门店进行数字化改造，使用户在任何时间、地点和场景都能获得商品和服务，而这些举措的推出也是用户需求所致。

孩子王构建了"线下店+线上平台"的数字化全渠道产品生态。在线下布局上，孩子王从 2009 年成立的第 1 家门店到 2019 年的 365 家门店，10 年间平均每 10 天开 1 家新店。近两年，新开店速度更是惊人，2020 年新店超过 100 家，平均每 3 天新增 1 家门店。截至 2020 年 9 月，孩子王已进驻 16 个省 3 个直辖市 151 个城市，覆盖了全国 70% 的人口达到 50 万以上的城市。

从 1.0 的普通线下大店，到 2.0 的优化体验、升级硬件门店，到 4.0 的融入社交、情感升级门店，再到如今 7.0 的以场景化、服务化、数字化为基础的打造用户的门店，10 年来，孩子王线下店也在持续推进门店功能和定位迭代。除了大店外，孩子王还成立了定位中高端的优选店。坚持"速度+功能"的原则持续迭代，孩子王走出了独有的门店扩张之路。

产品服务化可以建立用户连接，让用户成为品牌的管理者、传播者和参与者。单客经济注定要落到深入经营顾客关系上，而支撑这一切的必然是深度服务。单单靠商品已经不足以满足顾客在母婴领域的需求，必须围绕着孕妈妈和孩子们的生活方式来做文章，为他们提供这一段独特生命旅程的解决方案。

10 年来，孩子王除了产品增长外，其服务业务也在持续增长。孩子王的育儿顾问平台已成为综合性孕产及婴幼儿服务解决方案的数字化平台，有孕、产、康等各个阶段的服务产品和服务人员；成长加平台在全国近 150 个城市落地，服务家庭 200 多万户。最新数据显示，孩子王服务业务已渗透超过 1/4 的会员。

管理：数字化升级，优化用户旅程

数字化管理是用户经营的重要工具，通过数字化，可以更有效地触达用户，与用户互动和连接，甚至产生协作。

在线上平台布局上，孩子王 10 年来构建了完整的 C 端产品矩阵，包括孩子王 App、微信公众号、小程序、育儿顾问平台、人客合一工具、社群、成长加平台、互动活动等。C 端产品也都取得了一系列成绩，比如孩子王 App 位列 TrustData 大数据移动互联网全行业排行榜母婴电商类第一名；孩子王小程序位列阿拉丁网络购物榜前 10 名，同时还进入了阿拉丁指数 Top 榜前 30 名，在线订单占比达 66%。

同时，孩子王还在构建完整的 B 端产品线，包括商家管理中心、经营中心、工具中心、广告中心等。目前，孩子王的数字化建设已位居母婴行业第一。

孩子王的线下数字化升级，重点是门店的数字化改造，包括门店货品数字化、门店服务数字化、门店顾客数字化、门店场所数字化等。

孩子王创立时（2009 年 12 月 18 日）的第一家门店提供就是商品加上一些简单的服务，到了第五代店就已经是"商品 + 服务 + 体验 + 文化 + 社交 +O2O"。门店的空间一般分三块功能区，1/3 展示实物商品，1/3 是互动场所，1/3 是异业合作，比如儿童摄影、早教、英语培训等。随着数字化应用的深入，到了第五代店，孩子王就开始打造智能数字化门店。门店的升级，不只是装修、陈列的升级，本质上是内涵的改变，除了数字化智能化之外，最核心的是进一步增强门店承载的互动、体验和服务等属性。门店早已突破传统购物方式，围绕"孩子成长"的生活方式，将衣、食、住、行、学、帮、租等各种体验场景和互动社交交融在一起。这已经不再是一家卖货的店，而是"顾客的店"，成为新家庭室内活动中心、母婴童商品与服务中心和儿童线下互动超级社区。

孩子王内部的顾客研究中心实行围绕着顾客生活方式研究的产品经理制，专注于对不同生命阶段的顾客需求进行服务产品研发和打造。孩子王对自己的定义，从创业不久的"一家经营顾客关系的公司"到后来逐步完善成"一家数据驱动的基于用户关系经营的创新型新家庭全渠道服务商"。孩子王很自信地认为服务收入将是它未来最重要的收入来源。在 2018 年孩子王的 100 亿元销售额中，服务收入占比就已经达到 40%。

因此，在全渠道时代，线下店面不仅没有失去它的价值，还被赋予了五种新的价值。

（1）重要的销售场景。线下店面本身就是传统的销售场景，能够提供近距离的使用体验，能够影响消费者的即时决策。

（2）自然的流量来源。线下店面是一个稀缺的位置资源，具有一定的排他性。热点小区、写字楼自带流量，在人流密集的地区，占有一个店面，还可以阻止竞争对手的进入。

（3）品牌体验中心。线下店面是企业联系用户的纽带，用户可以直接接触到企业的产品，并获得体验。

（4）调研中心：在数字技术的支持下，线下店面能够获得比线上更为丰富的信息，如用户在店面里的里程、动线，试了哪些产品，谈论了哪些产品，哪些产品试得多，但是转化率低（这说明产品设计还不错，但是品质不够好，或者价格比较贵）。因此线下店面将是一个非常重要的用户调研平台。

（5）配送基地：以盒马为例，其线下前店后仓的模式，使线下店面同时成为前置仓，解决了生鲜等要求快速配送的商品的最后一公里配送等问题。

考核：从产品利润到用户生命周期价值

从销售商品转变为经营用户，在运营体系上需要的是组织变革，需要靠新的组织能力去支撑其运转。其中最重要的就是考核方式的变革，不能再以产品利润作为考核指标，而应该以用户生命周期价值作为考核指标。

孩子王内部对门店和员工的考核也不再仅仅使用业绩 KPI，员工也不再是简单的导购人员，现在，80% 以上的员工都是有专业技能的顾问人员。通过数字化手段高效响应用户需求、重构经营元素，孩子王找到了经营顾客关系的最重要的连接器——6000 名左右的育儿顾问。内部持续地组织能力建设，比如组织架构的改变、推行"服务产品化、商品服务化、会员服务化、全面数字化、员工智慧化"，还有激励考核机制的改变等，使育儿顾问得以全力以赴成为维系顾客关系的关键经营者，通过服务与会员建立情感上的深度连接。

差异化用户保留

从用户管理的角度来看，企业提高利润方法有：降低获客成本、提高客单价、提高消费频次、降低营销成本和提高用户保留率等。我们的研究显示，用户保留率对企业利润的提升最为敏感。但我们的企业常常过多地强调"跑马圈地"，而比较少地强调"精耕细作"。

老用户和新用户，谁为企业创造的利润更高？如果用户存在重购行为，平均而言，是老用户为企业创造的利润更高些。主要原因有四点：第一，基准利润高；第二，对老顾客的服务成本低（包括客户维系成本和沟通成本）；第三，老用户介绍新用户，会带来新的利润；第四，老用户由于交易惯例化而对价格的敏感度下降，更容易购买价格更高的商品。

商业不是绝对的。因此对于用户保留，企业要回答的第一个问题是：是否所有用户都要保留？

这需要对用户通过数字化手段从两个维度来进行区分：一是按照利润分为高利润用户和低利润用户，二是按照期限分为长期用户和短期用户。于是就形成了四个象限：第一个是真朋友，就是高利润的长期用户；第二个是蝴蝶用户，是高利润的短期用户；第三个是找便宜者，是低利润的短期用户；第四个是寄生用户，就是低利润的长期用户（图14-2）。

企业不能简单地保留用户，而应该在分类的基础上，针对不同的用户做不同的事情。对于真朋友应该培养忠诚，进一步延长用户生命周期，并不断获取更高利润；对于蝴蝶用户应该提高交易满意度，延长用户生命周期；对于找便宜者应该严格控制成本；而对于寄生用户就可以终止服务了。

图 14-2　数字化用户分类图

对于非盈利用户，企业也不要贸然地采取终止服务的措施。一些非盈利用户也具有不错的价值，主要包括以下四个方面。

（1）长期潜在价值。很多非盈利用户在短期内可能其贡献的盈利有限，但随着用户的成长，则可能具有长期的潜在价值。如在校大学生，他们在读书期间购买力有限，但当他们走上工作岗位后，就会成为消费的主要力量。如果企业能够在大学生在校期间服务好这类用户，就有可能锁定未来的高利润用户群体。如一些软件公司针对学生推出高折扣的学生版软件，其中一部分原因就是为了培养他们的使用习惯，提高迁移成本，进而锁定未来的收益。

（2）提高行业地位和议价能力。在数字化时代，用户数量对企业提升行业地位和溢价能力也有重要的作用。如微信、淘宝等平台，其海量的用户资源也构成了护城河，能够在一定程度上阻止竞争者进入。企业在面对上游供应商的时候，海量的用户资源也成为企业的一个溢价优势。

（3）摊薄企业固定成本。在数字化时代，海量的用户资源也可以帮助企业摊薄固定成本。数字化时代企业的一个特点是，在早期企业需要投入大量的资金进行用户信息系统的软硬件建设，而一旦企业业务运营起来，服务新增用户的成本就比较低。因此，如果用户规模能够迅速扩大，即便用户贡献的收益有限，也可以帮助企业实现规模经济。

（4）用户洞察。海量的非盈利用户还有一个重要的价值，就是能为企业提供洞察用户的机会。统计学中有一个大数定理的概念，即"在试验不变的条件下，重复试验多次，随机事件的平均值近似于它的期望。"我们可以理解为，企业用户数量越多，企业对用户行为的分析就越接近用户的实际行为，企业对用户的理解也就越准确。

用户保留的四个要素

在数字化时代，打造用户社区是一种有效的用户保留手段。用户社区提高了用户与用户之间的黏性，并增加了逃逸成本。总的来说，用户社区发挥了以下四个方面的作用。

（1）用户社区是提升用户忠诚度的平台。通过社区成员之间的情感联系增加用户黏性，提升用户忠诚度。

（2）用户社区是高效获取用户的平台。用户社区的形成往往是圈层化的结果，用户来源属于自然流量，而且圈层化也使用户获取更精准。

（3）用户社区是识别种子用户的最佳场景。通过用户的转发、评论、购买等行为，企业能够在社区非常高效地找到影响力大的种子用户。

（4）用户社区是非常高效的产品和服务的市场调研平台。用户在社区的咨询、评论、投诉等行为，可以帮助企业更直观地了解市场和用户反馈，因此建议企业应该有专门的部门和人来研究管理社区。

使用户社区真正发挥作用的前提是先有好的产品和好的服务，这样才能形成良性健康运营的用户社区。用户社区从本质上讲是达成了三种连接：①人与人的连接，②人与内容的连接，③人与产品、服务的连接。

最后，我们以"Nike+"为例，来看一下企业应如何发挥用户社区的三个连接功能，实现用户保留。

Nike+：用大数据构建用户社区

如今对于传统企业来说，如何将已有用户数据化，并打造一个有品牌情感黏性的社区是一个挑战，这也是当今所有做品牌的企业都要考虑的问题，即企业与用户之间如何建立起直接的数据联系。耐克公司在这方面的创新值得我们借鉴。

作为一家以跑步起家的品牌，耐克在 40 年前创立伊始，其联合创始人俄勒冈大学田径总教练比尔·鲍尔曼（Bill Bowerman）曾说："只要你有身躯，你就是一名运动员。"这句名言不断地激励耐克推出更先进的科技与更专业的服务，帮助全世界的跑者跑得更快更好。

所周知的 Nike+ 就是耐克这些年来发展跑者服务最好的见证。从最初的小小鞋底芯片为跑者记录个人成绩，到以 Nike+ Running 为代表的 Nike+ 应用程序所带来的智能化运动体验，再到如今千万用户在 Nike+ 运动社区中共同激励奋进，全世界任何水平的运动爱好者都能在这里找到志同道合的好友，体验最适合的具有当地特色的训练，挑战自己的极限。

为了满足全世界跑者愈发细化的需求，并帮助跑者提高运动表现，由 Nike+ 社区延展出的 Nike+ Run Club（NRC），有机地融入了在创始之初以实体店铺为基地的线下跑步团体与服务体验，和 2013 年在大中华区推出的 Nike+ Run Club 微信服务号，从而打造了一个面向所有跑者的会员制跑步生态体系。

NRC 会员制跑步生态体系囊括：线下实体跑步课程、Nike+ Running、Nike+ Training 应用程序、NRC 教练及配速员、NRC 店铺服务、NRC 指定合作伙伴、依附于 Nike.com 和 NRC 的微信线上服务及相关路跑赛事。

耐克全球跑步市场副总裁亚当·罗斯表示："NRC 是 Nike 对所有运动员发出的公开邀请函，邀请大家和我们一起跑——它为各种水平的跑者与 NRC 教练、配速员、训练计划以及所有 NRC 运动社区的会员之间搭建了沟通交流的桥梁。在中国，全新升级的 NRC 将激励更多的跑者，通过既有趣又鼓舞人心的训练课程，加入这个全球的跑步社区，不论你是跑步初学者、训练频繁的跑者还是追求疾速的竞赛者，都能在

NRC 找到为你量身而设的课程。"

每一位跑步爱好者只要注册成为 Nike+ 会员就可以加入 NRC。而线下跑步课程将给 NRC 会员带来最个人化的精致跑步体验。跑者可以根据自身实际情况在网上预约适合自己的跑步课程，参加由 NRC 教练及配速员带领的训练课程。这些课程由 NRC 全球教练设计，可满足不同水平跑者的全面需求。会员可以获取由 NRC 专业教练团队带来的定制训练计划及装备贴士，更加科学有效率地训练自己，感受到跑步带来的乐趣，和全球 NRC 会员一起跑得更快更好。

Nike+ 里程碑

Nike+ 从 2006 年推出至今，经过多次升级，已经从一个简单的记录跑步里程的工具成长为一个全球运动爱好者分享经验、进行挑战、相互鼓励的数字化社区。

2006 年，耐克与谷歌合作建立被称为 Joga 的与世界杯相关的社交网络，开始尝试打造社交网络和在线社区。

同年，耐克首度推出 Nike+ iPod Sports Kit，使跑者能够通过鞋内的 Nike+ 传感器将运动记录同步至 Nike+ Sportband 或兼容的 iPod 产品中。Nike+ 运动社区初步建成。

2010 年，Nike+ Running 应用程序的前身 Nike+ GPS 正式在 App Store 上线，该应用通过手机或 iPod 的内置加速计或 GPS 定位记录跑步数据，在跑步过程中还有来自世界级运动员及教练为跑者加油。

2012 年，Nike+ 社区已成长为一个拥有 Nike+ Running、Nike+ Training 与 Nike+ Basketball 的全方位数字化社区，让更多的运动爱好者能够与全球 Nike+ 会员进行互动。同年，Nike+ Running 登陆安卓平台，为更广泛的跑者提供了享受跑步的全新方式。

2012 年，专为女性运动爱好者推出的 Nike+ Training Club 应用程序上线，至今已拥有近 2000 万名女性用户，用户可在应用上尽情展现自己锻炼和训练的独特风采。它充分体现了 Nike 的目标：致力于通过其产品、服务和体验,鼓励女性运动者不断努力训练、超越自我。

2013 年,Nike+ Running 应用程序推出 Nike+ Coach 教练、Nike+ Challenge 挑战以及照片分享功能,跑者可以根据自己的跑步水平设置马拉松赛程,并与 Nike+ 社区中的好友向指定距离发起挑战,还可以通过分享图片互相激励。同时,NRC 微信平台也正式在大中华区上线。

2014 年,NRC 官方微信服务号在中国升级,为微信用户提供便捷的跑者指南与跑者集结功能。

2015 年,耐克开启与 Garmin、TomTom、Wahoo Fitness 和 Netpulse 等行业领袖企业的合作关系,让更多的跑者将其心仪的设备和健身器材与 Nike+ 平台相连接。

2015 年,NRC 服务在全球陆续升级,为会员提供更全面的跑步服务系统。

Nike+ 成了耐克探索用户数据世界的工具

在最初的产品 Nike+ iPod 中,跑步者可将 iPod nano 与电脑连接,登陆 Nike+ 网上社区,上传此次跑步数据,或者设定各项分析的功能。另外,还可以关注朋友的跑步进度,也可以查看世界各地拥有这款产品的人的运动信息及排行榜。深受青少年喜爱的耐克跑鞋加上风靡全美的 iPod,使这次合作大获成功。

随后,耐克于 2012 年开始全面实施数字化战略,率先推出重量级产品 Nike+ FuelBand 运动功能手环。这款产品面向非运动人群,几乎能够测量佩戴者在所有日常活动中消耗的能量。紧接着,为了构筑竞争壁垒,耐克又推出了拥有自主知识产权的全新能量计量单位 Nike+ Fuel,耐克设计了一种标准化的评分方法,无论性别或体形,同一运动的参与者的得分相同。2012 年 2 月,耐克将 Nike+ 从跑步延伸到了篮球和训练产品上,推出了 Nike+ Basketball 和 Nike+ Training 应用,构建起两套全新的运动生态子系统。就功能而言,与之配套的运动鞋可以测量如弹跳高度等更多的运动数据。

为了弥补先天缺失的互联网基因，耐克借助外部力量来提升实力。一方面，耐克将合作范围从苹果扩大到其他平台，进一步扩大用户基础。2012年6月下旬，耐克将自己在iOS平台上最受欢迎Nike+ Running软件移植到了安卓平台上，同时展开与微软的合作，推出Nike+ KinectTraining健身娱乐软件。2013年11月，耐克又瞄准微信的广大用户群体，在中国推出了微信服务账号NRC，提供跑团组建功能。另一方面，耐克为了在未来能够在运动数字化浪潮中确立领导地位，与美国第二大孵化器TechStars合作推出了Nike+ Accelerator项目，鼓励创业团队利用Nike+平台开发出更加创新的应用。

如今，Nike+成了耐克公司的一系列健康追踪应用程序与可穿戴设备的概称，包括Nike+ Running、Nike+ iPod、Nike+ Move、Nike+ Training、Nike+ Basketball等手机应用程序，Nike+ Sportwatch、Nike+ Fuelband、Nike+ Sportband等穿戴式设备，以及NRC运动社交平台等。用户对Nike+的使用，使耐克公司能够对数据形成从产生、收集、处理、分析到应用的O2O闭环。

Nike+社区：实现了人与人的连接

"Nike+的核心价值在于它所构建起来的庞大的线上社区，它的最大功能在于社交。"耐克大中华区传播总监黄湘燕如此认为。耐克通过Nike+与消费者建立起紧密的情感联系。

NRC的口号是"你的理想跑步伙伴"，其目的就是为了实现人与人的连接。这里的"人"包括用户、朋友、精英运动员和私人教练。通过NRC App，既可以记录跑步数据、接受量身定制的指导，还能呼朋引伴一同跑步。

这款App的界面非常人性化，操作也相当简单。一打开主界面，App即可通过GPS记录个人跑步的次数、公里数、平均速度及消耗的能量数，以便用户安排私人运动计划。另外，内置的徽章激励制度还给跑步运动平添几分趣味，也使用户产生了自我突破的动力。软件在加强社区间的互动关系、增加使用热度和频率上也做足了功夫。

首先，用户除了能够自行察看运动数据与虚拟成就，也可将运动记录图像实时分享至推特、新浪微博等社交网站，附上心情符号与文字解说，吸引好友关注，满足交际需求与展示欲望。排行榜更是激发好友们不断挑战运动纪录、互相鼓励和较劲的有趣设置。

其次，Nike+ 社区本身也有社交功能。一旦用户发布开始使用 Nike+Running 的动态，好友便可进行留言，为跑步者加油。这是对社交功能的进一步放大：跑步这项私人性很强的运动被公开到其他爱好者眼前，好友们的激励则更让跑步者投入到运动过程中。

最后，用户还可通过设定需要完成的公里数，邀请特定好友参加挑战，共同完成挑战目标。现实中处于不同地域的好友能够同时参与到运动中来，增添了陪伴感，提高了督促力度。进一步地，Nike+ 还可作为世界各地跑步爱好者的虚拟组织中心，利用强大的号召力吸引素昧平生的运动发烧友们参与各种线下活动。2008 年，近 100 万用户登录并加入了由耐克公司同时在全球 25 个城市发起的 10 公里长跑比赛。

在中国，微信的强大力量再次为 Nike+ 注入社交血液。2013 年"双十一"期间，微信服务号 NRC 上线，短短 10 天就吸引了数以万计的跑步爱好者。通过账号内置的跑团组建功能，这些用户迅速创建了超过 1000 个跑步主题的微信群。

在互联网革命的推动下，用户是品牌的建设者。数字化时代的消费者因为品牌聚在一起并分享经验，从而获得了情感联系，同时也为品牌创造了情感价值，增强了品牌黏性。因此，品牌需要通过以共同的目标或理想为纽带的品牌社区，将人们联结起来。

Nike+ 社区：创造人与内容的连接

围绕 Nike+ 构建的品牌社区的魅力在于，可以吸引忠实粉丝源源不断地向耐克公司贡献身高体重、运动信息、社交账户数据等海量用户数据。除此之外，人们还主动传达自己的经验与建议。NRC 中有一个最吸引会员的功能就是分享跑步信息，会员通过添加照片、统计数据和贴图，个性定制发布内容，并可自行设置是面向你的整个社交网络，还是只向 Nike 朋友发布这些内容。这些信息是任何调研公司花再多的钱也难以获得的，而且这些数据是全面而精准的。耐克由此掌握了对消费者个体的深刻洞察。同时，这些内容也吸引了更多的会员加入社区，提高了品牌认知，增强了品牌黏性。

Nike+ 让耐克真正触及自己的用户人群，了解他们的运动行为，进入他们的社交生活，追踪他们的消费需求，明确产品和服务的改进方向，实施精准有效的营销计划，和用户建立起长期的紧密联系，从而让聚焦顾客关注、提升产品销量成为可能。

例如，通过对 Nike+ 的用户构成及其社交行为进行分析，耐克公司发现，自己的目标群体在 Facebook 和推特等社交网站上有较高的活跃度，也进一步了解了他们集中关注的体育明星、经常出现的跑步路线和场合等信息。正是基于这些深度洞见，2011 年底，耐克公司为推出可穿戴设备 Nike+ FuelBand，成功发起了社交营销战役"Make It Count"。圣诞节前，耐克公司在推特上注册了公共账号 @Nike，同时通过公司旗下的所有推特账号发出号召："How will you MAKE IT COUNT in 2012？"（你会如何将 2012 过得有意义？）预告公司将发布革命性产品。2011 年 12 月 29 日，根据用户喜好而筛选出的耐克代言明星，在各自的推特账号上发出"Make It Count 2012"宣言。这些宣言还被制作成户外广告或海报，张贴在运动爱好者经常出现的路线或场合。31 日，在推特上产生了 24 347 条关于"Make It Count"话题的会话，耐克官方账号的粉丝数达到 22.7 万，当天在 Youtube 上发布的预热视频也被播放了 6.2 万次。FuelBand 在正式发布前便吸引了众多粉丝的关注。

Nike+ 社区粉丝的互动给耐克公司带来三个好处。第一，客户主动上传的大量运动数据，为耐克深刻理解消费者行为奠定了扎实的基础。第二，让人们建立起非常牢固的关系，强化了品牌忠诚度，并在一定程度上转化为购买力。据耐克公司负责全球品牌管理的副总裁 Trevor Edwards 介绍，通过 Nike+iPod 计划，40% 的 Nike+ 用户选择了耐克运动鞋。第三，用户通过线上线下对运动的交流，他们又加深了对耐克这个品牌的认同，自发进行品牌的人际传播。

Nike+ 社区，加强了人与产品、服务的连接

Nike+ 社区在一定程度上形成了围绕 Nike+ 的商业平台。通过网上社区，原本就与消费者建立了密切关系的耐克，能够轻易汇聚与自身品牌精神本就一致的忠诚用户，实现同边网络效应，最终累积了大量与品牌和运动体验有关的高质量数据，从而推动了人与产品、服务的连接。

一方面，通过对用户数据的分析，耐克能够获得关于消费者的更深邃洞察，并将这些发现应用于产品和服务的研发与改进，从而让用户得到更好的产品体验。

另一方面，当耐克在努力运营 Nike+ 品牌社区的时候，其内在机理是其通过维护社区的消费信息性、社会交往性、共同仪式性和技术易用性，来凝聚了用户群体，这些用户在大量互动中将其使用产品得到的各种价值，用消费者的声音表达出来（而非品牌企业的自我宣传），同时还激发消费者参与创新，最终实现了品牌关系质量的提升。与商家自己进行的营销宣传相比，从消费者的角度表达的观点更易得到消费者的认可。来自消费者的评价更加详细具体，充分体现了消费者的个人体验。产品虽然是标准化的，但是每个人的使用体验却充满了个性化，消费者在社群交流中将他们个性化的体验进行充分的交流，引起其他消费者的共鸣，从而很好地宣传了品牌产品，最终实现了人与产品、服务的连接，增强了用户对品牌的信任、满意和承诺。

同时，数据也为耐克开辟了可能的新利润来源。耐克完全能够发挥原有品牌资产的杠杆作用，将对顾客行为的全面理解融入运动计划制定、健身软件开发、运动型可穿戴设备设计等与消费者运动生活有关的各项业务中，从传统的服装行业进入更加新兴的"蓝海"领域，这也为用户提供了更丰富的个性化的服务体验。耐克前首席执行官马克·帕克说："对耐克而言，运动数字部门是至关重要的。它将成为消费者体验耐克产品时的关键因素。"

在互联网时代，消费者与品牌企业之间越来越平等，信息日益对称，越来越融合为相互作用的开放式生态系统，尤其是在消费者的主导作用日益突显的形势下，企业必须在合作中实现共赢。Nike+ 社区的成功，主要是通过很好地激发了其品牌社群的特征，促进了消费者对品牌产品带来的顾客价值感知和顾客价值创新的认知，从而最终实现了消费者－企业品牌关系质量的提升。因此，从 Nike+ 的这个案例，我们可以看到，用户社区从本质上讲是人与人的连接，是人与内容的连接，是人与产品、服务的连接。用户社区为用户带来了信任、满意和承诺。反过来，这样的品牌关系也为耐克带来了销售的增长和品牌价值的提升。据耐克年报，2012～2014 年，公司盈利一直呈增长趋势，而增长动力则包括 Nike+ 旗下的各类产品，以及由此带来的以 Nike+ 社区为纽带的日益紧密的消费者－品牌联系。

| 核心总结 |

1. 企业提升用户亲密能力，可以用图 14-1 所示的框架来实现。企业与用户之间应形成价值创造和价值获取的良性循环。一方面，企业通过提供个性化的产品与服务为用户创造价值。另一方面，企业通过产品和服务的差异化，获取和保留高价值用户，然后再通过精细化用户挖掘获取价值，即用户为企业提供了颗粒度更为精细的用户数据。这样，就形成了一个不断递进的良性循环。
2. 高价值用户获取："星星之火，可以燎原"。

- 星星之火：找到"诺曼底市场，饱和打击"
- 可以燎原：用户口碑裂变"动之以情、趋之以利"

3. 精细化用户挖掘：全渠道、全场景。

- 思维：从销售产品到经营用户
- 策略：渠道多元化＋产品服务化
- 管理：数字化升级，优化用户旅程
- 考核：从产品利润到用户生命周期价值

4. 差异化用户保留：用户分类，差异处理。
5. 在数字化时代，打造用户社区是一种有效的用户保留手段。用户社区提高了用户与用户之间的黏性，并增加了逃逸成本。总的来说，用户社区发挥了以下四个方面的作用。

（1）用户社区是提升用户忠诚度的平台。通过社区成员之间的情感联系增加用户黏性，提升用户忠诚度。

（2）用户社区是高效获取用户的平台。用户社区的形成往往是圈层化的结果，用户来源属于自然流量，而且圈层化也使用户获取更精准。

（3）用户社区是识别种子用户的最佳场景。通过用户的转发、评论、购买等行为，企业能够在社区非常高效地找到影响力大的种子用户。

（4）用户社区是非常高效的产品和服务的市场调研平台。用户在社区的咨询、评论、投诉等行为，可以帮助企业更直观地了解市场和用户反馈，因此建议企业应该有专门的部门和人来研究管理社区。

6. 使用户社区真正发挥作用的前提是先有好的产品和好的服务，这样才能形成良性健康运营的用户社区。用户社区从本质上讲是达成了三种连接：①人与人的连接，②人与内容的连接，③人与产品、服务的连接。

后记
Postscript

智情企业的"12345"

1个中心

用户中心观

"以用户为中心",一直以来是在战略和营销中强调的核心观点,但在很多情况下企业依然奉行业务中心观。这是因为在数字技术出现前,企业没有办法实现对用户个性化的洞察。在传统时代,企业无法识别用户属性、需求、偏好,因此无法以用户视角看待产品。

而进入数字化时代之后,企业通过自己的智能化("智")可以识别个体用户,观察他们的行为,并且和用户建立起深度的连接,企业变得更加智能。在对用户精准识别的基础上,企业就可以为用户提供更具差异化的服务,满足用户的个性化需求,加强用户黏性,加深了用户的"情"。

数字技术实现了企业决策从纵向看产品到横向看用户的转变,从而真正建立用户中心观。在用户中心观之下,企业可以更好地服务用户,为用户创造更多的价值，为企业创造长期的利润，实现了"利人利己、共生共赢"。这也是我们提出的"智情企业"的核心思想。

2 大逻辑

供给侧：从分工到效率，再到规模

需求侧：从规模到智能，再到体验

数字技术对商业的三个核心问题（规模、分工和组织）带来了颠覆。智情企业，为用户带来用户价值，也就是"情"的提升。用户价值的提升，促进了企业用户规模的扩大，用户规模的扩大，带来了更为丰富的数据资源，提高了企业智能化水平。企业智能化水平的提高，向供给侧的演变是强化了企业的企业智能→分工→效率→用户价值→用户规模→数据的增长循环。数字化、智能化可以帮助企业更好地进行内部和外部分工，从而提升效率，带来用户价值提升。用户价值提升，让用户对企业的产品更加满意，会带来推荐和复购，进而扩大企业的用户规模。企业在用户规模扩大后，又可以进一步优化分工，提升效率，从而实现新一轮的增长。

企业智能在需求侧产生的影响是，建立企业智能→洞察→体验→用户价值→用户规模→数据的新循环。数字化、智能化让企业能够更智能地洞察用户需求，进而改进产品、技术或服务，为用户创造更好的体验。随着用户体验的提升，企业会获得更好的市场回报，扩大用户规模。用户规模的扩大，会为企业带来更丰富的数据，进一步提升企业的智能化水平，从而创造更好的体验，实现新的循环。

这构成了我们智情企业的基本增长驱动力。

3 个角度

前瞻性：对行业、用户、技术的前瞻性洞察

系统性：定位、业务模式、战略打法的系统性

动态性：竞争的动态性、能力的动态性

智情企业保持竞争优势的前提之一是对行业、用户和技术具有前瞻性的洞察。在数字化时代，行业的发展呈现颗粒化、动态化和寡头化特征。行业的颗粒化，使传统的线性价值链被切分得越来越细，现有的价值链被分解成多个具有核心能力和优势的独立"颗粒"，这些"颗粒"通过数字化手段进行连接。企业的竞争优势不再依靠传统的行业整合能力，而是以更为灵活的方式，连接"颗粒"实现差异化的竞争优势。行业的动态化，带来了"涌现""分离"和"中断"三种变化，每一种变化都会为企业带来新的业务机会。行业在未来将会围绕用户任务形成寡头型的生态，这是企业需要思考和面对的挑战。

企业要实现用户的"情"，就必须能够洞察用户的变化。未来用户的来源，将以用户圈层为主。人们的兴趣点会越来越聚焦，因此企业精准识别用户需求的能力就越来越重要，这将考验企业的智能化水平。由于信息过载，用户的决策会呈现"快决策"更快、"慢决策"更慢的特点。企业需要针对用户不同的决策类型，制定不同的营销策略。由于数字化可以在企业和用户之间建立起直接的连接，用户将不会仅仅满足于购买企业现成的产品，而是希望将需求传递给企业，以共创者的身份参与到企业的活动中来。这将考验企业对开放式创新的管理能力。

数字化时代技术变化最显著的趋势是，随着技术成熟度的不断提高，产业呈现出模块化的趋势，产业链的利润中心，由过去的集成商那里，向产业链两端迁徙。在这种变化之下，企业的定位需要做出改变，一是向产业链上游迁徙，实现技术领先，掌握核心技术模块；二是向产业链下游迁徙，实现用户亲密，以软件为载体，以服务为形式，抓住用户。

企业定位的转变，要求企业的业务模式和战略打法具有系统性。技术领先、运营卓越和用户亲密这三种基本的业务模式，并非一成不变，企业需要根据外部环境和内部禀赋的变化，进行动态调整。

4 个核心

数字化竞争力 ABCD 模型

- Ability——能力输出
- Byte——数字连接
- Context——场景部署
- Dynamic——动态反馈

在数字化时代,行业出现了颗粒化、动态化和寡头化的深度变革;技术进步带来的产品模块化,使产业传统的利润分配方式发生变革;用户的逻辑也在改变。数字化时代的竞争环境发生了巨大的转变。

从竞争范围来看,传统竞争以企业的产品为边界,不会延伸到其他领域。而进入数字化时代以后,数字技术打破了产品和业务的边界,这使得企业的业务不再仅仅以产品为基础,同时也以能力的输出为基础。

从竞争的路径来看,传统竞争注重企业的核心竞争力,企业竞争战略偏重于静态的规划分析。而在数字化时代,企业可以即时获取市场信息,在这种情况下,企业应首先运用数字技术获得信息感知,然后快速展开行动,通过行动取得的反馈再迭代修正,持续进行改善。

从竞争壁垒来看,传统时代的竞争壁垒主要是有形的资源,建立竞争壁垒的主要手段是规模经济和范围经济。而在数字化时代,有形资源的重要性在下降,数字智能的重要性在提升。企业通过协同效应、网络效应可以创造自成一体的产业生态,进一步提高了竞争壁垒。

最后,企业的竞争目的也在发生变化。过去竞争的目的是零和博弈,打败竞争对手。而在数字化时代,企业围绕用户任务提供服务,企业间既有竞争又有合作的竞合状态,将成为企业普遍面临的状态。

在这样的大背景下,我们提出数字化竞争的新模式:ABCD 模型(Ability-Byte-Context-Dynamic)。

未来的企业不仅仅是输出产品和服务的企业，更是输出能力的企业。企业的边界不再是静态的产品，而是动态的能力。企业竞争的核心，就是把核心能力通过数字化的连接投射到多场景部署上的动态过程。对能力输出的不同理解，造就了柯达和富士截然不同的结局。基于产品的柯达黯然退场，而基于能力输出的富士，突破了传统的胶片市场，在印刷、数码影像、医药、化妆品和高性能材料等多个领域取得了出色的业绩。

数字连接将模式驱动的网络效应和数据驱动的网络效应叠加在一起，为企业构建起一道双层的防火墙，才能真正构筑起数字化企业的竞争壁垒。场景部署的核心是：控制核心，连接场景，使企业做好能力的延伸。最后，仅拥有传统的核心竞争能力，不足以支持企业在数字化时代拥有长期的竞争优势，尤其是在 VUCA 世界中，静态的竞争优势甚至可能成为核心阻碍力（core rigidity）。这就需要动态反馈，帮助公司监控其外部环境，以评估模式的持久性。动态能力是企业在现在与未来之间不确定道路上的桥梁。

5 大趋势

业务数字化、平台智能化、服务个性化、协作网络化、组织敏捷化
最后，我们再总结一下本书的框架，即未来智情企业的五大趋势。
（1）业务数字化是基础。
（2）平台智能化是核心。
（3）服务个性化是抓手。
（4）协作网络化是动力。
（5）组织敏捷化是保障。

彼得·德鲁克全集

序号	书名	要点提示
1	工业人的未来 The Future of Industrial Man	工业社会三部曲之一，帮助读者理解工业社会的基本单元——企业及其管理的全貌
2	公司的概念 Concept of the Corporation	工业社会三部曲之一揭示组织如何运行，它所面临的挑战、问题和遵循的基本原理
3	新社会 The New Society：The Anatomy of Industrial Order	工业社会三部曲之一，堪称一部预言，书中揭示的趋势在短短10几年都变成了现实，体现了德鲁克在管理、社会、政治、历史和心理方面的高度智慧
4	管理的实践 The Practice of Management	德鲁克因为这本书开创了管理"学科"，奠定了现代管理学之父的地位
5	已经发生的未来 Landmarks of Tomorrow：A Report on the New "Post-Modern" World	论述了"后现代"新世界的思想转变，阐述了世界面临的四个现实性挑战，关注人类存在的精神实质
6	为成果而管理 Managing for Results	探讨企业为创造经济绩效和经济成果，必须完成的经济任务
7	卓有成效的管理者 The Effective Executive	彼得·德鲁克最为畅销的一本书，谈个人管理，包含了目标管理与时间管理等决定个人是否能卓有成效的关键问题
8 ☆	不连续的时代 The Age of Discontinuity	应对社会巨变的行动纲领，德鲁克洞察未来的巅峰之作
9 ☆	面向未来的管理者 Preparing Tomorrow's Business Leaders Today	德鲁克编辑的文集，探讨商业系统和商学院五十年的结构变化，以及成为未来的商业领袖需要做哪些准备
10 ☆	技术与管理 Technology，Management and Society	从技术及其历史说起，探讨从事工作之人的问题，旨在启发人们如何努力使自己变得卓有成效
11 ☆	人与商业 Men，Ideas，and Politics	侧重商业与社会，把握根本性的商业变革、思想与行为之间的关系，在结构复杂的组织中发挥领导力
12	管理：使命、责任、实践（实践篇） Management:Tasks,Responsibilities,Practices	为管理者提供一套指引管理者实践的条理化"认知体系"
13	管理：使命、责任、实践（使命篇） Management:Tasks,Responsibilities,Practices	
14	管理：使命、责任、实践（责任篇） Management:Tasks,Responsibilities,Practices	
15	养老金革命 The Pension Fund Revolution	探讨人口老龄化社会下，养老金革命给美国经济带来的影响
16	人与绩效：德鲁克论管理精华 People and Performance: The Best of Peter Drucker on Management	广义文化背景中，管理复杂而又不断变化的维度与任务，提出了诸多开创性意见
17 ☆	认识管理 An Introductory View of Management	德鲁克写给步入管理殿堂者的通识入门书
18	德鲁克经典管理案例解析（纪念版） Management Cases(Revised Edition)	提出管理中10个经典场景，将管理原理应用于实践

彼得·德鲁克全集

序号	书名	要点提示
19	旁观者：管理大师德鲁克回忆录 Adventures of a Bystander	德鲁克回忆录
20	动荡时代的管理 Managing in Turbulent Times	在动荡的商业环境中，高管理层、中级管理层和一线主管应该做什么
21☆	迈向经济新纪元 Toward the Next Economics and Other Essays	社会动态变化及其对企业等组织机构的影响
22☆	时代变局中的管理者 The Changing World of the Executive	管理者的角色内涵的变化、他们的任务和使命、面临的问题和机遇以及他们的发展趋势
23	最后的完美世界 The Last of All Possible Worlds	德鲁克生平仅著两部小说之一
24	行善的诱惑 The Temptation to Do Good	德鲁克生平仅著两部小说之一
25	创新与企业家精神 Innovation and Entrepreneurship:Practice and Principles	探讨创新的原则，使创新成为提升绩效的利器
26	管理前沿 The Frontiers of Management	德鲁克对未来企业成功经营策略和方法的预测
27	管理新现实 The New Realities	理解世界政治、政府、经济、信息技术和商业的必读之作
28	非营利组织的管理 Managing the Non-Profit Organization	探讨非营利组织如何实现社会价值
29	管理未来 Managing for the Future:The 1990s and Beyond	解决经理人身边的经济、人、管理、组织等企业内外的具体问题
30☆	生态愿景 The Ecological Vision	对个人与社会关系的探讨，对经济、技术、艺术的审视等
31☆	知识社会 Post-Capitalist Society	探索与分析了我们如何从一个基于资本、土地和劳动力的社会，转向一个以知识作为主要资源、以组织作为核心结构的社会
32	巨变时代的管理 Managing in a Time of Great Change	德鲁克探讨变革时代的管理与管理者、组织面临的变革与挑战、世界区域经济的力量和趋势分析、政府及社会管理的洞见
33	德鲁克看中国与日本：德鲁克对话"日本商业圣手"中内功 Drucker on Asia	明确指出了自由市场和自由企业，中日两国等所面临的挑战，个人、企业的应对方法
34	德鲁克论管理 Peter Drucker on the Profession of Management	德鲁克发表于《哈佛商业评论》的文章精心编纂，聚焦管理问题的"答案之书"
35	21世纪的管理挑战 Management Challenges for the 21st Century	德鲁克从6大方面深刻分析管理者和知识工作者个人正面临的挑战
36	德鲁克管理思想精要 The Essential Drucker	从德鲁克60年管理工作经历和作品中精心挑选、编写而成，德鲁克思想的精髓
37	下一个社会的管理 Managing in the Next Society	探讨管理者如何利用这些人口因素与信息革命的巨变，知识工作者的崛起与变化，将之转变成企业的机会
38	功能社会：德鲁克自选集 A Functioning society	汇集了德鲁克在社区、社会和政治结构领域的观点
39☆	德鲁克演讲实录 The Drucker Lectures	德鲁克60年经典演讲集锦，感悟大师思想的发展历程
40	管理（原书修订版） Management(Revised Edition)	融入了德鲁克于1974~2005年间有关管理的著述
41	卓有成效管理者的实践（纪念版） The Effective Executive in Action	一本教你做正确的事，继而实现卓有成效的日志笔记本式作品

注：序号有标记的书是新增引进翻译出版的作品